U0671057

教育部哲学社会科学发展报告建设（培育）项目

霍益萍　朱益明◎主编

中国高中阶段教育发展报告

2012

华东师范大学出版社

图书在版编目（CIP）数据

中国高中阶段教育发展报告. 2012 / 霍益萍, 朱益
明主编. —上海：华东师范大学出版社, 2013.1
ISBN 978 - 7 - 5675 - 0272 - 7

Ⅰ. ①中… Ⅱ. ①霍… ②朱… Ⅲ. ①高中—教育发
展—研究报告—中国— 2012　Ⅳ. ①G639.21

中国版本图书馆 CIP 数据核字(2013)第 026028 号

教育部哲学社会科学发展报告建设(培育)项目

中国高中阶段教育发展报告(2012)

主　　编　霍益萍　朱益明
策划编辑　彭呈军
审读编辑　林　路
责任校对　高士吟
装帧设计　卢晓红

出版发行　华东师范大学出版社
社　　址　上海市中山北路 3663 号　邮编 200062
网　　址　www.ecnupress.com.cn
电　　话　021 - 60821666　行政传真 021 - 62572105
客服电话　021 - 62865537　门市(邮购)电话 021 - 62869887
地　　址　上海市中山北路 3663 号华东师范大学校内先锋路口
网　　店　http://hdsdcbs.tmall.com/

印 刷 者　常熟市文化印刷有限公司
开　　本　787×1092　16 开
印　　张　18.25
字　　数　308 千字
版　　次　2013 年 3 月第 1 版
印　　次　2013 年 3 月第 1 次
书　　号　ISBN 978 - 7 - 5675 - 0272 - 7 /G · 6160
定　　价　39.8 元

出 版 人　朱杰人

(如发现本版图书有印订质量问题,请寄回本社客服中心调换或电话 021 - 62865537 联系)

项目承担单位：

华东师范大学普通高中教育研究所

华东师范大学教育学系

上海市教育科学研究院智力开发研究所

教育部人文社科重点研究基地华东师大基础教育改革与发展研究所

项目主持人：

霍益萍（华东师范大学教育学系教授，普通高中教育研究所所长）

朱益明（华东师范大学教育学系教授，系主任）

项目组核心成员：

（1）华东师范大学 教育学系：金忠明（教授、博士），王保星（教授、博士），黄向阳（副教授、博士），程亮（副教授、博士），刘世清（副教授、博士），杨光富（副教授、博士），王建军（副教授、博士），娄元元（博士生）；教育管理学系：刘竑波（副教授、博士），张敏（讲师）；课程与教学系：郑太年（副教授、博士），赵健（副教授、博士）；社会工作系：赵鑫（讲师、博士）；心理与认知科学学院：邓赐平（副教授、博士）。

（2）上海市教育科学研究院智力开发研究所：董秀华（所长、研究员、博士），杜晓利（副所长、副研究员、博士），骈茂林（助理研究员），王红（副研究员），田健（助理研究员），刘菊香（助理研究员），付炜（助理研究员）。

项目协作学校：

北京清华大学附中，北京北师大二附中，北京理工大学附中，天津中学，天津实验中学，河北石家庄二中，福建福州一中，广东深圳布吉高中，广东华南师大附中，广东实验中学，贵州贵阳清华中学，河南郑州外国语学校，河南郑州 101 中学，上海育才中学，上海理工大学附中，上海嘉定中光高中，上海上外附属大境中学，上海延安中学，上海建平中学，上海天山中学，上海华东师大二附中，江苏苏州十中，江苏省天一中学，山东师大附中，山东高唐二中，山东济南一中，山东青岛二中，山东烟台一中，浙江杭州二中，浙江宁波鄞州姜山中学，辽宁沈阳东北育才学校，辽宁省实验中学，辽宁大连 48 中学，辽宁大连 11 中学，山西同煤一中，山西太原第二外国语学校，山西省中阳一中，陕西西安长安一中，陕西西安高新一中，四川成都七中，甘肃兰州二中，宁夏育才中学。

■ 目 录

第四章　高中学生发展指导的现状与实践　　　　　/115

■ 表 目

■ 图 目

■ 致　谢

感谢教育部的信任和委托。教育部社科司将"中国高中阶段教育发展报告"作为培育项目委托给我们,使我们能够有机会参与到"教育部哲学社会科学发展报告"建设项目之中;教育部基础教育二司鼓励和支持本报告的撰写,使我们有信心写好这份报告。没有教育部的信任和委托,我们可能不会撰写这份报告。

感谢华东师范大学的重视和支持。副校长朱自强教授亲自过问项目进展,并多次与我们交流研讨,他对报告撰写提出了很多富有价值的建议和高瞻远瞩的要求,提供了诸多实质性的指导和支持。学校社科处经常性地关心报告进展。毫不夸张地说,没有学校的关心和支持,本报告不可能完成,更不可能顺利出版。

感谢上海教育科学研究院的支持和合作。院长陈国良研究员为本报告撰写多次提出建议,积极支持智力开发研究所研究人员与我们合作,共同参与本报告撰写。上海教科院为本报告完成作出了重要贡献。

感谢与我们合作参与报告撰写的高中学校。上海市育才中学、四川省成都七中、山西省中阳一中和陕西省西安市高新一中为我们的实地调查提供了大力帮助。上海市嘉定区中光高级中学、陕西省西安市长安一中、福建省福州一中、辽宁省实验中学、广东省华南师大附中、北京理工大学附中、上海延安中学和宁夏育才中学等提供了书面材料。这些学校的信任和支持,不仅增强了我们完成本报告的责任感和使命感,也推进了本报告的顺利完成。普通高中学校不仅是本报告研究的对象之一,事实上也是本报告撰写的执行者之一。

感谢华东师范大学教育科学学院、心理和认知科学学院、公共管理学院、社会发展学院等多个院系的研究者和研究生。他们主动加入项目团队,成为项目成员。团队中的每个成员,都在本报告撰写中发挥了重要作用。

■《中国高中阶段教育发展报告(2012)》摘要

　　《中国高中阶段教育发展报告(2012年)》以《国家中长期教育改革与发展规划纲要(2010—2020年)》(简称《纲要》)精神与内容为指导,重点围绕"高中阶段教育"的三大任务,全面系统介绍2011年间我国高中阶段教育改革与发展的政策举措与实践进展。

本年度报告的三大特点

　　第一,充分聚焦2011年度高中阶段教育改革与发展的现状。同时,适当兼顾了高中阶段教育改革与发展的背景与实践,力求体现高中阶段教育改革与发展的脉络。

　　第二,重点回答高中阶段教育发展三大任务的进展。以数量分析的方法,客观回答"加快普及高中阶段教育"的进展及其特点;以建设学生发展指导制度为抓手,采用详实资料介绍"全面提高普通高中学生综合素质"的实践发展;以学校改革与创新的典型案例为载体,描述"推动普通高中多样化发展"的进展。

　　第三,科学展示高中教育改革与发展的实践成果与最佳案例。报告不仅介绍了高中教育改革与发展的政策变化,也描述了高中阶段教育改革与发展所取得的实践成绩与经验,尤其是各类普通高中学校改革与创新的探索实践。报告力求成为传播和推介高中阶段改革与发展历程及其经验的载体,做到全面、客观、公正。

本年度报告的六章内容

第一章　高中阶段教育的整体进展

本章以"发展"为主题。以国家教育事业发展和教育经费数据为基础,全面介绍 2010 年度我国高中教育发展的进展,多角度解读高中阶段教育发展的格局、特点及其问题等。①

第二章　普通高中教育改革的政策举措

本章以"改革"为主题。介绍高中阶段教育改革的政策内容及其实施进展,重点关注国家和省级层面的普通高中教育政策及其影响因素等,关注这些政策在实践中的效果。

第三章　普通高中教育的舆论与研究

本章以"社会"为主题。就年度内有关高中教育发展与改革的研究动向与社会舆论进行系统性评述,就影响高中教育发展的社会与研究中的热点问题进行分析和介绍。

第四章　高中学生发展指导的现状与实践

本章以"学生"为主题。以调查和研究为基础,全面介绍旨在全面提高高中学生综合素质的学生发展指导制度建设的状况,展示不同学校提高学生综合素质的实践探索经验。

第五章　学校改革与发展的实践探索

本章以"学校"为主题。选择四所不同类型的高中学校,以他们为改革与发展的典型案例,展示新形势下高中学校改革与发展所取得的成绩与所面临的各种问题与挑战。

第六章　国际普通高中教育变革与创新

本章以"国际"为主题。多角度介绍国际高中教育发展的新观点、新问题与新挑战,力求将国际视野和先进理论引入到我国高中教育改革的实践之中。

本年度报告的主要观点

1. 高中阶段教育发展达到了较高水平

本报告以国家教育事业发展统计和教育经费统计数据为支持,运用数量分析方法,系统分析了 2010 年我国高中阶段教育的发展水平、办学规模、教育经费、办学条件以及师资队伍等状况。结果及其结论显示如下:

———————————

① 鉴于统计数据的滞后性,2012 年度报告无法使用 2011 学年的全国教育统计数据。

（1）高中阶段教育已经从快速发展转向了基本稳定，形成了普职结构趋于平衡的格局。

2010年全国高中阶段在校生规模为4 670.6万人，其中，普通高中为2 427.3万人，中等职业教育为2 231.8万人，分别占高中阶段教育在校生总数的52.2%和47.8%。高中阶段教育毛入学率达到了82.5%，初中毕业生升学率则达到87.5%，全国有一半省份的初中毕业生升学率在90%以上。

（2）民办高中阶段学校有所发展，但地区间存在差异。

2010年全国高中阶段共有民办学校5 622所；民办高中阶段学校在校生规模达到537.1万人，占全国高中阶段在校生总数的12.7%。其中，全国共有民办普通高中2 499所，占全国普通高中学校总数的17.8%。

2010年，全国有11个省份的民办普通高中在校生占本省普通高中在校生总数的比例超过10%，浙江和山西两省均超过20%；其中只有一个省属于西部地区。

（3）西部地区成为普通高中规模扩展的重点区域。

与2005年相比，2010年东部地区普通高中在校生下降了3.8%；中部地区普通高中在校生下降了2.4%。在东、中部地区普通高中在校人数均有所下降的形势下，西部地区普通高中在校生仍旧保持着较快的增长势头，2010年比2005年增加了72.1万人，增幅高达11.7%。

（4）校均规模效益得到提高，但省际之间差异较大。

2010年普通高中校均规模为1 727人，比2009年增加230人。其中，东部地区1 740.8人，中部地区1 820.4人，西部地区1 611.7人。校均规模超过2 000人的有8个省，而低于1 000人的有4个省市。

（5）女性和少数民族人口接受普通高中教育的机会和条件正在不断改善。

2010年全国普通高中在校生中，共有女学生1 180.1万人，占普通高中在校生的48.6%；共有少数民族学生183.3万人，占普通高中在校生的7.6%。

（6）普通高中教育总经费不断增长，但财政预算内高中教育拨款的比例有所下降。

2010年，全国普通高中教育经费总收入达到2 003亿元，财政预算内教育经费为1 176亿元；但在各级各类教育财政预算内教育拨款中，普通高中财政预算内教育拨款比例2010年只有8.7%，与2005年相比下降了1.3个百分点。

（7）普通高中教育经费支出方面地区间差异明显。

2010 年,全国普通高中学生的生均教育经费为 8 120 元,其中,生均预算内教育经费为 4 782 元。东、中、西部地区地方普通高中生均事业性经费分别为 10 861 元、6 119 元和 6 703 元;东、中、西部地区地方普通高中生均公用经费分别为 4 341 元、2 557元和 2 709 元。中部地区生均事业性经费、生均公用经费均为最低。

(8) 普通高中学校班额偏大现象仍突出,且地区间、城乡间大班额比例差异显著。

2010 年全国普通高中平均班额为 56.6 人,大班额比例为 51.2%,超大班额比例为 20%。大班额比例超过 50% 的省份达到 15 个,农村中学大班额更为显著。

(9) 办学条件有所改善,教育信息化水平逐步提高。

2010 年全国普通高中学校中,体育运动场(馆)面积达标学校的比例为80.61%;体育器材配备达标学校的比例为 81.14%;音乐器材配备达标学校的比例为 76.95%;美术器材配备达标学校的比例为 77.83%;理科实验仪器达标学校的比例为 84.63%。

2010 年全国普通高中平均班额为 56.6 人,每百名学生拥有教学用计算机 10.9台。普通高中建网学校比例达到 76.7%,其中,东、中、西部地区分别为 88.5%、72.8%和 66.3%。

(10) 普通高中专任教师队伍规模逐年扩大,生师比配置水平得到改进。

2010 年,全国普通高中专任教师总数达到了 151.8 万人,学历合格率达到94.81%,其中具有研究生学历的专任教师有 5.5 万人,占专任教师总数的 3.6%;生师比配置水平为 16。但很多地区普通高中有代课教师。

2. 普通高中教育发展的政策变化呈现新特点

本报告以政策文件的文献综述为基础,回顾总结过去 30 多年高中阶段教育发展的政策历史脉络;系统分析当前国家和省级层面为主的普通高中教育政策内容的基本特征;整理归纳普通高中教育改革创新实践的主要内容;理性探讨我国普通高中教育发展的政策趋势。

(1) 过去 30 年来我国高中阶段教育政策变革分三个阶段。

20 世纪 80 年代的政策重点在于中等教育结构调整。相对来说,与大力发展职业技术教育的要求相比,普通高中教育改革与发展在当时没有受到足够的关注与重视,普通高中教育未能成为当时国家教育政策关注的热点与焦点。

20 世纪 90 年代我国普通高中进入适度发展的政策轨道。在基础教育的框架下讨论普通高中教育的改革;同时,又因九年义务教育普及任务的完成和高等教育的快速扩招,而连带引发普通高中教育必须适度发展的政策效益。

新世纪以后我国普通高中教育获得快速发展的政策。普通高中教育实现了规模的大发展,优质高中教育得到增加,各地建设了一大批高标准、高质量的实验性、示范性普通高中学校。

(2) 围绕落实《纲要》精神的政策举措全面启动。

《国家中长期教育改革与发展规划纲要(2010—2020 年)》中首次以"高中阶段教育"专章论述高中阶段教育改革与发展的三大任务,这为我国高中阶段教育尤其是普通高中教育的可持续发展确立了方向。国家基础教育综合改革试点项目全面启动,为推进高中阶段教育改革与发展树立了典型。

当前,各地随之出台了诸多高中教育改革与发展的新政策和新措施,并呈现出地区间的差异特征。东部地区优先关注普通高中优质多样与创新人才培养的探索;中部地区注重普通高中普及发展与特色高中建设;西部地区加快规模扩展与增加优质资源。

(3) 普通高中教育改革的创新实践不断产生。

当前,普通高中教育改革的创新实践呈现多方面发展的态势。各地尤其是一些大城市纷纷探索创新(拔尖)人才培养模式;浙江、江苏等地深入推进普通高中课程改革;部分西部省份重新规划高中教育发展目标与步骤;地方政府日益重视规范普通高中学校办学行为,其中山东省尤为突出。

(4) 普通高中教育改革与发展的政策趋向日益明显。

中国普通高中教育改革与发展呈现五大趋向:从"精英"向"大众"转型的高中学段定位变化;"预科"与"育人"共存的高中教育培养目标讨论;"加速"和"丰富"并行的高中阶段人才培养模式探究;"进城"或"留乡"两种形式的农村高中办学抉择;"办学模式"与"课程模式"两种取向的高中学校多样化发展方向。

3. 普通高中教育改革与发展的社会环境与科学研究尚待建设

社会及公众对普通高中教育的意见和看法,通常直接或间接地影响着高中阶段教育发展。相对而言,以报纸为代表的公共舆论和以学术期刊为代表的学术观点,对普通高中教育的改革与发展具有更为重要的导向作用。本报告选取国内影响较大的部分重要报纸和学术期刊作为分析对象,分析 2011 年社会对普通高中教育的关注,分析当前我国普通高中教育的研究进展。

(1) 高中教育受关注的程度较低。

就义务教育、高中教育和高等教育三级教育而言,普通高中教育的社会舆论关注度是最低的。社会舆论对普通高中教育关注的焦点主要是政策与改革。

(2) 社会对高中教育关注的内容是多方面的。

社会舆论对高中教育改革与发展的关注面主要是高中教育改革政策与改革动态、高中学校改革典型案例、高中课程改革的效果、高中教师队伍建设。其中,高中学校的人才培养与高中教育的均衡发展,备受社会关注。

(3) 招生和考试制度是社会关注的热点。

中考与高中招生、高考与高校招生的政策和措施仍然是社会关注的热点。舆论期待不断完善高考加分政策的实施程序,切实提高高考加分政策的透明度,建立有效的社会监督机制,形成一个能连续发挥作用的长效机制。

(4) 普通高中教育研究呈现多元化特点,但系统性与深度有待加强。

普通高中教育的研究出现多元与深入的趋向。例如,在高中教育改革研究上,关注高中教育的转型;在高中课程改革研究上,不仅有反思,也深入学科内部,并提出建议。此外,也有对国外高中课程教育改革的介绍和评述。在整体上,目前缺少对我国普通高中教育改革与发展的深度研究、全面研究。

(5) 关注了学生发展和教师发展的研究。

研究者关注到了学生的生涯发展与心理健康等方面的教育问题;在教师专业发展研究上,研究不只是讨论教师素质、专业发展和职业倦怠等问题,更是提出了解决问题的各种措施和实践操作建议,显示出研究的应用价值。

4. 普通高中学生发展指导制度建设的学校实践得到发展

全面提高普通高中学生综合素质是高中教育改革与发展的重要任务之一,建立学生发展指导制度是全面提高普通高中学生综合素质的途径之一。为此,本年度报告以学生发展指导现状及其实践为抓手,采用调查分析的方法,描述当前我国普通高中学校中开展学生发展指导工作的现状、需求及特点。同时,介绍当前一些普通高中学校在探索实施学生发展指导方面的成功实践,以展示普通高中学校为全面提高普通高中学生综合素质做出的努力及其工作进展。

(1) 学生发展指导的现状与需求、意愿与能力之间存在明显差距。

2011年,来自全国13个省市自治区29所普通高中学校的8 085名学生和2 247名教师的有效问卷统计结果显示:

当前普通高中学校在开展学业指导方面表现较好,而在实施生涯发展指导上明显较弱;学生在学业发展、生涯发展和生活发展三方面都有更强的指导需求;教师为学生提供发展指导的意愿很高,但他们自认为实施学生发展指导能力还需要提高,与意愿之间存在差距。

(2)在如何开展学生发展指导方面,很多高中学校开展了有益的探索,并摸索出了一些好方法,积累了一些经验。

上海嘉定中光高中在实施学生发展指导上,探索出了三条实施措施:强化指导机构建设,注重提高教师指导能力;明确学生发展指导要求,落实指导内容;从资源建设等入手,全面实施指导工作。

陕西西安长安一中立足于学科教学体系,尝试实施学生发展指导工作。其实践方法是:在学科教学目标中体现指导要求,学科教学资源中包含指导资源,学科课堂中渗透指导工作和开设学科指导课,并开展相应的评价活动。

福建福州一中努力创建确保学生自主参与、自我教育与指导的社团机制;辽宁省实验中学注重在社团活动中强化学生的自我教育与自我指导;广东华南师大附中开发了学生自我学习的网络平台;北京理工大学附中开发了学生手绘图片的自我指导方式;上海延安中学建立了面向城市学生的生活教育与指导体系;而宁夏育才中学则启动了面向农村学生的"第二父母"行动。

总之,各学校基于本校的学生情况,结合本校教育教学的特点和传统,积极探索适合于本校学生发展要求的学校指导制度体系建设,将全面提高学生综合素质落实到学校工作之中。

5. 各类高中学校都在努力探究学校自主发展的创新实践

普通高中学校的改革与发展是实现普通高中多样化的关键和基础。新形势下,各类普通高中学校发展都面临着新的机遇和挑战,并着力加大学校改革,以促进学校发展。本年度报告选择四所不同类型的高中学校,提供实践调查,以案例分析形式展示这些学校改革与发展的实践探索。

(1)新时代里,传统名校力求改革创新。

上海育才中学作为一所传统的历史名校,着力创造新形势下名校的示范引领价值。学校秉承百年办学的优良传统,以课程改革为抓手,努力探索适合每个学生发展需求的教育教学体系。

(2)新要求下,优质高中分享教育资源。

四川成都七中地处经济欠发达的西部地区,利用名校优势,依托现代信息技术,积极传播与辐射优质教育资源,带动少数民族地区高质量普及高中,走出了一条与西部省份少数民族地区普通高中学校共同发展的合作之路。

(3) 新形势中,农村高中探究校企合作。

山西中阳一中是一所通过校企合作得以发展的农村高中。学校立足本地实际,主动与地方企业对接,在为企业培养建设人才的同时积极加强自身的内涵建设,通过校企合作探索出了一条农村高中的独特发展之路。

(4) 新机制内,民办高中寻求健康成长。

陕西西安高新一中充分利用民办高中办学体制的优势,极大地发挥学校的办学自主性,依赖学校发展目标的引领、高素质教师队伍的建设、国际化办学方向的探索,短时间内实现了令人瞩目的快速成长。

(5) 新思路上,必须关注各类学校改革发展的制度性问题。

改革是促进学校可持续发展的必然选择,改革又必然会面临各种障碍和困难。上述四所(类)学校取得了一定的改革成效,但它们的可持续发展仍面临着诸多制约因素和困难。政府必须正视影响高中学校发展的政策性或者制度性问题与障碍,必须以制度创新的新思路解决这些新问题,必须实现以政府的政策改革促进学校多样发展和持续发展的目标。

6. 关注国际普通高中教育的变革与创新

国际普通高中教育也正在不断地发生着变化,介绍并分析这些变革与创新的实践举措,对于推动我国当前普通高中教育的改革与发展具有积极的参考意义。

(1) 国际上高中教育的性质与功能正在发生变化。

高中学校的功能定位不再只是简单地为升学做准备或者为就业做准备,而是强调学生的全面发展与终身发展。

(2) 高度重视推进高中学校均衡发展。

美国采用了特许学校的形式改造薄弱高中,英国采用"教育行动区计划"改造薄弱高中,法国提出"新高中"改革方案。

(3) 不断加大高中课程改革与教学创新力度。

美国重视高中学校的学业标准和强调开展科学教育,英国实施国家资格证书课程体系,法国则强调课程中的基础性、综合性和公民性要求。

(4) 普通高中学校多样化发展有不同表现。

学制的类型、学校类型的定位、课程内容上的设置等方面的差异,在世界各国比较明显。高中学校多样化发展不只是简单的特色发展或者定位发展的问题。

(5)高中教育的评价体系正在发生变化。

评价标准上,日益重视国家性的统一;在评价方式上,日益重视包括真实性评价、文件夹评价即档案袋评价等在内的多种方式;在评价结果上,日益重视教师给予学生的平时评价与最终评价的结合。

(6)高中学生发展指导制度的建立日趋完善。

在咨询教师(专业指导人员)培养、指导机构建立与指导工作实施等方面都有专业化的新进展。

国际高中教育的改革与发展对于我国正处于转型中的高中阶段教育普及发展而言,具有十分重要的意义。

■ 前　言

　　《中国高中阶段教育发展报告(2012)》(以下简称"本报告")是华东师范大学普通高中教育研究团队承担"教育部哲学社会科学发展报告建设(培育)项目"——"中国高中阶段教育发展报告"(项目批准号：11JBGP019)的首份年度报告成果。①

　　本报告以《国家中长期教育改革和发展规划纲要(2010—2020 年)》为指导,以高中阶段教育发展的目标任务为核心,以 2010—2011 年间普通高中教育领域的政策举措与改革进展为重点,对我国普通高中阶段教育进行了系统化研究和全景式展示。今天,在高中正式进入我国学制 90 周年之际,在高中告别了长期以来的"边缘"地位而逐渐成为教育发展及教育科学研究的热点与政策研制的重点之时,本报告的出版无疑是一件值得欣喜和关注的大事。让我们一起走近高中教育,近观高中教育的发展。

一

　　高中是一个重要而特殊的教育阶段。

　　普通高中是人一生发展的一个关键阶段。

　　高中阶段,正是学生价值观念形成和思维发展的关键时期。高中生思想活跃,接受能力强,可塑空间大,属人生的金色年华,是奠定可持续学习基础和完成生命底色的重要阶段。良好的高中教育,对人才的健康成长,对学生的终身发展,对其享受人类的文明生活和迎接未来的挑战有着不可替代的特殊价值。高中教育将影响学生一生的

---

　　①　本报告不包括香港、台湾与澳门等地区高中阶段教育状况分析。

发展。

高中教育也是我国学校制度中的一个重要学段。高中处在整个学制最为关键的中腰,既能带动基础教育质量的提升,又能保持高等教育的发展后劲,她的质量决定着上下左右其他学段的供应和完成,影响整个社会人力资源系统的生产。随着高中教育的普及,一方面,高中毕业正在成为整个社会就业的基本学历,高中生的质量就是我国劳动大军的质量;另一方面,高中是拔尖创新人才的起飞基地,直接影响着我国未来科技人员队伍乃至于整个社会经济文化发展所需要的各类领军人才的质量。诚如著名教育家廖世承所说,"一个国家军备的优劣,财富的盈亏,政治的消长,实业的盛衰,文化的升降,直接间接都和中学教育有关。"[①]高中在提高整体民族素质和提升国家竞争力中有着极为重要的基础地位。

高中教育更是整个教育制度中的一个特殊学段。尽管国家把高中教育和义务教育合在一起称为基础教育,但高中决不是义务教育的自然延伸,而是与义务教育有着完全不同的内涵和任务。高中不像基础的义务教育那么单纯,可以统一实施"强迫教育",也不如高等教育那样,一开始就进入专门人才培养的轨道。她必须始终面对大众和精英、基础和分流、规范和选择、统一与多样、均衡与特色等两难问题,在兼顾与平衡中为学生的多元健康发展做好准备。

重要但复杂,多样需兼顾,特殊而难弄,让高中教育成了全社会关注度极高但质疑和批评也最多的学段,同时这也是普通高中办学困难重重,容易在实践中迷失自我、丧失独立性,成为其他学段附属品的一个重要因素。研究普通高中、研制高中教育政策,我们首先要关注这一学段的特点,遵循其特有的规律。

二

高中是近十多年发展最为快速的一个学段。

我国高中自1922年正式进入学制以后,始终发展较慢。1949年高中在校学生仅为31.8万人,1995年普通高中在校生只有713.76万人。1995年,原国家教委召开的改革开放后第一次全国普通高中教育会议拉开了当代普通高中快速发展的大幕。近

---

① 廖世承:《中学教育》,载汤才伯主编:《廖世承教育论著选》,人民教育出版社1992年版,第395页。

十多年来,高中普及的数字一路攀升,2010 年全国高中在校学生规模已经达到4 670.6 万人,高中阶段的毛入学率达到了 82.5%;其中全国普通高中在校生为2 427.3万人,与 1995 年相比增长了三倍还多。高中教育在短时间内飞快地从精英教育迈进了大众教育的新阶段。

在欢呼高中发展成就的时候,必须清醒地看到,中国高中教育是在完全不同于发达国家的社会环境及教育格局中得到跨越式发展的,正面临着众多的挑战和困难。

从国际上看,发达国家半个世纪来高中普及的经验和教训,"全民终身教育思想"提出的人的发展(而不是经济的发展)是教育的核心观点,知识经济背景下高中教育在整个国家人力资源建设中极为重要的基础性地位的凸显,国际社会在人才培养目标中对公民责任、批判思维、人生规划、健康人格、民主平等的合作意识、国际理解、实践能力和创新能力等 21 世纪关键技能的强调,全球化战略中围绕高端人才的国际竞争的白热化和多元化……构成了我们思考中国高中教育发展问题的新背景、新观念和新难题。

从中国社会来看,国家正处在社会转型期。城乡二元结构、贫富悬殊差别、独生子女政策、政府的 GDP 思维和急功近利的政绩观、社会的浮躁和功利、望子成龙的传统观念、家长的盲目攀比、社会舆论的负面炒作、科技和教育的分离、校内与校外的断裂、学校与社会的隔绝等,许多由社会快速发展和经济转型带来的体制机制乃至社会问题都涌进了学校,形成了一种对高中办学极为不利的外部环境。

从教育自身来看,高中教育法制规范的建立、高中办学经费的明确分担、校长办学自主权的赋予、招生和高校考试制度的改革、学校学生和教师评价制度的建立、校长和教师的培养、学生综合素质的强调、课程教学改革的推进、学生发展指导制度的确立、德育有效性的探索、高中办学多样化的实施、拔尖学生的培育、社会资源的整合等等,都是进入了大众化阶段的中国普通高中需要应对的压力和任务,其中,新旧杂陈、问题丛生、困难重重。

今天,各地高中的办学条件已经有了明显的改善,但是在高中定位、培养目标、组织架构、学校运行、教育评价等许多方面,高中教育还依然停留在精英教育时代。普及后的普通高中路向何方? 我们应该为今天的学生提供怎样的高中教育? 显然,紧随在不断攀高的在校生数字和全国性造校(扩校)运动后面的,是"内涵发展"这四个大字。这是高中教育无法回避的现实课题,也是时代要求高中教育必须予以解决的任务。

三

高中是一个开始进入实质性改革的学段。

《国家中长期教育改革和发展规划纲要（2010—2020 年）》是一个划时代的纲领。一向涵盖在基础教育之内的高中阶段教育，首次在《纲要》中以专章的形式获得了独立阐述。围绕着《纲要》提出的三大任务，各地集中出台了一系列推进高中教育改革的政策举措，高中学校百花齐放各展其美，理论界亦开始活跃聚焦高中研究。2010 年之后，普通高中教育的独立价值开始引起注意并逐渐彰显。

从精英培养转向大众教育，是当前普通高中教育的一个基本特征。面向大众的高中教育应具有以下一些特点和价值取向：面向全体学生，关注学生基本素质和基本能力；尊重学生的主体地位，发现和发展学生个性与兴趣；提供丰富的学习内容和学习机会，满足学生的教育需求与个体差异；重视学生选择能力、生活能力和生涯规划能力、终身学习等 21 世纪关键能力的培养；强调多元发展等值，促进全体学生的发展。这些价值取向归结到一点，就是强调"人是教育的核心"，呼唤高中回归到教育的原点。令人欣喜的是，最近各地的高中教育改革基本围绕上述价值取向展开。

首先，在高中普及方面，目前高中普及的重担主要压在中西部地区。除了继续沿用之前东部地区使用过的"土地置换"、"名校＋新校"、"名校＋民校"、"名校＋弱校"及中外合作办学等多种思路外，中西部各省市自治区政府使用各种办法加快高中发展和增加优质资源。有的省市自治区明确提出要坚持公益性原则，强调政府在发展高中阶段教育中的责任，加大财政投入和保障力度；有的地方则积极支持和鼓励各种社会力量举办民办高中或参与现有高中建设；在一些少数民族地区政府设立了专项的扶贫助学资金，向所辖区域内的学生提供了完全免费的高中教育；有的则依托现代教育技术辐射示范性高中的优质教育资源，追求高质量的高中普及。从目前的发展态势来看，到 2020 年实现《纲要》提出的高中毛入学率达到 90％的目标应该没有问题，高中教育普及指日可待。

其次，提高学生综合素质正在成为当前高中教育改革的主旋律。本年度众多的改革举措都围绕这一核心任务展开：规范学校办学行为，制止周末假期加班补课;适度控制班额,推行小班化教学;加大教师培训力度,提升教师的执教能力;开发校本课程、选修课程和特色课程,建设学生社团,设立大师讲堂,组织社会考察,丰富学生的校园生活;加强研究性和实践性教学,关注学生的创新精神、实践能力和社会适应能力;建立学生发展指导制度,对学生开展学业、生涯、生活、心理等多方面的指导;鼓励大学向高中开放课程、实验室等教学资源,为部分学有余力的高中学生开辟学习发展的新途径;建设和发展课外创新教育机构,拓展学生课余学习和研究的新空间。这些新变化和新举措传递出一个信息,即一向以升学率为唯一追求的普通高中,正在悄悄地围绕"以学生为本"的教育理念,从学生成长和发展需求的角度来重新规划和开展教育教学和校园生活,在盯住"分"的同时也开始关注起了"人"。

再者,"多样化"和"特色化"成了本年度高中教育改革和发展的关键词,也是所有高中共同的聚焦点。多样化和特色化开始在多个维度展开:一是在学校层面,政府出台政策鼓励学校根据各自的特点办出特色,支持兴办外语、艺术、体育、科技、综合等特色高中学校;二是在课程设置层面,各地学校有较多的探索,校本课程、选修课程、特色课程、校外课程、实践课程、研究课程、综合课程、跨学科课程、学程建设、模块开发等等,在繁多课程名目的背后我们看到了高中人超越统一课程的决心和努力;三是在学习机会和资源层面,校外参观、社会考察、名师讲堂、专家对话、跨校选课、社团活动、网络课程、校园诗会、艺术节、科技节、文化节、体育节、夏令营、读书会等等,高中学生有了书本以外的学习内容,高中校园生活开始告别单一;四是在培养方式层面,诸如在科学家身边成长、到实验室做研究、去职业学校学技能、下社区农村搞调研等举措,使得高中的课堂扩大了,高中的教师增加了,高中生的视野和胸襟也开阔了;五是在教学改革层面,高中新课改提出的新理念正在深入人心,其实践方兴未艾,其改革方向得到较为广泛的认可,广大教育工作者在改革实践中创造了丰富经验,少数教师的教育模式和教学方式正在发生较为深刻的变化;六是在校长层面,之前忙要钱、忙建校、忙应酬的高中校长回归到了职务的本位,开始思考学校定位、学校特色和学校课程建设等问题;七是在观念层面,人们已经意识到高中多样化发展的核心是"选择",有的地方领导更为明确地指出,选择在本质上是对学生权利的尊重,而不仅仅是一种课程开发或教学设计的策略。显然,以多样化和特色化为核心的高中改革已经启动。然而,无论是多样化还是特色化,它们都只是手段,其目的在于改变单一的培养模式,为学生提供更多的选择内容,满足不同学生的不同发展需求。应该说,当前的改革从丰富选择内容入手是正确的,但还需要同时考虑健全选择机制、培养选择能力、完善选择评价、保障选择等值等配套工作。同时,多样化和特色化发展不只是学校内部的事情。一旦缺乏良好的政策保障和社会支持体系,已有的努力很可能会变成"一无标准、二无指导、三无评价、四无资源"的短命项目而付之东流。

半个多世纪之前,著名教育家林砺儒曾指出,关于中等教育,历来存在"教育之建筑观"和"教育之成长观"的观点分野。① 可见以大学为目标、以分数为核心的办学模式自高中一诞生就存在,由来已久,积重难返。最近普通高中能够出现上述改革变化确实令人欣喜。但和因片面追求升学率而扭曲的高中教育现实相比,这些变化实在是星星点火,能量微小。我国普通高中教育要从"大学预备教育"转向"为了全体学生的教育",还有相当长的路要走,其艰巨性真像愚公移山,艰难而漫长,任重且道远。

四

高中是一个需要社会公众理解的学段。

根据教育部对哲学社会科学发展报告项目的基本要求,本报告以普通高中教育为研究对象,以《国家中长期教育改革和发展规划纲要(2010—2020 年)》提出的高中阶段教育目标任务推进落实过程中的问题为内容,力图通过全面和正面地介绍普通高中教育改革与发展的成就、困难与挑战,展示普通高中教育发展中重大问题的研究、思考和解决过程,引导全社会关注和理解高中阶段教育。

结合高中阶段教育改革与发展的实践,本报告在结构上采取总—分式结构,以数量变化、政策举措、舆情热点、专题讨论、案例经验和国际比较为六个关键词组,共分六大部分。其中,第一部分利用国家教育发展与教育经费数据库,结合项目组调研获得的各种资料和具体数据,用数量分析建立起本年度高中教育发展的整体

---

① 林砺儒在《我的中等教育见解》一文中指出,"教育之建筑观"以大学教育为基础教育的终点,把基础教育看成是过渡到大学教育的一座桥,"故以大学教育之起点为中学之终点";而"教育之成长观"则"认定教育是助儿童身心发展的",教育应该随着学生年龄的增长,到什么时候就提供什么样的教育,"中学教育是最适少年生活之教育,其自身就是目的,绝非为将来某种专门之准备"。见刘沪主编:《北京师大附中》,人民教育出版社 2000 年版。

进展概况。第二部分着重介绍《纲要》颁布后,国家和各地方纷纷出台的有关普通高中教育改革与发展的政策内容及其实施进展,揭示高中教育的改革走向和趋势。第三部分就年度内新闻报道、媒体评论、学术研究等方面所涉及的热点问题进行深入调研和系统评述,并对典型性事件进行深度剖析。第四部分将高中建立学生发展指导制度作为一个专题,一方面根据数十所学校问卷调查的结果描述了当前高中学校在学生发展指导方面的现状、需求和特点,另一方面则基于学校在实施学生发展指导方面的成功实践,展示了一线校长教师为全面提高学生综合素质所做的探索和努力,为其他学校开展此类工作提供有益的借鉴。第五部分为成功实践案例的总结与分享。这部分通过研究者的现场调研和深度访谈,用四个真实的案例,在呈现其先进实践探索的同时,分别讨论了普通高中教育发展中的课程教学改革、优质资源辐射、农村高中的发展之路、学校发展中的体制机制等问题,揭示了目前影响学校发展的政策性和制度性障碍。第六部分则从中国普通高中发展中面临的新问题与新挑战出发,探究国际上其他国家解决相关问题的经验和思路,介绍有针对性的他山之石。

本报告和一般的学术书籍不同,带有浓郁的实践性、应用性色彩。六大部分均以普通高中改革和发展中的现实问题为导向,依托大量的有效数据,使用定量研究、实证研究、专题研究等方法,通过点与面、政策与实践、学校与社会、国内与国外、论据与事实、资料与逻辑、困难与经验、定量与定性、概述与专题的相互支撑和补充,立体而全面地展现了我国普通高中教育的最新发展态势。

五

高中也是华东师大教育研究极为关注的一个学段。

华东师大是我国教育科学研究的重镇,普通高中是其中的一个重要研究领域。经过多年的研究积累,一批志同道合者因为对高中教育有兴趣、有担当,分别从不同的学科走到了一起,共同创建国内第一个普通高中教育研究所,形成了专门的研究团队。相比较而言,该团队有以下一些特点:第一,成员出自不同"师门",来自不同学科,相互间平等尊重、民主协商、友好合作、容易达成共识;第二,十多年来一直坚持深入到高中学校,坚持理论联系实际,理论为实践服务,理论向实践学习,与一线的校长老师有着相互信任、相互学习的密切关系;第三,坚持以服务高中和推进改革为己任,不把个人出版专著与发表论文当成职业生涯的唯一追求,追求在支持高中发展的过程中享受自己的职业快乐。

今天,我们把这份报告奉献给社会、奉献给教育界,尤其是奉献给广大高中学校的校长及其教师,也奉献给一直支持、关心和鼓励我们研究的领导与家人。

我们深知,我们的研究及本报告尚有许多不足,团队成员还需不断努力,真诚期盼各方提出批评与建议,以共同推进我国普通高中教育的改革与发展。

第一章
高中阶段教育的整体进展

■ 本章要点

　　高中阶段教育从快速发展转向了基本稳定，形成了普通教育与职业教育结构趋于平衡的格局。2010年全国高中阶段在校生规模达到4 670.6万人，其中，普通高中为2 427.3万人，中等职业教育2 231.8万人，后者占高中阶段教育在校生总数的47.8%。高中阶段教育毛入学率达到了82.5%，初中毕业生升学率则达到87.5%，全国有一半省份的初中毕业生升学率在90%以上。

　　普通高中教育总经费不断增长，预算内教育经费占总经费的比例逐年提高。但财政预算内高中教育拨款的比例有所下降。2010年，全国普通高中学生的生均教育经费为8 120元，其中，生均预算内教育经费为4 782元。中部地区生均事业性经费、生均公用经费均为最低。普通高中学校办学条件和教育信息化水平逐步提高，农村地区及西部地区的办学条件得到明显改善。2010年全国普通高中平均班额为56.6人，每百名学生拥有教学用计算机10.9台，大班额在部分地区仍很严重。

　　普通高中专任教师队伍规模逐年扩大，生师比配置水平得到改进。2010年，全国普通高中专任教师学历合格率达到94.81%，其中具有研究生学历的专任教师有5.5万人，占专任教师总数的3.6%；生师比配置水平为16。很多地区普通高中有代课教师。

　　高中阶段教育承担着为学生走向社会或接受高等教育奠定基础的任务,对于提高人才培养水平、实现人力资源强国建设目标具有重要影响。党的十七大做出了"加快普及高中阶段教育"的战略部署,《国家中长期教育改革和发展规划纲要(2010—2020年)》(以下简称《纲要》)提出"加快普及高中阶段教育"的发展任务,目标是到2020年全国高中阶段毛入学率达到90%。

　　本章运用全国教育统计年鉴和全国教育经费统计年鉴的数据,对我国高中阶段教育特别是普通高中教育普及水平、办学规模、经费投入、办学条件、教师队伍等进行全方位分析,展示当前我国高中教育的整体进展,为贯彻落实《纲要》确定的高中阶段教育发展任务提供参考。

一、高中教育发展水平

　　近年来,我国高中阶段教育发展不断加快,普及程度大幅提高,区域和城乡差距不断缩小,高中阶段教育发展的重心正逐步由规模数量增长转向内涵发展和质量提升。由于区域间社会经济发展水平差距与教育发展基础不平衡等原因,高中阶段教育普及水平在区域之间、省际之间还存在较大差距。

(一) 普及水平

1. 高中阶段教育总体普及水平提高较快

　　我国高中阶段教育的地位不断提高,发展步伐不断加快,高中阶段教育在扩大供给数量、满足社会需求方面得到了快速发展。尤其是进入新世纪之后,由于高等教育扩招、国家有关"扩大高中阶段教育规模"政策,以及近年来学龄人口逐年减少等因素的共同影响,高中阶段教育毛入学率①得到了快速提高,满足了更多适龄人口接受高中教育的需求,我国高中阶段教育普及程度得到了大幅度提高。

　　2010年,全国高中阶段教育毛入学率达到了82.5%,初中毕业生升学率则达到87.5%,全国有一半省份的初中毕业生升学率在90%以上。随着普及水平的不断提高,我国人口中高中阶段教育在校生人数明显增加。2010年,每十万人口中高中

---

　　① 高中阶段教育包括:普通高中、成人高中、中等职业教育(普通中专、职业高中、成人中专和技工学校);毛入学率指该级教育在校学生总数与政府规定的该级学龄段人口总数的百分比。

阶段教育在校生人数已经达到 3 504 人,比 2000 年增加了 1 504 人。

表 1.1 1990—2010 年全国初中毕业生升学率与高中教育毛入学率统计表

年　份	初中毕业生升学率(%)	高中阶段毛入学率(%)
1990	40.6	26.0
1995	50.3	33.6
2000	51.2	42.8
2005	69.7	52.7
2006	75.7	59.8
2007	80.5	66.0
2008	82.1	74.0
2009	85.6	79.2
2010	87.5	82.5

(数据来源:教育部发展规划司组编:《中国教育统计年鉴 2010》,人民教育出版社 2011 年版。以下数据的来源除特别注明外,均与此相同)

2. 不同地区、省份之间高中就学机会差距仍然较大

尽管全国高中教育普及的总体水平不断提升,但是高中阶段教育毛入学率和初中毕业生升学率的区域差距却比较明显。以初中毕业生升学率为例,2010 年东部地区省份平均为 95.7%,中部地区省份平均为 84%,西部地区省份平均为 82.1%,西部地区与东部地区仍存在着 13.6 个百分点的差距。这种状况的形成,是长期以来区域社会经济与教育发展不平衡的结果。

从各省具体情况看,初中毕业生升学率低于 80% 的 8 个省份中,除中部安徽和东部海南外,其余省份均为西部省份,分别是甘肃、广西、新疆、云南、贵州、西藏。而低于 70% 的省份全部为西部省份。这些省份人均受教育程度不高,高中阶段教育普及水平相对较低,面临着为初中毕业生增加升学机会、进一步提高高中教育普及水平的挑战。

(二)事业规模

1. 高中阶段教育总体规模趋于稳定

2010 年,我国高中阶段教育(包括普通高中、成人高中、中等职业学校)共有学

校 28 584 所,占全国各级各类学校总数的 5.4%。数据显示,过去 5 年间,我国高中阶段教育规模从快速发展转向了基本稳定的格局,年增幅从 2005 年的 10.5% 逐年下降,至 2010 年为 0.6%。高中阶段在校生规模为 4 670.6 万人,其中,普通高中在校生人数为 2 427.3 万人,中等职业教育在校生 2 231.8 万人,后者占高中阶段教育在校生总数的 47.8%。

表 1.2 2010 年各省市自治区初中毕业生升学率统计表

省市自治区	初中毕业生升学率(%)	省市自治区	初中毕业生升学率(%)
北 京	100.0	河 北	88.9
天 津	100.0	福 建	88.4
陕 西	100.0	辽 宁	86.1
上 海	100.0	吉 林	84.3
广 东	100.0	湖 北	82.7
青 海	100.0	河 南	80.2
浙 江	97.7	山 西	80.2
山 东	96.4	甘 肃	79.7
江 苏	96.3	广 西	79.6
内蒙古	95.3	安 徽	79.4
湖 南	94.5	海 南	76.6
宁 夏	93.8	新 疆	74.1
重 庆	92.0	云 南	67.8
江 西	91.3	贵 州	58.2
四 川	89.1	西 藏	46.3
黑龙江	88.9		

在《国务院关于大力推进职业教育改革与发展的决定》、《国务院关于大力发展职业教育的决定》等重大政策和措施的推动下,中等职业教育成为本世纪以来扩大高中阶段教育规模的重点,普通高中教育则呈现出了保持规模稳定的态势。

表 1.3　2005—2010 年全国高中阶段教育在校生规模统计表

年　份	在校生数（万人）				比上年增长（%）			
	合　计	普通高中	中　职	成人高中	合　计	普通高中	中　职	成人高中
2005	4 030.9	2 409.1	1 600.0	21.8	10.5	8.5	13.5	12.6
2006	4 341.9	2 514.5	1 809.9	17.5	7.7	4.4	13.1	−19.9
2007	4 528.8	2 522.4	1 988.3	18.1	4.3	0.3	9.9	3.5
2008	4 576.1	2 476.3	2 087.1	12.7	1.0	−1.8	5.0	−29.8
2009	4 640.9	2 434.3	2 195.2	11.5	1.4	−1.7	5.2	−9.7
2010	4 677.3	2 427.3	2 238.5	11.5	0.6	−0.3	1.7	0.3

2. 普通教育与职业教育规模趋于协调

当前,高中阶段教育已经实现了国家关于普通高中教育规模与中等职业教育规模大致相当的目标。2010 年,全国高中阶段教育招生 1 706.7 万人,其中普通高中招生 836.2 万人,中等职业教育招生 868.1 万人,普通高中教育招生数与中等职业教育招生数之比为 49:51。2010 年全国中等职业教育在高中阶段教育中的比重比 2005 年提高了 8.2 个百分点,并且已是连续第二年超过普通高中招生比例。

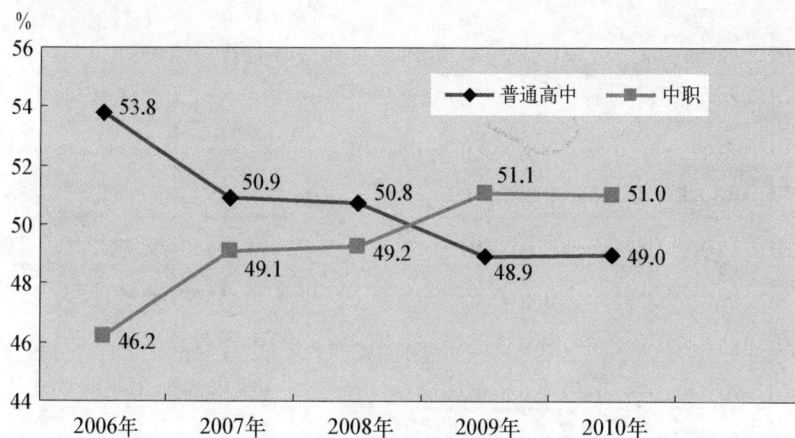

图 1.1　2006—2010 年全国高中阶段教育招生普职之比图

分区域看,2010 年东、中、西部地区中职占高中阶段教育招生比重较为接近,分别为 52.3%、49.8% 和 50.6%。与 2005 年相比,各区域呈现不同的变化趋势,西部地区中职招生比重提升幅度最大,提升了 11 个百分点;中部地区中职招生比重提升了 7.5 个百分点;东部地区中职招生比重提升了 7.2 个百分点。通过提高中职在高中阶段教育的比重,大力发展中等职业教育,中西部地区为经济社会发展特别是中部崛起和西部大开发战略的实施提供了大量高素质劳动者和技能型人才。

表 1.4 2005—2010 年中职招生数占高中总招生数的比例统计表 (单位:%)

区　域	2005 年	2006 年	2007 年	2008 年	2009 年	2010 年
全　国	42.8	46.2	49.1	49.3	51.1	51.0
东　部	45.1	47.3	49.7	49.8	51.4	52.3
中　部	42.3	46.0	48.7	48.9	51.7	49.8
西　部	39.6	44.8	48.8	49.0	50.1	50.6

分省看,广西、云南、广东、海南、河北、河南、青海、江西、江苏、四川、山东、北京、陕西等 13 个省市自治区的高中阶段教育招生中,中职所占比重超过 50%;天津、辽宁、吉林、内蒙古、重庆、贵州、西藏、甘肃、新疆低于 45%。

表 1.5 2005、2010 年各省市自治区中职招生数占
高中总招生数的比例统计表 (单位:%)

区域	省市自治区	2005 年	2010 年	区域	省市自治区	2005 年	2010 年
东部	北　京	49.1	51.6	中部	山　西	41.0	49.5
	天　津	45.2	43.9		吉　林	34.1	44.5
	河　北	44.6	53.0		黑龙江	41.5	48.9
	辽　宁	43.2	42.9		安　徽	41.7	47.2
	上　海	37.8	49.6		江　西	47.3	52.2
	江　苏	49.3	52.1		河　南	42.1	54.0
	浙　江	50.0	48.3		湖　北	43.1	46.5
	福　建	43.6	49.1		湖　南	42.5	49.5
	山　东	44.1	51.6	西部	内蒙古	32.0	44.6
	广　东	41.8	57.5		广　西	41.0	61.5
	海　南	38.2	54.4		重　庆	44.0	42.1

（续表）

区域	省市自治区	2005 年	2010 年	区域	省市自治区	2005 年	2010 年
西部	四 川	43.4	51.8	西部	甘 肃	30.7	44.7
	贵 州	36.9	41.7		青 海	29.2	52.9
	云 南	40.8	58.1		宁 夏	42.8	48.8
	西 藏	18.2	32.7		新 疆	31.4	43.5
	陕 西	43.7	51.0				

3. 民办高中在校生占有一定比重

民办教育是我国教育事业发展的重要增长点，也是促进教育改革的重要力量。近年来高中阶段的民办学校也取得了相应发展。2010 年全国高中阶段共有民办学校 5 622 所；民办高中阶段学校在校生规模达到 537.1 万人，占全国高中阶段①在校生的比例为 12.7%。其中，全国共有民办普通高中 2 499 所，占全国普通高中学校总数的比例为 17.8%。分区域看，中部地区民办高中占本地区普通高中学校数的比例最高，为 22%；东部地区占本区域普通高中学校数的 18.1%；西部地区占本区域普通高中学校数的比例最低，为 13%。

从在校生人数看，2010 年全国民办普通高中在校生为 230.1 万人，占全国普通高中在校生总数的 9.7%。地区间民办高中教育在校生规模、招生规模存在一定差距。分区域看，呈现了中部较高（12%）、西部较低（6.2%）的特点。从招生人数看，民办普通高中招生人数占全国普通高中招生人数的 9.5%，各区域比重存在差异，中部地区达到 11.7%，西部地区仅为 5.9%。

表 1.6　2010 年全国民办普通高中规模统计表

区域	学 校 数		招 生		在 校 生	
	数量（所）	比例（%）	规模（人）	比例（%）	规模（人）	比例（%）
全国	2 499	17.8	809 462	9.5	2 300 706	9.7
东部	965	18.1	328 472	10.2	944 277	10.4
中部	979	22.0	328 405	11.7	950 480	12.0
西部	555	13.0	152 585	5.9	405 949	6.2

---

①　此处高中阶段在校生未含成人高中和技工学校数据。

二、普通高中办学规模

在高中阶段教育普及程度大幅提高的同时,普通高中办学规模发展也呈现出规模趋于稳定、区域之间逐步协调、办学规模效益逐步提高的趋势。普通高中办学规模也实现了东、中、西部以及城乡共同发展,特别是西部地区、农村地区和少数民族地区也取得了较快发展。

(一)在校生规模及构成

1. 西部地区成为普通高中规模扩展的重点区域

在国务院《关于进一步加强农村教育工作的决定》中提出的"要加快发展农村高中阶段教育"的目标影响下,最近几年西部地区成为了普通高中办学规模扩大的重点区域。与 2005 年相比,2010 年东部地区普通高中在校生下降了 3.8%;中部地区普通高中在校生下降了 2.4%。在东、中部普通高中在校生均有所下降的形势下,西部地区仍旧保持着较快的增长势头,2010 年比 2005 年增加了 72.1 万人,增幅高达 11.7%。

表 1.7　2005、2010 年全国普通高中
在校生数变化统计表　　　(单位:万人)

区　域	2005 年	2010 年	2010 年比 2005 年	
			增减数	增减比例(%)
全　国	2 476.3	2 427.3	18.2	0.8
东　部	943.4	926.1	−34.1	−3.8
中　部	863.2	810.4	−19.7	−2.4
西　部	669.7	690.8	72.1	11.7

具体到各省份,东部、中部高中普及水平原本较高的省份普通高中办学规模则有明显下降趋势;与 2005 年相比,2010 年全国有 17 个省份普通高中在校生有所减少,其中上海、北京、湖南、山东、天津和江西等 6 省市降幅在 10% 以上;呈现增长的 14 个省市自治区中,广东、海南、云南、重庆、贵州、西藏等 6 省市自治区增幅超过 20%。

表 1.8　2005—2010 年部分省市自治区
普通高中在校生数变化统计表　　（单位：万人）

地　区	2005 年	2010 年	累计增长（%）
增幅最大的 6 个省市自治区			
广　东	149.0	208.9	40.2
海　南	11.8	16.0	35.8
云　南	48.3	63.3	31.0
重　庆	48.1	62.6	30.1
贵　州	49.5	62.0	25.2
西　藏	3.3	4.1	22.2
降幅最大的 6 个省市			
上　海	31.2	16.9	−45.8
北　京	27.8	19.8	−28.7
湖　南	131.9	101.9	−22.7
山　东	196.6	152.5	−22.4
天　津	21.7	18.5	−14.7
江　西	84.9	74.0	−12.9

2. 女性和少数民族学生就学机会进一步增加

我国女性和少数民族人口接受普通高中教育的机会和条件正在不断改善,尤其是少数民族学生数在普通高中学校中也得到不断增加。2010 年全国普通高中在校生中,共有女学生 1 180.1 万人,占普通高中在校生的 48.6%;共有少数民族学生 183.3 万人,占普通高中在校生的 7.6%。

从少数民族在校生的区域分布看,西部地区普通高中在校生中少数民族学生比例最高,为 18.4%,达到 127.3 万人,中部和东部分别为 3.4% 和 3.1%。受少数民族人口分布特点影响,各省市自治区普通高中少数民族在校生的比例也不尽相同。最高的西藏,达到 89.7%;青海、贵州、新疆、广西、云南、宁夏、内蒙古也都超过了 20%。

3. 各省民办普通高中在校生比例存在一定差距

由于历史文化及发展政策不同,民办普通高中学校在校生在各省普通高中学校中所占比例有一定差距。2010 年,全国有 11 个省份的民办普通高中在校生占本省普通高中在校生总数的比例超过 10%,其中浙江和山西均超过 20%,其余按照比例高低依次为江苏、安徽、江西、河南、福建、辽宁、陕西、湖北、上海。

表 1.9　2010 年普通高中少数民族学生超过 10%的省区名单

省　区	少数民族学生在校生数	占本省/区普通高中在校生数的比例(%)
西　藏	36 514	89.7
青　海	43 219	40.1
贵　州	243 987	39.3
新　疆	162 687	38.8
广　西	282 357	37.5
云　南	184 277	29.1
宁　夏	40 872	28.7
内蒙古	141 628	28.4
辽　宁	127 195	17.8

表 1.10　2010 年民办普通高中在校生比例超过 10%的省市名单

省　市	民办普通高中在校生数(人)	占本省市普通高中在校生比例(%)	所在区域
浙　江	190 028	21.6	东部
山　西	167 382	20.3	中部
江　苏	212 271	15.7	东部
安　徽	175 162	13.7	中部
江　西	101 082	13.7	中部
河　南	219 005	11.4	中部
福　建	75 730	10.7	东部
辽　宁	75 747	10.6	东部
陕　西	97 286	10.2	西部
湖　北	123 530	10.0	中部
上　海	16 839	10.0	东部

4. 校均规模效益得到提高,但省际之间差异较大

2010年全国共有普通高中学校1.41万所,其中东部地区0.53万所,中部地区0.45万所,西部地区0.43万所。随着总体规模扩大和学校数的减少,普通高中校均规模逐年提高。

2010年普通高中校均规模从2005年的1 497.1人增加到1 726.7人,增加了229.6人。分区域看,中部地区普通高中校均规模较高,西部地区较低。与2005年相比,西部地区普通高中校均规模提高幅度最大。东部地区普通高中校均规模从2005年的1 553.5人增加到1 740.8人,增加了187.3人;中部地区从1 620.2人增加到1 820.4人,增加了200.2人;西部地区从1 292.4人增加到1 611.7人,增加了319.3人。

表1.11 2005、2010年全国普通高中校均规模统计表

区域	在校生数(人)		学校数(所)		校均规模(人)	
	2005年	2010年	2005年	2010年	2005年	2010年
全 国	24 090 901	24 273 351	16 092	14 058	1 497.1	1 726.7
东 部	9 602 290	9 261 214	6 181	5 320	1 553.5	1 740.8
中 部	8 301 750	8 104 347	5 124	4 452	1 620.2	1 820.4
西 部	6 186 861	6 907 790	4 787	4 286	1 292.4	1 611.7

从省份看,普通高中学校校均规模超过2 000人的有山东、重庆、河南、江苏、河北、湖北、广东、宁夏等8省市自治区,其中山东省最高,为2 576.2人;而校均规模低于1 000人的有上海、北京、天津、青海等4省市,其中上海市最低,为647.1人,约为山东校均规模的1/4。显然,在学校规模上,各地之间的差异还是比较明显的。

表1.12 2010年各省市自治区普通高中校均在校生规模统计表

省市自治区	在校生数(人)	学校数(所)	校均规模(人)	省市自治区	在校生数(人)	学校数(所)	校均规模(人)
山 东	1 525 122	592	2 576.2	广 西	753 981	463	1 628.5
重 庆	626 434	268	2 337.4	浙 江	880 194	569	1 546.9
河 南	1 921 573	825	2 329.2	山 西	822 925	534	1 541.1
江 苏	1 356 550	653	2 077.4	海 南	160 461	107	1 499.6

(续表)

省市自治区	在校生数(人)	学校数(所)	校均规模(人)	省市自治区	在校生数(人)	学校数(所)	校均规模(人)
河 北	1 275 146	615	2 073.4	黑龙江	616 885	416	1 482.9
湖 北	1 237 362	603	2 052.0	甘 肃	646 975	452	1 431.4
广 东	2 089 462	1 026	2 036.5	西 藏	40 728	29	1 404.4
宁 夏	142 392	70	2 034.2	云 南	632 812	451	1 403.1
四 川	1 462 250	747	1 957.5	贵 州	620 221	444	1 396.9
吉 林	470 946	257	1 832.5	福 建	706 369	575	1 228.5
内蒙古	499 280	289	1 727.6	新 疆	419 141	385	1 088.7
安 徽	1 275 968	743	1 717.3	青 海	107 715	119	905.2
辽 宁	715 443	419	1 707.5	天 津	185 153	214	865.2
陕 西	955 861	569	1 679.9	北 京	198 415	289	686.6
湖 南	1 019 039	622	1 638.3	上 海	168 899	261	647.1
江 西	739 649	452	1 636.4				

(二) 招生规模

在扩大中职招生规模和比例的政策指引下,近年来普通高中招生规模呈逐步下降的态势。2010 年全国普通高中招生 836.2 万人,比 2005 年减少了 41.5 万人,下降 4.7%。但是,不同区域普通高中招生规模呈现了不同的发展态势。西部地区与 2005 年相比仍然处于增长阶段,2010 年比 2005 年增长了 16.4 万人,增长7.1%;中部地区则下降了 10.9%;东部地区也下降了 7.2 个百分点。

表 1.13　2005、2010 年全国普通高中
招生规模及变化统计表　　(单位:万人)

区 域	2005 年	2010 年	2010 年比 2005 年	
			增减数	增减比例(%)
全 国	877.7	836.2	−41.5	−4.7
东 部	341.1	316.7	−24.4	−7.2
中 部	306.1	272.7	−33.4	−10.9
西 部	230.5	246.9	16.4	7.1

从各省市自治区来看,2010 年有 14 个省市自治区普通高中招生规模比 2005 年有所增长,其中增幅超过 15%的有广东、重庆、贵州、海南、云南、西藏 6 省市自治区,其中广东增幅高达 32.7%;有 17 个省市自治区普通高中招生规模有不同程度下降,其中上海、湖南、北京、山东降幅较大,均在 20%以上。

表 1.14 2005、2010 年各省市自治区
普通高中招生规模统计表   (单位:万人)

省市自治区	2005 年	2010 年	增长(%)	省市自治区	2005 年	2010 年	增长(%)
广　东	57.0	75.6	32.7	青　海	3.8	3.6	−3.8
重　庆	18.3	22.8	24.4	吉　林	17.4	16.3	−6.3
贵　州	19.4	24.0	23.9	辽　宁	26.6	24.0	−9.7
海　南	4.6	5.6	20.7	河　南	70.0	62.8	−10.2
云　南	19.0	22.9	20.5	福　建	27.2	24.3	−10.7
西　藏	1.3	1.5	17.0	湖　北	45.9	39.5	−13.8
宁　夏	4.4	4.7	8.3	河　北	49.5	42.0	−15.1
山　西	26.3	28.1	6.8	江　苏	52.3	44.0	−15.7
甘　肃	20.6	22.0	6.8	内蒙古	19.8	16.6	−16.1
新　疆	14.5	15.3	5.6	天　津	7.4	6.2	−16.6
广　西	25.7	27.1	5.4	江　西	31.3	25.7	−17.9
陕　西	32.6	33.8	3.7	山　东	67.2	52.8	−21.4
四　川	51.2	52.5	2.7	北　京	8.9	6.6	−25.9
黑龙江	20.6	20.7	0.9	湖　南	51.3	37.1	−27.7
浙　江	30.4	30.1	−1.0	上　海	10.1	5.4	−46.5
安　徽	43.5	42.4	−2.4				

(三) 毕业生规模

2005 年以来,全国普通高中毕业生规模总体呈现增长态势,但自 2009 年起已连续两年均比上年有所下降。2010 年全国普通高中毕业生总数为 794.4 万人,比 2005 年增加了 20.1%,其中西部地区增长速度最快,增长了 29.1%。分省份看,与 2005 年相比,除上海、北京、山东 3 省市毕业生规模有所下降外,其余 28 个省市自

治区均有不同程度增长,其中海南、云南、西藏、广东、安徽、贵州、甘肃等7省市自治区增幅均超过了40%。

表 1.15　2005、2010 年全国普通高中毕业生数统计表（单位：万人）

区　域	2005 年	2010 年	2010 年比 2005 年	
			增减数	增减比例(%)
全　国	661.6	794.4	132.9	20.1
东　部	268.0	300.9	32.9	12.3
中　部	229.2	281.4	52.2	22.8
西　部	164.4	212.2	47.8	29.1

三、普通高中教育经费

在《国务院关于基础教育改革与发展的决定》(2001 年)、《关于进一步加强农村教育工作的决定》(2003 年)等重大政策指引下,本世纪以来,各级政府对普通高中教育发展的财政投入力度明显加大。普通高中教育总经费不断增长,预算内教育经费占总经费的比例逐年提高。此外,随着普通高中学生资助体系的建立,家庭经济困难学生的学习机会得到了更好的保障。

(一) 经费投入

1. 经费投入总量增加,但财政预算内教育拨款的比例有所下降

数据显示,过去几年间我国普通高中教育经费的总收入得到了持续增长,但增速有所趋缓。2010 年,全国普通高中教育经费总收入达到 2 003 亿元,比 2005 年增加 916 亿元,增长 84.2%。其中,财政预算内教育经费为 1 176 亿元,比 2005 年增加 708 亿元,增长 151.3%。

值得关注的是,在各级各类教育财政预算内教育拨款中,普通高中财政预算内教育拨款的比例有所下降,2010 年该比例为 8.7%,比 2005 年下降了 1.3 个百分点。

2. 政府投入比例增加

从普通高中教育经费总收入构成比例来看,2010 年普通高中预算内教育拨款

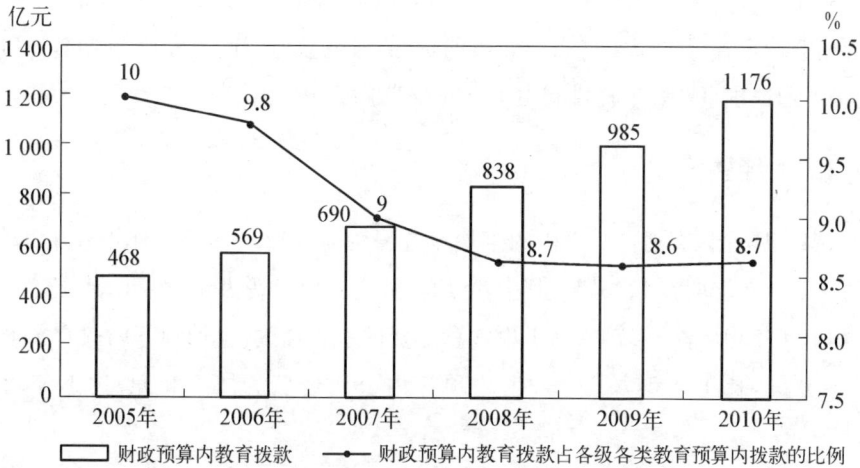

图 1.2　普通高中财政预算内拨款及占比例分布图

比例为 58.7%，比 2005 年增加 15.7 个百分点；各级政府征收的用于教育的税费比例为 7%，比 2005 年增加 0.4 个百分点。而其他财政性教育经费，如企业办学中的企业拨款、校办产业和社会服务收入用于教育的经费所占比例，近年来有所下降。

此外，各种预算外的教育经费，如民办学校举办者投入、社会捐赠经费，与 2005 年相比也有所下降。普通高中学费所占比例也有较大幅度下降，2010 年学费所占比例为 21.8%，比 2005 年下降了 6.5 个百分点。

目前，全国大部分省市自治区政府预算内教育拨款占普通高中教育投入的比例超过 50%，浙江、安徽、湖北和湖南等 4 个东、中部地区省份该比例低于 50%。

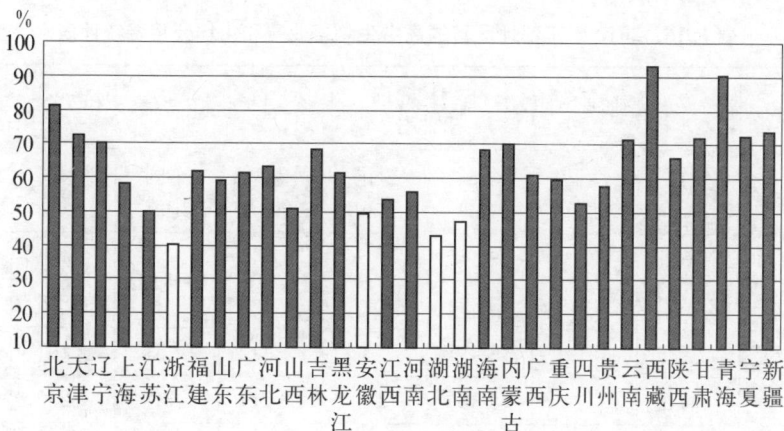

图 1.3　2010 年各省市自治区普通高中预算内教育拨款占总经费比例

为了促进普及高中阶段教育目标实现，促进普通高中教育可持续发展，下一步需要研究确定各级政府发展高中教育的责任，研究政府、社会、家庭的成本分担机制，为普通高中事业发展提供有力可靠的经费保障。

（二）经费支出

2010年，全国普通高中学生的生均教育经费为8 120元，比上年增长14.7%；而过去五年年均增长11.8%。其中，生均预算内教育经费为4 782元，比上年增长22%，五年年均增长17.7%，高于生均总经费的增长速度；生均预算内教育事业费为4 510元，比上年增长20%；生均预算内公用经费为1 072元，比上年增长28.9%。

2010年东、中、西部地区地方普通高中生均事业性经费分别为10 861元、6 119元和6 703元；东、中、西部地区地方普通高中生均公用经费分别为4 341元、2 557元和2 709元。中部地区生均事业性经费、生均公用经费均为最低。

1. 东部地区：内部差异显著

2010年，东部地区地方普通高中生均事业性经费和生均公用经费均高于全国平均水平，其中上海、北京、天津处于前三位，但各省市之间差距较大。

生均事业性经费高于东部平均水平的有5个省市，最高的是上海，为32 637元；有4个省份低于东部平均水平。生均公用经费高于东部平均水平的有4个省市，最高的是上海，为14 382元；有5个省份低于东部平均水平。此外，地方生均预算内事业费和生均预算内公用经费省际差距也很大。

表1.16 2010年东部地区普通高中生均事业费和生均公用费统计表

省　市	生均事业费		生均预算内事业费		生均公用费		生均预算内公用费	
	金额（元）	全国排位	金额（元）	全国排位	金额（元）	全国排位	金额（元）	全国排位
东部平均	10 861		6 345		4 341		1 464	
北　京	29 033	2	20 620	1	12 186	2	8 865	1
天　津	17 833	3	13 234	3	5 112	5	2 161	6
辽　宁	8 442	12	5 335	12	3 214	14	1 220	14
上　海	32 637	1	20 347	2	14 382	1	5 486	2

（续表）

省　市	生均事业费		生均预算内事业费		生均公用费		生均预算内公用费	
	金额（元）	全国排位	金额（元）	全国排位	金额（元）	全国排位	金额（元）	全国排位
江　苏	10 754	5	5 595	11	3 826	9	605	26
浙　江	13 863	4	6 415	9	5 220	4	1 327	11
福　建	8 786	11	5 222	14	3 022	15	983	20
山　东	8 297	13	5 077	16	3 722	10	1 071	16
广　东	9 066	10	5 313	13	3 970	8	1 509	9

（数据来源：《教育部 国家统计局 财政部关于 2010 年全国教育经费执行情况统计公告》）

2. 中部地区：低于西部地区水平

2010 年，中部地区地方普通高中生均事业经费为 6 119 元、生均公用经费为 2 557 元，比全国平均水平分别低 1 685 元和 614 元，与西部的平均水平相比，也分别低 584 元和 152 元。

生均预算内事业费高于全国平均水平的仅有吉林和海南，生均预算内公用经费高于全国平均水平的有山西、吉林和海南 3 个省份。而湖北的地方普通高中生均预算内事业费和生均预算内公用经费仅为 2 563 元和 482 元。

表 1. 17　2010 年中部各省普通高中生均事业费和生均公用费排序表

省　份	生均事业费		生均预算内事业费		生均公用费		生均预算内公用费	
	金额（元）	全国排序	金额（元）	全国排序	金额（元）	全国排序	金额（元）	全国排序
中部平均	6 119		3 327		2 557		775	
河　北	6 474	22	3 998	21	2 553	21	860	22
山　西	7 360	16	4 245	20	3 503	12	1 119	15
吉　林	7 344	17	5 104	15	3 003	16	1 451	10
黑龙江	6 630	21	4 411	18	2 638	19	1 029	18
安　徽	6 083	24	2 817	28	2 616	20	690	24
江　西	5 539	29	3 016	27	2 237	27	659	25

（续表）

省　份	生均事业费		生均预算内事业费		生均公用费		生均预算内公用费	
	金额（元）	全国排序	金额（元）	全国排序	金额（元）	全国排序	金额（元）	全国排序
河　南	4 528	31	2 458	31	2 063	29	596	27
湖　北	5 844	26	2 563	30	2 269	26	482	30
湖　南	7 312	18	3 288	26	2 834	18	555	28
海　南	8 117	15	6 421	8	3 716	11	2 561	5

（数据来源：《教育部 国家统计局 财政部关于 2010 年全国教育经费执行情况统计公告》）

3. 西部地区：低于全国平均水平

2010 年,西部地区地方普通高中生均事业性经费为 6 703 元,比全国平均水平低 1 101 元。高于西部地区平均水平的有 7 个省市自治区,低于西部地区平均水平的有广西、四川、贵州、陕西、甘肃 5 个省市自治区。西部地区地方普通高中生均预算内事业费青海最高,为 7 984 元;其次是新疆,为 7 249 元。

西部地区普通高中生均公用经费为 2 709 元,低于全国平均水平。其中,高于西部地区平均水平的有 5 个省市自治区,最高的宁夏达到 5 228 元;有 7 个省自治区低于西部地区平均水平。西部地区地方普通高中生均预算内公用经费最高是青海,为 3 553 元。

表 1.18　2010 年西部各省市自治区普通高中生均事业费和生均公用费统计表

省市自治区	生均事业费		生均预算内事业费		生均公用费		生均预算内公用费	
	金额（元）	全国排序	金额（元）	全国排序	金额（元）	全国排序	金额（元）	全国排序
西部平均	6 703		4 055		2 709		1 028	
内蒙古	9 269	9	5 612	10	4 317	7	1 827	8
广　西	5 642	27	3 428	24	2 126	28	736	23
重　庆	7 118	19	3 607	23	2 957	17	1 239	13
四　川	6 049	25	2 591	29	2 440	24	430	31
贵　州	5 211	30	3 317	25	1 941	30	502	29

（续表）

省市自治区	生均事业费		生均预算内事业费		生均公用费		生均预算内公用费	
	金额（元）	全国排序	金额（元）	全国排序	金额（元）	全国排序	金额（元）	全国排序
云　南	6 930	20	4 316	19	2 535	23	1 027	19
西　藏	8 222	14	7 246	6	1 866	31	1 313	12
陕　西	6 395	23	4 491	17	2 545	22	1 041	17
甘　肃	5 617	28	3 798	22	2 326	25	927	21
青　海	10 315	6	7 984	4	4 562	6	3 553	3
宁　夏	9 524	7	6 672	7	5 228	3	3 234	4
新　疆	9 433	8	7 249	5	3 412	13	1 852	7

（数据来源：《教育部 国家统计局 财政部关于 2010 年全国教育经费执行情况统计公告》）

上述数据显示，在普通高中生均教育经费的投入与支出方面，尽管三类地区之间有一些差距，但更大的差距在于省际之间。如何进一步引导农村地区、经济欠发达地区加大对普通高中教育的投入力度，改善普通高中的办学条件，为提高教育教学质量、提高高中普及水平提供保障，是促进普通高中教育可持续发展必须予以高度关注的问题。

值得关注的是，在支持西部地区高中阶段教育发展的政策背景下，如何在国家层面关注中部地区加快普及高中阶段教育以及解决普通高中教育投入不足，也是一个需要正视的现实问题。

四、普通高中办学条件

近年来，随着各级政府重视程度的增加，各地对普通高中的保障能力得到了一定程度改善。全国普通高中学校生均办学条件和教育信息化水平逐步提高。特别是农村地区以及西部地区的办学条件得到了明显改善。但是，在我国高中教育总体普及水平大幅提高的同时，部分普通高中发展薄弱地区在改善办学条件、提高保障水平方面面临着较大压力，迫切需要加大政府投入和统筹管理力度。

(一) 班额情况

班额是反映普通高中学生享有教育资源充足程度的重要指标之一。过去几年间,我国普通高中平均班额、大班额(56人及以上)比例、超大班额(66人及以上)比例均呈现逐年下降的趋势,反映出了生均享有的普通高中资源充足程度得到提高,表明教育不公平状况有所改善,但整体情况仍不容乐观。

1. 班额偏大现象仍然较为突出

2010年全国普通高中平均班额为56.6人,比2005年减少了2人。大班额比例从2005年的59.1%下降为51.2%,下降了7.9个百分点。超大班额比例从2005年的27.5%下降为20%,下降了7.5个百分点。班额偏大现象有所缓解,但仍然较为突出。

表1.19   2005—2010年全国普通高中班额统计表

	2005年	2006年	2007年	2008年	2009年	2010年
平均班额(人)	58.6	58.4	58.0	57.3	56.8	56.6
大班额比例(%)	59.1	58.6	57.0	55.1	52.3	51.2
超大班额比例(%)	27.5	27.0	25.6	23.3	21.0	20.0

2. 省际之间、城乡之间大班额比例差异显著

进一步分析发现,省际之间、省内城乡之间普通高中大班额、超大班额比例的差异十分突出。以大班额比例为例,2010年普通高中大班额比例超过50%的省份达到14个,分别为河南、湖北、广西、甘肃、安徽、四川、贵州、河北、海南、湖南、吉林、内蒙古、广东、黑龙江。大班额比例最高的河南省达到78.9%,最低的上海为0.1%。

同时,省内城乡之间的差异也很突出,例如,湖北城市普通高中的大班额比例为53.3%,农村高达83.9%。这些省份尤其是农村地区需要进一步扩大普通高中办学规模,改善学生学习环境。

(二) 校舍条件

2010年全国普通高中学校生均校舍建筑面积为16.41平方米,比2005年增加了2.66平方米。分区域看,2010年东部地区普通高中生均校舍建筑面积为19.13平方米,中部地区为14.83平方米,西部地区为14.6平方米。尽管实现了逐年提

高,但是中西部地区提高的幅度还较小,与东部地区的绝对水平仍有较大差异,需要中、西部地方各级政府进一步予以重视。

表 1.20　2005—2010 年全国普通高中
生均校舍建筑面积统计表　　（单位：平方米）

区　域	2005 年	2006 年	2007 年	2008 年	2009 年	2010 年
全　国	13.75	14.52	14.94	15.52	16.04	16.41
东　部	15.73	16.65	17.42	18.17	18.88	19.13
中　部	12.11	12.76	13.00	13.70	14.34	14.83
西　部	12.88	13.64	13.88	14.14	14.27	14.60

分省看,全国有 16 个省市自治区普通高中生均建筑面积低于全国平均水平,其中 14 个为中、西部省市自治区;吉林、甘肃、贵州、黑龙江等 4 个省份不足 12 平方米;北京、上海、浙江、海南、福建、天津、湖南等 7 个省市超过 20 平方米。

同样值得关注的是,许多省份内部城乡之间普通高中校舍条件还存在不小差距。例如,海南省城市普通高中为 31.3 平方米,农村为 17.9 平方米,浙江省农村普通高中也比城市低了 7.1 平方米。

表 1.21　2010 年各省市自治区普通高中
生均校舍建筑面积统计表　　（单位：平方米）

省市自治区	总　体	城　市	农　村	省市自治区	总　体	城　市	农　村
北　京	37.3	37.1	38.5	河　南	12.8	15.7	11.6
天　津	21.2	25.8	17.2	湖　北	14.1	16.1	13.0
河　北	15.3	18.5	14.2	湖　南	20.6	23.0	19.8
辽　宁	13.0	13.7	11.5	内蒙古	14.4	14.7	14.0
上　海	37.1	33.8	41.2	广　西	15.6	17.0	15.0
江　苏	19.9	23.8	18.1	重　庆	17.4	25.2	15.2
浙　江	22.9	26.6	19.5	四　川	15.4	17.0	14.6
福　建	22.4	23.3	21.8	贵　州	11.6	14.0	10.8
山　东	16.9	17.4	16.5	云　南	17.2	20.2	16.2

(续表)

省市自治区	总体	城市	农村	省市自治区	总体	城市	农村
广 东	18.4	23.3	15.9	西 藏	19.1	17.0	21.2
海 南	22.4	31.3	17.9	陕 西	12.2	15.0	11.0
山 西	16.5	18.9	14.5	甘 肃	11.6	14.1	10.6
吉 林	11.2	12.5	10.6	青 海	12.7	13.8	12.2
黑龙江	11.7	12.8	10.9	宁 夏	16.3	17.8	14.6
安 徽	14.2	14.1	14.3	新 疆	16.3	16.1	16.5
江 西	17.5	19.2	17.1				

(注:农村包含"县镇"与"农村",以下同。)

(三) 仪器设备

教学仪器设备配置水平,对保证普通高中学生高质量完成各门课程学习关系重大。2010 年全国普通高中生均仪器设备值达到 1 603.9 元,比 2005 年增加 284.2 元,增长 21.5%。分区域看,东部地区最高,为 2 244.5 元;中部地区为 1 203.3 元,西部地区为 1 214.9 元。

2010 年全国普通高中学校中,体育运动场(馆)面积达标学校的比例为 80.61%;体育器材配备达标学校的比例为 81.14%;音乐器材配备达标学校的比例为 76.95%;美术器材配备达标学校的比例为 77.83%;理科实验仪器达标学校的比例为 84.63%。

表 1.22　2005、2010 年全国普通高中
生均仪器设备值统计表　　　　(单位:元)

区域	2005 年			2010 年		
	总 体	城 市	农 村	总 体	城 市	农 村
全国	1 319.7	1 928.4	991.7	1 603.9	2 319.9	1 212.3
东部	1 749.6	2 445.0	1 330.8	2 244.5	3 132.4	1 638.0
中部	1 053.2	1 496.1	828.6	1 203.3	1 618.0	1 009.6
西部	1 010.1	1 605.4	718.8	1 214.9	1 765.6	950.1

教学仪器设备配置水平的区域间差距明显,尤其是省际之间的差异更为突出,中、西部地区的一些省份更需要关注。例如,河南、广西、青海、安徽、贵州、西藏等省区,改善办学仪器设备条件的任务艰巨,尤其是农村普通高中学校的仪器设备条件与城市普通高中学校之间的差距相当明显。

**表 1.23　2010 年各省市自治区普通高中生
均仪器设备值统计表**　　　　　　（单位：元）

省市自治区	总 体	城 市	农 村	省市自治区	总 体	城 市	农 村
北 京	7 093.6	7 279.7	6 172.1	河 南	651.0	981.6	510.0
天 津	2 523.4	3 050.1	2 056.9	湖 北	1 362.4	1 415.6	1 334.4
河 北	1 112.8	1 798.8	888.0	湖 南	1 818.0	2 503.3	1 583.6
辽 宁	1 543.8	1 772.8	1 045.9	内蒙古	1 162.2	1 149.4	1 175.0
上 海	11 727.6	12 939.0	10 169.7	广 西	916.4	1 129.4	817.4
江 苏	2 629.1	3 796.4	2 057.5	重 庆	1 405.1	2 821.4	1 012.3
浙 江	2 446.1	2 918.4	2 009.5	四 川	1 352.1	1 809.6	1 138.5
福 建	2 066.5	2 888.7	1 534.2	贵 州	1 042.1	1 772.6	764.4
山 东	1 442.5	1 815.4	1 126.8	云 南	1 137.8	2 136.9	810.9
广 东	2 254.4	3 546.4	1 593.6	西 藏	1 013.8	1 090.7	941.8
海 南	1 983.5	2 524.8	1 705.7	陕 西	1 389.6	2 435.8	955.0
山 西	1 485.9	2 240.8	877.8	甘 肃	1 082.6	2 171.4	640.0
吉 林	1 338.3	1 811.4	1 091.4	青 海	893.8	1 580.5	639.8
黑龙江	1 407.4	1 762.3	1 158.0	宁 夏	1 259.6	1 495.0	994.4
安 徽	1 096.9	1 420.0	955.2	新 疆	1 315.9	1 159.0	1 514.7
江 西	1 138.3	1 637.9	1 015.2				

（四）信息化设施

当前,教育信息化设施已经成为了衡量普通高中办学条件与教学质量的重要因素,对于促进学校课程改革、促进学生学习方式转变等都具有重要影响。这里以普通高中在校学生拥有教学用计算机台数、建网学校比例作为主要指标,分析全国普通高中教育信息化的基础条件。

1. 城乡之间教学用计算机数量差距较大

数据显示,2010 年全国普通高中每百名学生拥有教学用计算机台数为 10.9 台,但是城乡之间具有很大差距,城市普通高中为 14.1 台,农村普通高中为 8.4 台。就全国而言,2010 年与 2009 年相比增加了 0.5 台,但是,城市增幅高于农村地区。分地区看,东部地区配置水平较高,为 14.6 台;中部地区较低,为 8.2 台;西部地区则为 9.2 台。

表 1.24　2009、2010 年普通高中拥有教学用计算机台数统计表

(单位:台/每百名学生)

区域	2009 年			2010 年			2010 年比 2009 年增加		
	总体	城市	农村	总体	城市	农村	总体	城市	农村
全国	10.4	14.1	8.4	10.9	14.8	8.8	0.5	0.7	0.4
东部	14.0	18.6	10.9	14.6	19.4	11.4	0.6	0.8	0.5
中部	7.8	10.1	6.7	8.2	10.6	7.0	0.4	0.5	0.3
西部	8.8	11.2	7.6	9.2	11.9	7.9	0.4	0.7	0.3

分省看,各省配置水平有很大悬殊。北京、上海远高于其他省份,分别为 53.2 台与 49.9 台,而河南、湖北、西藏、贵州、四川等 12 个省份则不足 10 台。各省内部城乡之间也普遍存在差异。与 2009 年相比,全国除青海、广东、新疆、贵州、宁夏、黑龙江 6 省区有所下降或几无变化外,其余 25 个省份均有不同程度增长。北京、山东、上海、西藏、四川、云南 6 省市自治区均增加了 1 台以上。

表 1.25　2010 年各省市自治区普通高中
拥有教学用计算机台数统计表　(单位:台/每百名学生)

省市自治区	总　体	城　市	农　村	省市自治区	总　体	城　市	农　村
北　京	53.2	57.2	33.5	河　南	5.8	8.8	4.5
天　津	17.6	23.9	12.1	湖　北	6.0	8.1	4.9
河　北	10.8	15.4	9.3	湖　南	10.9	13.7	10.0
辽　宁	11.8	13.1	8.8	内蒙古	8.6	9.3	7.8
上　海	49.9	53.3	45.5	广　西	8.2	11.0	7.0
江　苏	15.3	19.1	13.5	重　庆	8.8	14.1	7.4

（续表）

省市自治区	总 体	城 市	农 村	省市自治区	总 体	城 市	农 村
浙 江	16.4	18.7	14.2	四 川	7.9	9.8	7.1
福 建	15.9	19.5	13.7	贵 州	7.4	9.5	6.5
山 东	11.6	13.4	10.0	云 南	10.8	15.0	9.4
广 东	12.0	18.4	8.8	西 藏	7.1	8.4	5.8
海 南	11.4	13.3	10.5	陕 西	10.1	14.6	8.2
山 西	10.2	12.1	8.7	甘 肃	9.2	12.6	7.8
吉 林	8.8	10.8	7.8	青 海	12.3	16.6	10.7
黑龙江	8.8	10.8	7.4	宁 夏	13.8	14.7	12.7
安 徽	8.6	10.5	7.8	新 疆	12.7	12.9	12.5
江 西	10.4	16.2	8.9				

2. 中、西部地区建网学校比例偏低

2010 年普通高中建网学校比例进一步提高，达到 76.7％。东部地区建网学校比例最高，达到 88.5％；西部地区最低，平均为 66.3％。与 2005 年相比，全国普通高中建网学校比例提高了 16.9 个百分点；西部地区增幅最高，增加了 18.4 个百分点；中部地区增加了 17.3 个百分点；东部地区增加了 16 个百分点。

表 1.26　2005、2010 年全国普通高中建网学校百分比统计表

区　　域	2005 年	2010 年	增长（％）
全　国	59.8	76.7	16.9
东　部	72.5	88.5	16.0
中　部	55.5	72.8	17.3
西　部	47.9	66.3	18.4

五、普通高中教师队伍

（一）教师数量

普通高中专任教师队伍呈现规模逐年扩大、生师比配置水平逐步提高的发展

特点。

1. 西部地区专任教师规模增长速度相对较快

2010年全国普通高中共有专任教师151.8万人。2005年以来普通高中专任教师队伍增加了21.9万人,增幅达16.9%。其中,西部地区专任教师配置水平取得了明显改善。与2005年相比,西部地区普通高中专任教师增长了22.2%,中部地区增长15.7%,东部地区增长14.6%。需要指出的是,全国和各区域普通高中专任教师队伍规模增长速度出现了有所放缓的迹象。

表1.27 2005—2010年普通高中专任教师数量及其增长比例统计表

区 域	2005年	2006年	2007年	2008年	2009年	2010年
专任教师数量(万人)						
全 国	129.9	138.7	144.3	147.6	149.3	151.8
东 部	55.6	58.9	61.0	61.9	62.9	63.7
中 部	41.4	44.3	46.2	47.4	47.6	47.9
西 部	32.9	35.5	37.2	38.3	38.9	40.2
年增长比例(%)						
全 国	9.1	6.8	4.0	2.2	1.2	1.7
东 部	8.5	6.0	3.5	1.5	1.6	1.4
中 部	9.1	7.0	4.1	2.7	0.4	0.6
西 部	10.3	7.8	4.7	3.0	1.5	3.4

从性别和民族构成看,2010年全国普通高中专任教师中,共有女性教师72.4万人,占专任教师总数的47.7%;共有少数民族教师10.3万人,占专任教师总数的6.8%。

2. 生师比进一步下降

在专任教师数量增加的同时,2010年全国普通高中学校中的生师比有所改善,即从2005年的18.5下降为2010年的16。其中,西部地区普通高中生师比为17.2,高于东部和中部地区。与2005年相比,2010年全国普通高中生师比下降了2.5;其中,改善程度最大的是中部地区,降低了3.1;西部地区改善程度相对较小,降低了1.6。

表 1.28　2005—2010 年全国普通高中学校生师比情况统计表

区　域	2005 年	2009 年	2010 年	2010 年比 2009 年降低	2010 年比 2005 年降低
全　国	18.5	16.3	16.0	0.3	2.5
东　部	17.3	14.7	14.5	0.2	2.8
中　部	20.0	17.5	16.9	0.6	3.1
西　部	18.8	17.4	17.2	0.2	1.6

3. 代课教师在一些地区仍然存在

在加快普及高中阶段教育的过程中,一些地区出现了一些代课教师。2010 年,除西藏、浙江外,其余省份普通中学都存在着不同数量的代课教师。其中,比例超过 3% 的有青海、山西、宁夏、河北、海南、湖北、安徽等 7 省区,其中青海、山西比例相对较高,分别为 7.98%、7.19%。

表 1.29　2010 年各省市自治区普通中学代课教师占岗位教师比例统计表

省市自治区	比例(%)	省市自治区	比例(%)
青　海	7.98	广　西	1.18
山　西	7.19	四　川	1.16
宁　夏	3.81	江　西	1.15
河　北	3.54	北　京	0.92
海　南	3.43	黑龙江	0.8
湖　北	3.4	湖　南	0.8
安　徽	3.17	贵　州	0.76
内蒙古	2.94	江　苏	0.65
河　南	2.57	福　建	0.65
新　疆	2.31	重　庆	0.59
陕　西	1.9	辽　宁	0.43
甘　肃	1.71	云　南	0.35
吉　林	1.52	天　津	0.28
广　东	1.42	浙　江	0
上　海	1.36	西　藏	0
山　东	1.22		

数据显示,普通高中教育中出现代课教师的情况,不只是经济不发达的西部或者中部地区存在,在东部地区包括一些直辖市也有,尽管数量不多,但值得高度关注。代课教师的出现可能具有多方面的原因,而不只是简单的传统的经费问题。至少,在普通高中教育发展的过程中,教师人事制度的改革必须跟上。

(二) 学历水平

近年来,全国普通高中专任教师学历合格率(即本科及以上学历教师比例)和具有研究生学历的专任教师比例均有所提高,而且教师学历水平的地区间差距正在缩小。

1. 学历合格率提高较快

2010 年,我国普通高中专任教师学历合格率达到 94.81%,比 2005 年提高了 11.35 个百分点。分区域看,东部地区普通高中专任教师的学历合格率最高,达到 96.28%;中部地区为 94.24%;西部地区为 93.15%,西部与东部相比仍低 3.13 个百分点。

表 1.30 2005、2010 年全国普通高中
专任教师学历合格率统计表   (单位:%)

区　　域	2005 年	2010 年	2010 年比 2005 年增长
全　国	83.46	94.81	11.35
东　部	86.71	96.28	9.57
中　部	82.64	94.24	11.60
西　部	78.99	93.15	14.16

分省看,与 2005 年相比,普通高中专任教师学历合格率提高最快的 5 个省区是甘肃、江西、广西、四川、福建,提高幅度均在 15 个百分点以上。另有 15 个省份提高幅度也在 10 个百分点以上。

2. 具有研究生学历教师比例稳步提高

由于各地对提升普通高中师资素质重视程度提高,近年来全国普通高中中具有研究生学历的专任教师数量和比例不断上升,极大地促进了普通高中师资学历结构改善和整体素质提高。

表 1.31　2005、2010 年普通高中教师学历
合格率提高超过 15% 的省区名单　　（单位：%）

省市自治区	2005 年	2010 年	2010 年比 2005 年增长
甘　肃	67.71	89.15	21.44
江　西	71.13	88.29	17.16
广　西	76.42	93.44	17.02
四　川	78.02	93.54	15.52
福　建	79.15	94.63	15.48

2010 年全国普通高中具有研究生学历的专任教师共有 5.5 万人,占专任教师的 3.6%,比 2005 年提高了 2.5 个百分点。当然,东部、中部、西部地区之间具有一定差异:东部占 4.4%,中部占 3.5%,西部占 2.6%。增长速度上也呈现了东部较快、西部较慢的特点,东部比 2005 年提高了 3.3 个百分点,西部比 2005 年提高了 1.5 个百分点。

表 1.32　2005、2010 年普通高中专任教师研究生学历人数及其比例统计表

区域	2005 年		2010 年		2010 年比 2005 年	
	人　数	比例(%)	人　数	比例(%)	增加(人)	提高(%)
全国	15 345	1.2	55 151	3.6	39 806	2.5
东部	6 473	1.2	28 199	4.4	21 726	3.3
中部	5 219	1.3	16 557	3.5	11 338	2.2
西部	3 653	1.1	10 395	2.6	6 742	1.5

东部省市普通高中专任教师中,具有研究生学历的专任教师比例相对较高。全国该比例超过 5% 的省市自治区中除宁夏外,其余均为东部省市,最高的北京为 12.5%,其余依次为上海、天津、江苏、广东;比例低于 2% 的分别有贵州、新疆、湖南、四川、甘肃。此外,与 2005 年相比,具有研究生学历的专任教师比例提高幅度排在前列的主要是东部省市。

表 1.33　2010 年各省市自治区普通高中研究生学历
专任教师人数与比例统计表

省市自治区	人　数	占专任教师比例	比 2005 年提高(%)	省市自治区	人　数	占专任教师比例	比 2005 年提高(%)
北　京	2 453	12.5	7.5	安　徽	2 307	3.5	2.1
天　津	1 115	7.5	5.2	河　北	2 092	2.5	2.1
江　苏	5 458	5.6	4.9	福　建	1 481	2.8	1.9
上　海	1 385	8.3	4.7	山　西	1 575	2.9	1.9
宁　夏	478	5.4	4.4	山　东	2 867	2.6	1.8
辽　宁	2 253	5.0	4.1	黑龙江	1 024	2.5	1.8
广　东	6 431	5.1	3.6	重　庆	745	2.3	1.7
陕　西	2 446	4.5	3.1	海　南	193	2.0	1.3
河　南	4 704	4.5	3.0	云　南	892	2.2	1.2
湖　北	2 969	4.2	2.9	青　海	172	2.3	1.1
浙　江	2 471	4.0	2.9	四　川	1 435	1.8	0.8
内蒙古	1 124	3.6	2.6	湖　南	1 022	1.5	0.7
广　西	1 608	3.8	2.6	贵　州	351	1.1	0.5
江　西	1 588	3.4	2.4	新　疆	363	1.2	0.2
西　藏	85	2.7	2.3	甘　肃	696	1.9	−0.2
吉　林	1 368	5.0	2.2				

3. 具有高级职称教师比重提高

在学历水平提升的同时,全国普通高中专任教师职称结构也有了进一步改善,具有高级职称教师的比重有了提高。

2010 年全国普通高中学校中,具有高级职称的专任教师比例达到了 24.4%,比 2005 年提高了 5.1 个百分点。而且,各区域之间具有高级职称专任教师的比重较为接近。但是无论全国还是各区域内部,城市和农村普通高中具有高级职称教师的比例均有较大差异,农村地区普通高中专任教师的职称结构还需要进一步改善。

表 1.34　2005、2010 年全国普通高中高级
职称教师比例及变化统计表　　　（单位：%）

区域	2005 年			2010 年			2010 年比 2005 年增加		
	合计	城市	农村	合计	城市	农村	合计	城市	农村
全国	19.3	26.7	15.1	24.4	31.0	20.5	5.1	4.3	5.4
东部	18.5	25.0	14.4	24.2	30.3	19.5	5.7	5.4	5.1
中部	21.2	28.9	16.9	25.3	31.3	22.2	4.1	2.4	5.3
西部	18.3	27.0	13.8	23.8	32.0	19.7	5.5	5.0	5.9

（三）学科教师

1. 配置结构

从全国普通高中专任教师的学科分布看，语文、数学、外语三门学科专任教师数比例均超过 15%，依次为 16%、15.7%、15.3%。其余学科专任教师比例较高的分别为：物理 8.9%，化学 8.6%，思想品德 6.2%，生物 5.6%，历史 5.6%，地理 5.1%，体育与健康 4.8%。

表 1.35　2010 年全国普通高中专任教师按学科分布统计表

学　　科	教师数（人）	比例（%）	学　　科	教师数（人）	比例（%）
思想品德（政治）	94 535	6.2	信息技术	38 106	2.5
语　文	242 350	16.0	通用技术	9 493	0.6
数　学	238 956	15.7	体育与健康	73 321	4.8
外　语	231 885	15.3	艺　术	1 910	0.1
物　理	135 543	8.9	音　乐	24 726	1.6
化　学	130 117	8.6	美　术	26 774	1.8
生　物	84 558	5.6	综合实践活动	2 086	0.1
地　理	76 856	5.1	其　他	972	0.1
历　史	85 022	5.6	当年不任课	12 161	0.8

2. 信息技术学科教师增多

信息技术学科是提高普通高中教育信息化水平、促进学生多样化发展的重要

条件。2010 年全国普通高中校均信息技术教师数为 2.7 人。东部地区普通高中校均信息技术教师数较高,为 3.2 人;中部地区较低,为 2.4 人。山东、江苏、宁夏、河北、重庆、浙江、广东 7 个省市自治区校均信息技术教师数均超过 3 人。

表 1.36 2009、2010 年全国普通高中校均信息技术教师数统计表

（单位：人）

地 区	2009 年	2010 年	2010 年比 2009 年增加
全 国	2.6	2.7	0.1
东 部	3.0	3.2	0.2
中 部	2.3	2.4	0.1
西 部	2.4	2.5	0.1

3. 音、体、美学科教师配置水平差异较大

学生艺术体育特长培养是普通高中多样化发展的重要内容,对于相关学科师资数量配置和专业能力,以及相关设备设施条件有较高要求。与 2005 年相比,2009 年①各地普通高中体育与健康、音乐、美术等学科师资配置水平有一定程度提高,但总体配置水平依然不高,城乡之间、地区之间差距仍较大。

表 1.37 2005、2009 年全国普通高中体育与
艺术学科专任教师配置数   （单位：人/千名学生）

学科	2005 年			2009 年		
	全 国	城 市	农 村	全 国	城 市	农 村
体育与健康	2.7	3.0	2.6	3.0	3.3	2.8
音 乐	0.7	0.9	0.7	1.0	1.1	0.9
美 术	0.8	0.9	0.8	1.1	1.2	1.0

在城乡总体水平存在差异的同时,各省份之间普通高中体育与健康、音乐、美术等学科师资配置则存在非常悬殊的差异。

在体育与健康学科的专任教师配置上,每 1 000 名学生配置超过 4 人的有上海、北京、天津、浙江 4 个省市,不足 2.5 人的有湖北、安徽、河南、重庆 4 省市,最高

――――――――

① 本部分采用了对 2009 年数据进行处理的结果。

的上海是最低的湖北的近 3.5 倍。

在音乐学科的专任教师配置上,每 1 000 名学生配置水平较高的有山东、北京、上海、广东、黑龙江等省市,配置水平较低的有安徽、重庆、四川、辽宁、吉林等省市,最高的山东是最低的安徽的近 3 倍。

在美术学科的专任教师配置上,每 1 000 名学生配置水平较高的有山东、上海、北京、广东、江苏等省市,配置水平较低的有重庆、四川、陕西、青海、安徽等省市,最高的山东是最低的重庆的 4 倍多。

主要参考文献

1. 教育部发展规划司组编:《中国教育统计年鉴 2010》,人民教育出版社 2011 年版。

2.《教育部 国家统计局 财政部关于 2010 年全国教育经费执行情况统计公告》(教财〔2011〕14 号)。

3.《中国教育改革与发展纲要》,中共中央、国务院 1993 年 2 月 13 日印发。

4.《国务院关于大力推进职业教育改革与发展的决定》,国务院 2002 年 8 月 24 日发布。

第二章
普通高中教育改革的政策举措

■ **本章要点**

过去 30 年来我国高中阶段教育政策大约分为三个阶段。20 世纪 80 年代的中等教育结构调整、20 世纪 90 年代普通高中适度发展、新世纪前十年普通高中快速发展。

在《国家中长期教育改革与发展规划纲要(2010—2020 年)》精神指引下,普通高中教育改革与发展呈现地区性特征。东部地区优先关注普通高中优质多样与创新人才培养的探索;中部地区注重普通高中普及发展与特色高中建设;西部地区加快规模扩展与增加优质资源。普通高中教育改革的创新实践呈现多方面发展的态势。各地尤其是一些大城市纷纷探索创新(拔尖)人才培养模式;浙江、江苏等深入推进普通高中课程改革;部分西部省份重新规划高中教育发展;地方政府日益重视规范普通高中学校办学行为,其中山东省尤为值得关注。

当前中国普通高中教育改革与发展表现出五大趋向。出现了从"精英"转向"大众"的普通高中学段定位变化;保持着"预科"与"育人"共存的普通高中教育培养目标讨论;产生了"加速"和"丰富"的人才培养模式探究;存在农村中学究竟是"进城"还是"留乡"的办学困惑;"办学模式"与"课程模式"并存的高中教育多样化发展模式。

本章分四个部分。第一部分，从历史的角度，对改革开放以来我国普通高中发展政策的阶段特征予以梳理，以便更准确地把握与理解当前普通高中教育的改革与发展；第二部分，立足于国家宏观视角，对当前我国普通高中政策的现状与特征进行描述与分析；第三部分，以案例为视角，对当前我国普通高中政策推进过程中的区域性与典型性特征进行归纳与描述；第四部分，就当前我国各地普通高中改革与发展中存在的若干重要问题展开讨论。

一、过去 30 年来高中教育政策回顾

改革开放以来，我国教育事业快速发展，在不同的历史时期，普通高中发展的政策也体现出了不同的重点与阶段性特征。

（一）中等教育的结构调整

1985 年 5 月，我国《中共中央关于教育体制改革的决定》（简称《决定》）出台，这是指导我国教育改革与发展的纲要性文件。《决定》中明确指出，"教育体制改革的根本目的是提高民族素质，多出人才、出好人才"，为此，需要"调整中等教育结构，大力发展职业技术教育。"因为"社会主义现代化建设不但需要高级科学技术专家，而且迫切需要千百万受过良好职业技术教育的中、初级技术人员、管理人员、技工和其他受过良好职业培训的城乡劳动者。"

之所以提出"调整中等教育的结构，大力发展职业技术教育"的改革要求，这与当时我国中等教育发展的状况有关。众所周知，在"文革"期间，教育系统受到了极大破坏，在中等教育之中以普通高中教育为主，除中等专业学校和附属企业的中等技术学校之外，职业高中几乎没有。

这一阶段的"中等教育结构调整"主要是为了大力发展职业技术教育，为经济建设提供劳动大军。这一时期的调整已经开始关注到普通高中与职业高中的比例问题，但重点与重心是大力发展职业高中教育。

《决定》明确提出：

有计划地将一批普通高中改为职业高中，或者增设职业班，加上新办的这类学校，力争在 5 年左右，使大多数地区的各类高中阶段的职业技术学校招生数相当于普通高中的招生数，扭转目前中等教育结构不合理的状况。

相对说来,与大力发展职业技术教育的要求相比,普通高中教育改革与发展在当时没有受到足够的关注与重视,普通高中教育未能成为当时国家教育政策关注的热点与焦点。

(二) 普通高中的适度发展

20世纪90年代,我国明确提出"必须把教育摆在优先发展的战略地位,努力提高全民族的思想道德和科学文化水平,这是实现我国现代化的根本大计"。为此,1993年2月,中共中央、国务院颁发了《中国教育改革和发展纲要》,提出中国教育改革与发展的新目标和新要求。其中,与高中阶段教育直接相关的内容表现在以下方面:

第一,首次提出普及高中阶段教育。

全国基本普及九年义务教育(包括初中阶段的职业技术教育);大城市市区和沿海经济发达地区积极普及高中阶段教育。

第二,提出普通高中学生接受职业技术教育的要求。

未升学的初中和高中毕业生普遍接受不同年限的职业技术培训,使城乡新增劳动力上岗前都能得到必要的职业技术训练";"普通中学也要分别不同情况,适当开设职业技术教育课程。

第三,从加强基础教育的角度,提出普通高中多样性的要求。

中小学要由"应试教育"转向全面提高国民素质的轨道,面向全体学生,全面提高学生的思想道德、文化科学、劳动技能和身体心理素质,促进学生生动活泼地发展,办出各自的特色。普通高中的办学体制和办学模式要多样化。

需要指出的是,在《中国教育改革与发展纲要》中,尽管提及了普通高中教育的内容,但普通高中教育始终是作为基础教育的组成部分之一而阐述的,包括发展目标、体制改革与教育质量提高等方面,普通高中教育改革与发展的特殊性并没有得到足够的认识。

1994年《国务院关于"中国教育改革与发展纲要"的实施意见》中具体提出了普通高中发展目标。

大城市市区和有条件的沿海经济发展程度较高地区要在普及九年义务教育的基础上,积极普及高中阶段教育(包括普通高中和高中阶段的职业教育)。普通高中可根据各地的需要和可能适量发展。到2000年普通高中在校生要达到850万人左右。每个县要面向全县重点办好一两所中学。全国重点建设 1 000 所左右实验性、示范性的高中。

此后,1995 年国家教委颁布了《关于大力办好普通高级中学的若干意见》(简称《意见》)。这可以看成是改革开放以来国家针对普通高中颁发的第一份专项政策文件,它对普通高中的改革与发展有重要的指导价值与意义。

《意见》在分析普通高中教育发展中存在问题的基础上,提出了办好普通高中的 5 条意见,即:

一、高度重视普通高中在社会主义现代化建设中的地位和作用;

二、适度发展普通高中事业规模,积极推进办学体制和办学模式改革;

三、认真贯彻教育方针,深化教育改革,全面提高教育质量;

四、采取有力措施,加强普通高中建设;

五、各级政府和教育行政部门要重视普通高中工作,加强对普通高中工作的领导。

这份《意见》将普通高中作为教育发展的一个单独领域而加以论述,并提出了比较系统而全面的要求与建议,尤其是提出了"适度发展普通高中事业规模",这对促进各地方重视和发展普通高中教育产生了积极的重要影响。

1999 年 6 月,《中共中央、国务院关于深化教育改革全面推进素质教育的决定》中强调:

要在确保"两基"的前提下,积极发展包括普通教育和职业教育在内的高中阶段教育,为初中毕业生提供多种形式的学习机会。在城市和经济发达地区要有步骤地普及高中阶段教育。

很显然,20 世纪 90 年代中国普通高中教育的改革与发展的特点表现为:在基础教育的框架下讨论普通高中教育的改革;在确保义务教育实现的基础上,考虑普通高中教育的发展。鉴于 20 世纪 90 年代是我国实现"两基"攻坚的重要阶段,普通高中教育在此期间获得"适度发展"也就在情理之中了。

(三) 普通高中的快速扩展

进入新世纪,随着我国"两基"目标任务的完成与高等教育的规模扩展,普通高中发展的问题急剧凸显。

2001 年,《国务院关于基础教育改革与发展的决定》提出了"积极进取、实事求是、分区规划、分类指导"的基础教育发展原则,进而提出了普通高中教育发展目标:未实现"两基"的贫困地区,适度发展高中阶段教育;已实现"两基"的农村地区,高中阶段教育有较大发展;大中城市和经济发达地区,基本满足社会对高中阶段教育的需求。

在坚持基础教育优先发展的前提下,提出了"大力发展高中阶段教育,促进高中阶段教育协调发展"。

有步骤地在大中城市和经济发达地区普及高中阶段教育。挖掘现有学校潜力并鼓励有条件的地区实行完全中学的高、初中分离,扩大高中规模。鼓励社会力量采取多种形式发展高中阶段教育。保持普通高中与中等职业学校的合理比例,促进协调发展。鼓励发展普通教育与职业教育沟通的高级中学。支持已经普及九年义务教育的中西部农村地区发展高中阶段教育。

同时,这份文件重点阐述了"深化教育教学改革,扎实推进素质教育"、"完善教师教育体系,深化人事制度改革,大力加强中小学教师队伍建设"、"推进办学体制改革,促进社会力量办学健康发展"等要求。

在鼓励普通高中规模扩张的同时,国家也意识到了优质普通高中教育发展的重要性。2002年,经国务院同意,教育部在天津召开了全国高中发展与建设工作经验交流会。这次会议的中心议题是"坚持教育创新,提高教育质量,加快高中发展"。时任国务院副总理的李岚清同志在会上明确指出,要进一步加快高中发展与建设,扩大优质高中教育资源。时任教育部长的陈至立同志也指出,要"抓好示范性高中建设,带动整个高中教育质量的提高";发展优质教育资源也要坚持"积极进取、实事求是、分区规划、分类指导"的原则,等等。

实践表明,正是在上述政策文件与会议的指导下,中国普通高中教育在新世纪中不仅取得了规模的大发展①(尤其是在东部和城市地区),而且普通高中质量也取得了可喜的成就,优质高中学校得到增加,各地建设了一大批高标准、高质量的实验性、示范性普通高中学校。这些优质普通高中学校的建设,不仅改变了早先的"重点学校"政策,而且旨在探究普通高中的内涵式发展之路,寻找普通高中的特色发展,实现普通高中在内涵提升与特色发展基础上的高标准优质。

综合上述回顾,不难发现,我国普通高中教育改革与发展已经进入一个新时

---

① 参见本报告第一部分的相关数据。

期。如何按照《国家中长期教育改革和发展规划纲要(2010—2020 年)》中提出的高中阶段教育的三大任务要求,即,"加快普及高中阶段教育"、"全面提高普通高中学生综合素质"和"推动普通高中多样化发展",扎实推进普通高中教育的改革与发展,需要政府、社会、学校以及教育工作者等付出更多的努力。

二、当前高中阶段教育的政策特征

作为中等教育的高中阶段教育,上接高等教育下连义务教育,在整个学校教育体系中起着特殊而关键的作用。在过去,普通高中教育往往作为基础教育的一个部分而予以重视和关注。2010 年《国家中长期教育改革与发展规划纲要(2010—2020 年)》中首次将"高中阶段教育"单列,作为国家教育改革与发展中的独立部分而予以论述,显示出高中阶段教育的重要性与特殊性得到了重新认识。《纲要》的颁布,使我国高中阶段教育进入了一个新时期。这里,以《纲要》为主,介绍中国高中阶段教育尤其是普通高中教育改革的主要政策举措。

(一) 高中阶段教育的纲领文件

1.《纲要》的要求

《国家中长期教育改革与发展规划纲要(2010—2020 年)》是我国未来十年间教育改革与发展的纲领性文件,它不仅提出了国家教育改革与发展的具体目标,也详细论述了教育改革与发展的各项任务及其要求,高中阶段教育也不例外。

《纲要》第五章"高中阶段教育"系统而全面地论述了我国高中阶段教育改革与发展的任务与要求:

(十一) 加快普及高中阶段教育。高中阶段教育是学生个性形成、自主发展的关键时期,对提高国民素质和培养创新人才具有特殊意义。注重培养学生自主学习、自强自立和适应社会的能力,克服应试教育倾向。到 2020 年,普及高中阶段教育,满足初中毕业生接受高中阶段教育需求。

根据经济社会发展需要,合理确定普通高中和中等职业学校招生比例,今后一个时期总体保持普通高中和中等职业学校招生规模大体相当。加大对中西部贫困地区高中阶段教育的扶持力度。

(十二) 全面提高普通高中学生综合素质。深入推进课程改革,全面落实课程方案,保证学生全面完成国家规定的文理等各门课程的学习。创造条件开设丰富多彩的选修课,为学生提供更多选择,促进学生全面而有个性地发展。逐步消除大班额现象。积极开展研究性学习、社区服务和社会实践。建立科学的教育质量评价体系,全面实施高中学业水平考试和综合素质评价。建立学生发展指导制度,加强对学生的理想、心理、学业等多方面指导。

(十三)推动普通高中多样化发展。促进办学体制多样化,扩大优质资源。推进培养模式多样化,满足不同潜质学生的发展需要。探索发现和培养创新人才的途径。鼓励普通高中办出特色。鼓励有条件的普通高中根据需要适当增加职业教育的教学内容。探索综合高中发展模式。采取多种方式,为在校生和未升学毕业生提供职业教育。

上述文件内容中显示:

第一,高中阶段教育具有自身的特殊性,它在学生成长与发展中具有关键性作用,普及高中阶段教育势在必行。

加快普及高中阶段教育,意味着,既要满足学生接受高中阶段教育的愿望,又要保持高中阶段教育的一定规模,同时又要注重高中阶段教育的自身特点,注重学生能力的提高,克服应试的现象,还要注重职业技术教育的实施,保持高中阶段教育中普通教育与职业教育之间的合理平衡。

普及高中阶段教育,也意味着普通高中教育与职业高中教育的平衡发展。事实上,普通高中教育与职业技术教育之间的比例结构关系,一直是影响我国高中阶段教育发展的难题。

表 2.1　2010—2020 年中国高中阶段教育发展主要目标

指　　　标	2009 年	2015 年	2020 年
高中阶段在校生(万人)	4 624	4 500	4 700
高中阶段毛入学率(%)	79.2	87.0	90.0
中等职业在校生(万人)	2 179	2 250	2 350
普通高中在校生(万人)	2 445	2 250	2 350

(引自《国家中长期教育改革与发展规划纲要(2010—2020 年)》)

第二,普通高中教育改革与发展的重点是要全面提高学生综合素质。为此,需要加大课程改革、教学改革、评价改革和实施学生发展指导等。

在这些具体内容当中,有些是前期改革的延续,如课程改革、开展研究性学习,加强高中会考与高考评价制度改革;有些则是首次提出的,如建立学生发展指导制度、消除大班额现象。这些要求不仅体现了改革的连续性,而且也体现出了改革的创新性,这对于推动普通高中教育发展十分重要。本报告将就通过建立学生发展指导制度而全面提高普通高中学生的综合素质的实践成果,在后文做专门介绍。

第三,促进普通高中教育改革与发展的途径之一,就是推动普通高中的多样化发展,这种多样化发展已经不再只是局限在办学体制和办学模式上。

全面提高普通高中学生的综合素质需要普通高中教育多样化的制度支撑。普通高中多样化发展也意味着我国普通高中发展从精英化阶段迈向大众化或者普及化阶段发展的新范式或新思路。多样化一方面既强调普通高中学校发展与培养模式的多样化,另一方面意味着更好地适应学生发展的差异,更多地体现普通高中这一特定学段的独特育人价值。多样化也意味着普通高中在办学体制、课程设置、评价制度等方面具有现实的可操作性,需要具体的措施支撑。

多样化也意味着需要充分发挥所有普通高中学校的主体性与积极性,鼓励学校根据学校环境及其自身实际情况而追求定位发展与特色发展,从而形成学校的发展特色,由此改变长期以来普通高中教育中"千校一面"的状况。

推动普通高中多样化发展,也意味着我国普通高中发展将不再只是走"重点校"或"示范校"的路径,而是真正地使教育政策关注和重视每所学校,这对普通高中全面实施素质教育将起到积极的促进作用。

当然,《国家中长期教育改革与发展规划纲要(2010—2020年)》除在"发展任务"中集中论述"高中阶段教育"之外,其他部分内容如"总体战略"、"体制改革"、"保障措施"等部分也有较多的内容涉及高中阶段教育的改革与发展,尤其是在"人才培养体制改革"中,提到了"探究高中阶段、高等学校拔尖人才培养模式"的要求,这对于普通高中教育与改革同样十分关键。

2. 国家基础教育综合改革试点

为了更好贯彻落实《纲要》精神,2010年10月,国务院办公厅颁布了《关于开展国家教育体制改革试点的通知》,决定自2011年1月起在我国部分地区和学校开展国家教育体制改革试点。国务院办公厅《关于开展国家教育体制改革试点的通知》中提出了10项"专项改革试点"和5项"重点领域综合试点":

1. 建立健全体制机制,加快学前教育发展。

2. 推进义务教育均衡发展,多种途径解决择校问题。

3. 推进素质教育,切实减轻中小学生课业负担。

4. 改革职业教育办学模式,构建现代职业教育体系。

5. 改革人才培养模式,提高高等教育人才培养质量。

6. 改革高等教育管理方式,建设现代大学制度。

7. 适应经济社会发展需求,改革高等学校办学模式。

8. 改善民办教育发展环境,深化办学体制改革。

9. 健全教师管理制度,加强教师队伍建设。

10. 完善教育投入机制,提高教育保障水平。

11. 基础教育综合改革试点。

12. 职业教育综合改革试点。

13. 高等教育综合改革试点。

14. 民办教育综合改革试点。

15. 省级政府教育统筹综合改革试点。

上述试点项目中,有较多的涉及到普通高中教育,其中最直接和最具体的有以下内容:

第一,"推进义务教育均衡发展,多种途径解决择校问题"专项改革试点中,提出了"实行优质高中招生名额分配到区域内初中学校的办法,多种途径推进义务教育均衡发展。"

第二,"推进素质教育,切实减轻中小学生课业负担"专项改革试点与普通高中教育的改革关系很直接。该专项改革试点的具体要求有:

"规范中小学办学行为,改进教育教学方法,改进考试评价制度,探索减轻中小学生过重课业负担的途径和方法。深化基础教育课程、教材和教学方法改革。整体规划大中小学德育课程,推进中小学德育内容、方法和机制创新,建设民族团结教育课程体系,探索建立"阳光体育运动"的长效机制。开展普通高中多样化、特色化发展试验,建立创新人才培养基地,探索西部欠发达地区普及高中阶段教育的措施和办法。研究制定义务教育质量督导评价标准,改革义务教育教学质量综合评价办法,建立中小学教育质量监测评估机制,探索地方政府履行教育职责的评价办法。"

第三,"基础教育综合改革试点"中提出了"推动普通高中多样化发展,鼓励普通高中办出特色。系统改革教学内容、教育方法和评价制度,探索减轻中小学生过重课业负担的有效途径,全面推进素质教育。"

尽管改革试点将在部分地区和学校实施,但这种试点将对整个国家教育改革与发展产生影响。就上述提及的与普通高中教育改革相关的具体要求看,普通高中教育改革与实现义务教育均衡发展有关。普通高中教育必须全面实施素质教育,必须实现多样化发展,办出特色,培养创新人才。这些政策要求事实上就是《纲要》内容的具体与落实。2011年是各地方和学校全面实施试点工作的第一年,试点的实践效果将有待观察和评估。

3. 普通高中多样化的行动政策

2011年全国各地纷纷颁布特色普通高中建设方案,积极推进普通高中多样化政策实践。纵观各地方有关特色高中建设方案,"特色化"与"多样化"成为关键词。虽然不同区域对于特色普通高中建设的理解存在差异,但是在如下方面却是一致的。

其一,特色普通高中的内涵包括"独特"和"优质"两个方面。

传统意义上,对于"特色"的理解更多关注在"独特"或"与众不同"方面,而当前诸多特色普通高中建设方案中,一般都认为,特色普通高中是优质基础上的独特,是独特品质中的优质。

例如,《大连市推进特色普通高中建设工作方案》中就明确指出,特色高中是指在先进的办学理念指导下,经过长期的办学实践,形成独特、稳定的办学风格,办学成效显著,赢得社会广泛认可的学校。特色高中本质是"独特"和"优质",是学校按照党的教育方针,办学遵循教育教学规律、学生身心发展规律和学校发展规律,创办了适合学生成长发展需要的具有选择性、创新性、发展性的教育。

《天津市特色高中建设实施方案》中也明确提出,促进普通高中由标准化、规范化向高质量有特色发展。

其二,特色高中建设的载体与路径多样化。

具体而言,多样化包括办学体制机制多样化、办学模式多样化、培养模式多样化、学校课程多样化、资源开发多样化、评价方式多样化等。在上述多样化的载体与路径中,其核心载体是具选择性、多样化的课程,着力点是培养模式的创新。这在辽宁、黑龙江两省的建设方案中均有提及。

其三,特色高中建设的根本目的在于促进大多数学生全面而有个性地发展。

在传统意义上,"特色"或"优质"高中资源意味着稀缺,其只能针对少数学生。

而此次特色高中建设方案中,大多数地区均提及,特色高中建设的着眼点在于全体或大多数学生,而非少数尖子学生。

例如,广西在《关于开展特色普通高中试点工作的通知》中明确提出,特色普通高中的特色定位是:学校领导改革愿望强烈,改革态度积极,办学行为规范,注重学生的全面发展,不片面追求高考升学率。《大连市推进特色普通高中建设工作方案》中明确指出,办学特色应面向全体学生或多数学生。

表2.2　2011年部分地区特色普通高中建设方案汇总表

时　　间	政策文件名	对特色高中的界定、目标、要求等
2011年4月	天津市特色高中建设实施方案	促进普通高中由标准化、规范化向高质量有特色发展,在我市形成办学体制灵活多样、拓展融通运行健康、特色高中合理布局的普通高中特色建设新格局。使一批普通高中学校形成独特的学校文化,鲜明的办学特色,丰硕的育人成果,较高的办学品质,成为全市知名、国内有影响的特色高中学校。
2011年8月	辽宁省教育厅《关于加强特色普通高中建设工作的意见》	普通高中特色化发展是通过办学体制机制多样化、办学模式多样化、培养模式多样化、学校课程多样化、资源开发多样化、评价方式多样化等实现的。其核心和载体是选择性、多样化的课程,着力点是培养模式的创新,根本目的是促进学生全面而有个性地发展。
2011年9月	《大连市推进特色普通高中建设工作方案》	特色高中是指在先进的办学理念指导下,经过长期的办学实践,形成独特、稳定的办学风格,办学成效显著,赢得社会广泛认可的学校。特色高中本质是"独特"和"优质",是学校按照党的教育方针,办学遵循教育教学规律、学生身心发展规律和学校发展规律,创办了适合学生成长发展需要的具有选择性、创新性、发展性的教育。 特色高中还应具有整体性、稳定性和先进性的属性,即办学特色应面向全体学生或多数学生。
2011年10月	湖南省《关于开展基础教育综合改革试点的通知》	制订高中阶段教育发展规划,坚持普职协调发展,进一步提高高中阶段教育的普及水平。改革普通高中办学模式,在坚持普通高中基本性质前提下,形成以示范高中、特色高中、综合高中为基本模式的多样化发展格局。建立适应普通高中多样化发展的管理与评价制度。
2011年10月	《黑龙江省普通高中多样化、特色化发展试点工作方案》	普通高中多样化、特色化发展是指在先进教育理念指导下,通过办学体制机制多样化、办学模式多样化、学校课程多样化、资源开发多样化、评价方式多样化等所形成的普通高中各具办学特色的发展局面。其核心和载体是选择性、多样化的课程,着力点是培养模式的创新,根本目的是促进学生全面而有个性地发展。

（续表）

时　间	政策文件名	对特色高中的界定、目标、要求等
2011年10月	《南京市推进普通高中多样化特色化建设实施意见》	实施"普通高中多样化特色化建设工程"，重点建设20所富有鲜明办学特征的高水平普通高中，即综合改革高中、学科创新高中、普职融通高中和国际高中，努力形成特色鲜明、课程丰富、资源开放、评价多元、育人全面的普通高中发展新局面。通过重点建设、典型引路、滚动发展，构建我市普通高中多样化特色化办学格局。
2011年10月	福建省教育厅《关于推进普通高中多样化有特色发展的指导意见（征求意见稿）》	坚持以学生发展为本，创新体制机制，深化课程改革，创新培养模式，强化内涵建设，突出特色发展，激发办学活力，努力为每一个不同潜质的学生提供适合其个性成长的高中教育，形成布局合理、形式多样、优质特色、满足需求的普通高中发展新格局。到2015年，建成100个左右普通高中省级特色项目，优质高中比例扩大到75%，并建成30所左右示范性高中，优质高中办学特色明显；到2020年，全面实现普通高中优质化，普通高中学校形成各自鲜明的办学特色和独特的学校文化。
2011年11月	《浙江省普通高中特色示范学校建设标准（试行）》	切实改变普通高中长期形成的"千校一面"、严重影响学生主动性和个性化学习的状况，积极推动育人模式的多样化，强化素质教育，增强学校办学活力，激发学生的学习热情和教师的教学积极性，加快普通高中多样化、特色化发展和学生全面而有个性地发展，持续提高普通高中学校的教育质量和水平。 着力构建丰富且具有特色的学校课程体系，以及相应的选课制度、学分制度、弹性学时制度和评价制度，以课程特色彰显学校特色，彰显普通高中教育多样化，满足学生全面而有个性发展的学习需要和经济社会发展对多样化人才的需要。
2011年12月	广西《关于开展特色普通高中试点工作的通知》	促进普通高中科学定位发展方向，形成办学模式、课程设置、培养模式、培养目标的多样化，建设一批办学特色鲜明、人才培养成果显著的特色普通高中，发挥试点学校的引领、示范作用，为全区推广特色普通高中建设积累经验。 试点学校的条件：学校领导改革愿望强烈，改革态度积极，办学行为规范，注重学生的全面发展，不片面追求高考升学率。学校在艺术生培养、体育生培养、科技创新人才培养以及外语教学等人才培养目标方面有特色。

2010年《国家中长期教育改革与发展规划纲要（2010—2020年）》颁布之后，2011年我国各省市自治区都相继出台了与此相配套的地方性教育改革与发展规划纲要，在贯彻落实国家教育改革与发展要求的基础上，纷纷提出了本地教育改革与发展的具体行动目标与任务。在这些地方性教育改革与发展规划纲要中，"高中阶

段教育"或者"普通高中"同样得到了高度的关注和重视。

下面将根据各省市区中长期教育改革与发展规划纲要的文本,介绍我国东部、中部与西部三个区域提出的高中阶段教育改革与发展的目标与政策。

(二)优质多样与创新人才培养

东部地区 11 省市的中长期教育改革与发展规划纲要内容显示,2009 年已经有 7 个省市的高中阶段教育发展水平达到或者超过了 2020 年的国家目标,即高中阶段毛入学率超过 90%;河北、福建、广东计划到 2015 年实现高中阶段毛入学率 90%。

表 2.3　2009、2015、2020 年东部各省市高中
阶段教育毛入学率发展目标　　　（单位：%）

	2009 年	2015 年	2020 年
全　国	79.2	87	90
北　京	98	99	99
山　东	95	97	98
江　苏	95	—	95 以上
天　津	94	97	98
辽　宁	92.5	99	100
浙　江	92	95	98
上　海	90	97	99
河　北	85	92	95
福　建	80.2	90	96
广　东	79.9	90	90 以上
海　南	69.08	87	90 以上

很显然,东部地区高中阶段教育在数量规模上已经达到高水平。因此,东部地区的教育规划纲要,在高中阶段教育尤其是普通高中改革与发展方面,主要表现在以下三个方面:优质发展、多样发展和创新人才培养。

1. 突出普通高中教育的优质发展

对于东部地区来说,改革开放以来,普通高中获得快速发展,"普及"任务基本

完成。在此基础上,对普通高中教育资源"量"的追求转变为对"质"的提升。东部各省市在地方性教育规划纲要中,纷纷提出并强调普通高中的优质发展。

天津市提出,"提升普通高中教育优质特色水平……把优质、特色作为高中教育发展的重点,着力扩大优质资源,发展学校特色,满足学生多样化教育需求。"

河北省提出,"扩大优质普通高中教育资源,到 2020 年,省级示范性普通高中增加到 300 所,70% 以上的高中生在省级示范性高中就读。"

江苏省提出,"坚持优质发展,加强内涵建设,加快提升高中整体办学水平和学生综合素质。到 2015 年,全省所有高中达到优质高中标准。到 2020 年,建成 100 所全国一流的高中。"

东部地区省市的政策举措大致可分为两方面。一方面是外延式措施,即,推进学校规范化、标准化建设、合理布局、控制班额、扩大优质资源、创新办学模式等方面。如河北省提出,"加强普通高中建设。调整和优化普通高中布局,适度控制学校规模,控制班额。坚持以城市薄弱高中和农村普通高中建设为重点,逐步实现普通高中办学条件标准化。"江苏省提出,"实施高中质量提升和特色建设工程,努力做到高中学校布局合理、规模适度,每班班额 45 人以下,并逐步推进小班化教学。"浙江省提出,"完善普通高中布局,适度控制学校规模,解决一些地方存在的班级过大的问题。"辽宁省提出,"创新普通高中发展模式。吸引国内外资源参与举办普通高中。推进普通高中标准化建设。"

另一方面是内涵式措施,如推进课程改革、创新教学方式、建立学生发展指导制度等。如北京市提出,"加强普通高中课程建设,推进教育教学改革。深化高中课程教材改革。加强研究性、实践性教学,建立学生发展指导制度,培养学生的创新精神、实践能力和社会适应能力,引导学生自主学习和个性发展。"天津市提出,"全面提高普通高中教育质量。深化普通高中课程改革,全面落实国家课程,积极开发地方课程和校本课程,开设丰富多彩的选修课,为学生提供更多选择,促进学生全面而有个性地发展。"

在促进普通高中教育优质发展的政策中,东部省市还注意到了一点,即充分发挥优质高中的示范与带头作用。北京市提出,"发挥优质高中在特色办学中的示范和带动作用。"上海市提出,"总结和推广高中特色办学经验,发挥优质高中在特色办学中的示范和带动作用。"这意味着普通高中"重点校"或"示范校"的价值意义将会得到更多正面的、全面的体现。

2. 追求普通高中的多样化发展

普通高中多样化发展是《纲要》中明确提出的,东部地区对此予以了更多的积极响应和高度重视。

各省市对普通高中教育多样化的含义认识和理解不尽一致,东部地区在这方面的表现主要是:强调普通高中教育中扩大多元化的学习机会和资源;实施多样化的办学模式;建立培养模式的多样化;使高中学校的办学类型多样化等。

北京市提出,"探索学校多样化发展新途径,开展新型综合高中和特色高中建设试点,推动普通教育与职业教育的融合,为学生提供多元化的学习机会和资源,形成独特的教育风格和学校文化。发挥优质高中在特色办学中的示范和带动作用。建立健全推动普通高中多样化发展的督导评价制度。"

上海市提出,"增强普通高中教育的开放性和选择性。推进普通高中普遍开展拓展型课程和探究性课程,逐步推广学分制。探索建立高中和大学的有效合作机制,鼓励大学向高中开放课程、实验室等教学资源,为部分学有余力的高中学生开辟学习发展的新途径。建设和发展课外创新教育机构,拓展学生课余学习和研究的新空间。建立学生发展指导制度,加强对学生的理想、心理、学业等方面的指导。"

山东省提出,"支持普通高中办出特色。推进学校办学模式和育人方式多样化、个性化,支持鼓励普通高中建设特色课程,形成自身办学特色。实施高等学校与特色高中联合育人计划,通过联合开发课程、开放高校实验室等方式,对有特殊才能的高中学生进行联合培养。鼓励普通高中根据需要适当增加职业教育教学内容,为学生学习提供多元选择机会。"

3. 重视创新人才培养

东部各省市的教育规划纲要中,对于高中教育中的创新人才培养格外重视。北京市提出,"探索高中和大学的合作途径,开展创新人才培养基地建设试点,为学有余力的学生开展拓展性学习提供资源支持";天津市提出"鼓励和支持有条件的高中开展创新人才培养试验,形成创新人才培养特色";山东省提出"实施高等学校与特色高中联合育人计划,通过联合开发课程、开放高校实验室等方式,对有特殊才能的高中学生进行联合培养。"

相对于中西部地区而言,东部地区部分省市在普通高中创新人才培养方面体现出从"个别校探索"转向更大范围的"区域探索"的特征。后面还将有创新人才方面的专门介绍。

（三）普及发展与特色高中建设

与东部地区相比较，中部地区高中阶段教育事业还存在着一定的差距。2009年，在中部地区的8个省市中，高中阶段毛入率超过90％的只有吉林省，而低于全国平均水平的则有安徽省与江西省，这显示出中部各省在高中教育改革与发展方面面临着扩大规模与提高质量的双重重任。

表 2.4　2009、2015、2020 年中部各省高中
阶段教育毛入学率发展目标　　　（单位：％）

	2009 年	2015 年	2020 年
全　国	79.2	87	90
吉　林	91.9	95	95
河　南	89	90	92
山　西	85	93	95
湖　北	84	95	97
黑龙江	83.7	90	95
湖　南	83.2	90	93
安　徽	74.2	87 以上	90 以上
江　西	70.1	87	92

纵观中部地区各省教育规划纲要文本，可以归纳出这一地区在普通高中改革与发展方面呈现出的政策特征。

1. 重视"普及"任务，强调政府责任

依据《纲要》中提出的高中阶段教育发展目标，中部地区各省在地方教育规划纲要中，首先重视了高中阶段教育"普及"任务。同时，鉴于中部地区高中阶段教育发展存在普遍的问题，即，政府教育财政投入不足、学校欠债现象严重、教师编制困难、师生比较大、大班额现象突出、贫困学生多等情况，中部地区为了有效推进"普及"高中阶段教育任务，大多强调政府在发展高中阶段教育中的责任。

山西省提出，"促进普通高中优质发展。优化高中阶段教育结构，保持普通高中与中等职业学校招生规模大体相当。解决公办普通高中建校债务、教师编制等困难。逐步消除大班额现象。制定普通高中办学标准。"

　　吉林省提出，"加大财政保障力度，加强基础能力建设，重视内涵发展，推动特色发展。各级政府要加大对普通高中教育的投入，大力加强普通高中薄弱学校建设，努力扩大优质教育资源。"

　　安徽省提出，"合理配置高中资源。根据普通高中发展特点和多样化发展的需要，合理配置教育资源，正确处理规模、质量和效益的关系，克服盲目攀比建设、规模过大倾向，保持学校规模适中"；河南省提出"坚持公益性原则，落实政府责任。"

　　2. 强调"特色"高中建设

　　对于普通高中多样化发展而言，中部地区各省更多集中关注特色高中的建设与发展。

　　山西省提出，"鼓励学校根据各自特点，形成富有特色的多样化办学模式，满足不同潜质学生发展需要。积极支持兴办一批以外语、艺术、体育、科技等为特色的高中学校。"

　　吉林省提出，"支持学校办出特色，鼓励发展科学、艺术、外语、体育等特色高中，探索综合高中发展模式，为学生学习提供多元选择的机会。"

　　湖北省提出，"实施普通高中特色建设计划，推进特色高中、特色课程建设。"

　　尽管多样化与特色发展的含义有所区别，但对于中部地区的普通高中发展而言，通过特色高中的建设与发展来推进普通高中的多样化，未尝不是一条可探索的路径。

（四）规模扩展与增加优质资源

　　2009年，在西部12个省市自治区中，有内蒙古、陕西、宁夏与重庆等4个省市自治区的高中阶段毛入学率达到或者超过全国平均水平，其他8个省市自治区都低于全国平均水平，最低的贵州省仅为53.4％。

表 2.5　2009、2015、2020 年西部各省市自治区
高中阶段教育毛入学率发展目标　　　　（单位：％）

	2009 年	2015 年	2020 年
全　国	79.2	87	90
内蒙古	88.34	90 以上	95 以上
陕　西	83.26	96.37	99.84

（续表）

省市自治区	2009 年	2015 年	2020 年
宁　夏	81.5	87	91
重　庆	80*	87	90
四　川	75.9	85	90
甘　肃	70	85	93
青　海	67.14	基本普及	达到全国平均水平
新　疆	66.86	88	90
广　西	61	87	90
西　藏	60.1*	—	90
云　南	58.6	85	90
贵　州	53.4	63	90

纵观西部各省市自治区教育规划纲要内容，西部地区改革与发展高中阶段教育方面的政策举措表现为以下方面的内容。

1. 扩大规模与优化结构

由于西部地区高中阶段资源较为贫乏，因此西部各省市自治区纷纷将高中阶段的发展定位为全面普及。对于普通高中而言，同样如此。对于普通高中的发展而言，一方面是在规模上继续扩大，另一方面则是在高中阶段的结构上进一步优化。这种优化更多表现为普职之间的优化。

贵州省提出，"改扩建和新建一批中等职业学校，加强实习训练基地建设，继续稳步扩大中等职业学校的招生规模。多渠道推动普通高中发展，鼓励和支持各地采取新建、改扩建、联办等形式，扩大普通高中的办学规模和教育资源。"

西藏自治区明确提出，"根据经济社会发展需要，统筹安排、合理确定普通高中和中等职业学校招生比例。普通高中和中等职业学校学生比例力争达到4:6。"

2. 鼓励民办和扩大优质教育资源

由于西部地区普通高中的资源无论是在量上还是在质上都与东、中部地区具有明显的差距，因此，在办学体制多样化的政策中，西部地区多个省市自治区采取

＊　2010 年统计数据。

支持、鼓励社会力量举办或参与普通高中建设。

贵州省提出，"继续培育、扩大优质普通高中教育资源，鼓励名校采用集团化办学、联合办学等方式有效增加优质教育资源；引进和利用省外名校、优秀民营教育集团等优质资源到我省合作办学或独立办学。"

云南省提出，"推动普通高中多样化发展。推进普通高中办学体制多样化，支持民办普通高中学校发展。扩大优质高中教育资源，有效推进高中集约化办学。"

陕西省则提出，"推动普通高中多样化发展。坚持政府办学为主，支持社会力量举办或参与普通高中教育，探索多种办学形式，扩大优质资源。"

青海省提出，"大力支持民办高中发展，鼓励和支持省外名优高中在我省办分校，多渠道扩大优质高中资源。民办高中可自行确定收费标准，自行决定师资待遇。"

宁夏自治区提出，"推进普通高中办学体制多样化，支持民办普通高中学校发展。"

综上所述，西部地区的省市自治区在发展高中阶段教育方面，按照国家教育改革与发展的整体要求，结合自身发展的条件和特点，采用了规模扩大、结构优化和优质扩展并举的发展策略，这种政策选择值得重视。

三、普通高中教育改革的创新实践

《国家中长期教育改革和发展规划纲要（2010—2020年）》颁发以后，各省市自治区和教育行政部门根据当地高中教育发展需要，纷纷出台地方政策文件，进一步落实《纲要》中关于高中阶段教育发展精神，对于发展高中教育发挥了重要作用。以下着重选取本年度对高中教育发展产生重大影响的地方政策予以描述，以勾勒出本年度高中教育政策的亮点。

（一）创新人才的培养模式

《国家中长期教育改革和发展规划纲要（2010—2020年）》中，明确提出要"探索发现和培养创新人才的途径"，"树立系统培养观念，推进小学、中学、大学有机衔接。""支持有条件的高中与大学、科研院所合作开展创新人才培养研究和试验，建立创新人才培养基地。"根据《纲要》精神，各省市自治区将高中生创新人才培养工作列入工作重点,纷纷启动高中生创新人才培养计划,如北京市"翱翔计划"、上海市"普通高中学生创新素养培育实验项目"、天津市"特色普通高中建设高中工程"、陕西省"春笋计划"等。其中一些地区创新人才培养模式具有典型性:

1."翱翔计划"

《北京中长期教育改革和发展规划纲要》提出"探索高中和大学的合作途径,开展创新人才培养基地建设试点,为学有余力的学生开展拓展性学习提供资源支持。"北京市在探索创新人才的培养机制方面走在全国的前列。2008年,北京市教委成立北京青少年科技创新学院,启动全国首个面向中学生的拔尖创新人才培养计划——"翱翔计划"。

"翱翔计划"充分利用北京丰富的教育、科技、文化资源,面向高中培养拔尖创新人才,建立让学生"在科学家身边成长"的机制,通过在科学研究过程中的熏陶,激发学生对科学的兴趣,培养学生的科学态度、科学素养,逐步养成探索科学、热爱科学的习惯。"翱翔计划"的培养链条由生源校、基地申报校、高校和科研院所实验室组成,以研究性学习作为课程载体,研修时间采取集中和分散相结合的方式。[1]

"翱翔计划"采取中学和大学联合培养的方式,以学生的兴趣为主,采取学员和实验室双向选择的方式,学员如果不适应研究可以中途退出。"翱翔计划"与高校招生录取不直接挂钩,学员在大学招生录取中不享受优惠政策,学员报考与自己研究项目相对应的高校和专业时,所获得的学分进入大学后将得到认可。[2]

2."校际走班"

《上海市中长期教育和发展规划纲要(2010—2020年)》提出,要"增强普通高中教育的开放性和选择性。探索建立高中和大学的有效合作机制,鼓励大学向高中开放课程、实验室等教学资源,为部分学有余力的高中学生开辟学习发展的新途径。"

《上海市基础教育改革和发展"十二五"规划》提出"试行区域内高中课程跨校选修制度,促进学校间优质教育资源整合与共享。"

---

[1] 易鑫:《科学家导航 高中生翱翔》,载《中国教育报》,2009-12-2。
[2] 李莉:《高中有望开大学先修课 改变高考独木桥现状》,载《北京晚报》,2011-1-21。

上海市普陀区实行"圈链点"战略,统筹区内教育资源,实现区域内共享优质教育资源,提升高中生创新素养,实施"校际走班"。使一些学有余力的学生自主选择个性化学习课程,选课范围不局限于本校。通过跨校选课,可以让非名校的学生走入名校,与名师、大学教师等互动,优质教育资源辐射范围更广。

普陀区曹杨二中、晋元高级中学、宜川中学率先试点"校际走班",2011年9月23日区"中小学生创新素养提升实验项目"区域共享课程正式开课,每周五下午作为区域"校际走班"共享时间。试点学校设置了特色课程:曹杨二中设置《博雅》课程,晋元高级中学开设《金融》课,宜川中学开设《智能机器人》和《灵巧机械手》等课程。①

学校将为学生建立"创新学分卡",学生选修的课时和学分可以校际互认,纳入学生综合素质评价指标。②

"校际走班"为学生创新素养的培养开拓了新的途径,打破了学校之间的围墙界限,为学生提供了创新素养培养学习平台。

3."六年一贯制"

《天津市中长期教育改革和发展规划纲要(2010—2020年)》"鼓励和支持有条件的高中开展创新人才培养试验,形成创新人才培养特色。"

天津市启动"特色普通高中建设工程",天津市教委制定出台《2011年天津市普通高中建设实施方案》,"十二五"期间天津市将重点建设50所市级特色高中。目标是形成"办学体制灵活多样,拓展融通运行健康,特色高中合理布局的普通高中特色建设新格局。"

首批"天津市特色高中项目试验学校"包括天津南开中学、实验中学、天津一中。南开中学开设拔尖创新型人才培养项目实验班、实验中学开设求是——科技创新型人才培养项目实验班、天津一中开设理科创新型人才培养项目实验班。

其中,2010年南开中学开设的"创新人才早期培养实验班",首次采取"六年一贯制"的培养模式,招收天津市内六区学校六年级学生140名。六年一贯制包括义务教育阶段三年和高中阶段教育三年。学生在义务教育阶段三年结束后,如果不

---

① 金志明、沈祖芸、董少校:《上海市普陀区促进区域教育优质均衡发展纪实》,载《中国教育报》,2011-12-21。

② 彭薇:《上海市普陀区中小学试点"校际走班"模式》,载《解放日报》,2011-4-7。

能适应在"实验班"继续学习,可以申请转出高中阶段实验。初中阶段,主要奠定学生的知识基础,发掘学习兴趣和创新意识。高中阶段,针对学生特点开展综合实践活动,使学生向"理工科特长"、"科技特长"、"国学特长"和"学生国际化发展特长"等方向发展。①

4. "班级导师制"

《江苏省中长期教育改革和发展规划纲要(2010—2020年)》中提出,"探索高中、高校拔尖学生培养模式,建立拔尖学生特殊培养制度,实行特殊人才特殊培养。"江苏省下发《省教育厅关于开展普通高中创新人才培养试点工作的通知》,遴选南京师大附中等14所高中为基地学校,对拔尖创新人才培养进行试点。

南京一中"崇文班"模式引起广泛关注,崇文班旨在探索高中与大学合作培养创新人才的模式。崇文班实行"班级导师制",由南开大学、南京大学、东南大学、南京师大等高校的教授担任学生的"成长导师",此外学校还从本校教师、学生家长中,为每个学生制定1到2名"成长导师"。由导师设计学生的培养计划,帮助学生找到合适的学习方式。在课程设置上,压缩学生学习高中课程时间,学生在节余时间可以选修综合拓展课程,也可以选修大学课程,一部分拔尖学生还可以进入高校实验室跟大学教授做科研。②

此外,金陵中学联合南京大学微结构国家实验室,共同推出了"准博士培养站"计划,"准博士培养站"实行导师制,培养站的优秀学生优先推荐到南大继续深造。

常州中学和上海交大组建创新人才培养基地班,该班采用中学、大学"双导师制"的培养模式,学生平时分散在各班进行学习和生活,由各班班主任及任课教师负责,寒、暑假集中时间培养。交大为基地班设置有关课程,并选派部分教师对基地班学生进行授课和考核,学生还可以利用假期到交大进行短期的学习和交流。基地班学生将在高三年级第一学期期中考试后,经严格考核并通过上海交大面试选拔后,纳入交大自主选拔"预录取"范围。③

① 张雯婧:《天津市南开中学首试"六年一贯制"实验班》,http://news. cntv. cn/20110421/112706. shtml。

② 张春铭:《南京第一中学设"崇文班"培养学生创新意识》,载《中国教育报》,2011-11-17。

③ 何刚、古城:《知名高中试水携手大学联合培养创新人才》,载《江苏教育报》,2010-10-28。

从以上城市创新人才培养模式可以看出,多采取高中和高校以及科研院所合作的"双高模式",充分利用大学丰富的教育资源,培养高中创新人才,在高中和大学创新人才的衔接、学生科研素养、创新精神的培养等方面进行了探索。但是在实施过程中,也遭遇一系列困境,如学生缺乏科研时间以及绕不过去的高考问题等。2011年暑假,上海市一些高中创新班在运作了两年后解散,创新班的学生插入平行班,"逢高三必解散"成为上海高中创新班的困境。[①]

高校和高中联合培养创新人才,需要解决创新人才的"出口问题",创新班的培养模式不同于普通高中培养模式,但是学生能否升入大学,是家长也是社会看重的问题,如果创新人才的出口问题得不到有效解决,这种尝试势必会受到家长的质疑。因此,教育行政部门需要出台相关的配套方案,创新人才的培养需要做好高中和高等学校的对口衔接,探索创新人才升学绿色通道,为创新人才培养提供出口;对创新人才试点学校进行政策扶持,在资费、招生、师资等方面给予政策倾斜。

(二) 课程为主的教学改革

《国家中长期教育改革和发展规划纲要(2010—2020 年)》提出"深入推进课程改革,全面落实课程方案,保证学生全面完成国家规定的文理等各门课程的学习。创造条件开设丰富多彩的选修课,为学生提供更多选择,促进学生全面而有个性地发展。"浙江省将普通高中选修课改革作为年度重点工作;江苏省为深化课程教学改革,启动普通高中课程基地建设。

1. 选修课改革

《浙江省中长期教育和发展规划纲要(2010—2020 年)》提出"优化课程设置,增加学生的选修课程。"之后,浙江省教育厅颁发《浙江省深化普通高中课程改革方案》,确立了"减总量、调结构、优方法、改评价、创条件"的普通高中课改总体思路,其核心内容是:加快选修课程建设,转变育人模式,将课程选择权交给学生,将课程开发权交给老师,把课程设置权交给学校,促进高中多样化、特色化,实现学生在共同基础上有个性的发展。

这一高中课程改革方案的详细内容就是:

---

① 彭薇、李爱铭:《关注创新教育:备战高考,高三创新班散伙》,载《解放日报》,2011 - 7 - 14。

（六）调结构

——调整优化课程结构。减少必修学分，必修学分从 116 学分减少到 96 学分，选修学分从 28 学分提高到 48 学分。综合实践活动列入选修课程，研究性学习渗透于各学科必修课程教学与选修课程教学中。专题教育列入必修课程。

——增加选修课程。选修课程分为知识拓展、职业技能、兴趣特长、社会实践等四类。（1）知识拓展类选修课程包括必修拓展课程、大学初级课程、学科发展前沿课程、学科研究性学习等，旨在让学生形成更为厚实的知识基础。（2）职业技能类选修课程包括生活技能、职业技术、地方经济技术等课程，旨在提高学生的动手能力，掌握一定的生活技能、职业技术，培养学生的专业倾向。（3）兴趣特长类选修课程包括体育、艺术、健康教育、休闲生活、知识应用等课程，旨在发展学生潜能，提高综合素质。（4）社会实践类选修课程包括调查探究活动、社会实践活动、校园文化活动等课程，旨在引导学生关注社会，培养学生的实践能力、科学人文素养和社会责任感。

学校要根据本校、本地区实际，充分利用各类社会资源，开设四类选修课程，其中知识拓展类选修课程比例不超过 60%；职业技能类选修课程比例不少于 10%；每学期选修课程课时比例不少于总课时的 20%。

（七）减总量

——梳理与整合学科知识体系。明确必修课程基本、基础性知识要求，删减重复、非主干和过繁过难的内容，适当减少面向全体学生的必学内容及学习总量；原"选修 IA"和"选修 IB"课程模块列入知识拓展类选修课程。形成必修课程与选修课程结构合理、层次递进的课程格局。

（八）优方法

——构建开放型选修课程体系。学校应根据本校、本地区实际，制订选修课程建设规划。学校要充分利用社会资源，加强与高校、中等职业学校、科研机构、社会机构及行业企业的合作，积极开发选修课程，引进国内外精品课程；充分利用现代教育技术，开发网络选修课程，建立开放型选修课程体系。

——扩大学校课程自主权。学校应根据本校实际和办学特色，遵循教育规律，自主制定课程开设计划，科学安排课时与教学进度，构建满足学生个性发展、体现鲜明特色的课程体系。

学校每学期必须按规定要求开设思想政治、体育与健康、艺术等必修课程。每周课堂教学时间不得超过 26 小时。控制各学科必修课程教学的课时总量,课时总量应与该学科学分相对应。

——鼓励学生个性化学习。学校要建立和实施普通高中学生发展指导制度,加强人生规划教育,鼓励学生根据兴趣特长和人生规划,制定个人修习计划。学校要建立选课指导制度,加强选课走班管理,允许学生跨班级、跨年级选课,允许学生到高校、中等职业学校、科研机构、社会机构及行业企业修习选修课程。

有条件的学校,可以探索必修课程的选课走班,让学生选教师、选课程进度、选修习年级。

——改进教学方式。学校应坚持以人为本,遵循教育规律,规范办学行为,改革教学方式。严格控制教学进度和难度,关注学生学习过程,优化课堂教学模式,推进轻负高质,提升课堂教学品质。鼓励学校和教师进行教学方式改革的探索,形成个性化的教学风格和特色。

——实行学分制和弹性学制。学生应在 3 年内完成普通高中学习,允许学生提前毕业。学生修习必修课程满 96 学分,修习选修课程满 48 学分(其中职业技能类选修课程学分不少于 6 学分,社会实践类选修课程学分不超过 8 学分),总学分达到 144 学分,同时学业水平考试和综合素质评价达到规定要求,即可毕业。

(九) 改评价

——建立普通高中学业水平考试制度。考试科目为语文、数学、外语、思想政治、历史、地理、物理、化学、生物、信息技术和通用技术等 11 门必修课程,各科目每年开考一次,分别在 1 月和 6 月施考。高中期间,学生参加同一科目考试次数最多 2 次,以最好成绩记入档案。

——完善学生成长记录与综合素质评价制度。综合素质评价重在过程,重在导向。要坚持过程性评价与终结性评价相结合的原则,完善学生成长记录,全面准确地将课程修习情况、个性特长发展情况记入学生成长记录。要坚持公开、公平、公正的原则,确保评价结果全面、客观、科学,真实反映学生的学习成果和发展状况。要改进综合素质评价标准与程序,提高信息化程度,力求简洁、可操作。

(十) 创条件

——逐步实行普通高中学分制收费。将学费分为注册学费和学分学费两部分,实行学分制收费。在 2012—2013 学年选择若干普通高中进行试点。2014 年秋季入学,在全省全面执行普通高中学分制收费制度。

——增量教育资源要向课程改革倾斜。各地要高度重视深化课程改革的配套需要,逐步提高教师配备与培训、选课走班设施与设备等方面的课程支撑能力。有条件的地区,教育行政部门要以区域为单位,做好课程资源建设规划,统筹选修课程资源,实现资源共享。

浙江省将选修课改革作为深化高中课程改革、贯彻落实《纲要》的重点工作。2011年7月,在全省范围内确定30所试点学校进行选修课改革,试点学校选修课程受到学生的欢迎。2012年秋季课程改革在全省高中施行。

2. 江苏课程基地建设

《江苏省中长期教育改革和发展规划纲要》提出要"构建具有江苏特色的课程体系","把课程教学改革作为实施素质教育的关键措施来抓,加强课程和教材建设,精选课程内容,优化课程结构,提高教师教学能力。"

江苏省为深化课程教学改革,推进高中特色建设,启动普通高中课程基地建设。

2011年江苏投入5 000万元启动普通高中课程基地建设,启动首批31个普通高中课程基地建设项目,包括锡山高级中学语文课程基地、镇江中学物理科学与技术实验课程基地、南通第一中学物理课程基地等。这一举措为江苏高中教育带来新的活力。

江苏省教育厅、财政厅下发《关于启动普通高中课程基地建设的通知》,"课程基地是以创设新型学习环境为特征,以改进课程内容实施方式为重点,以增强实践认知和学习能力为主线,以提高综合素质为目标,促进学生在自主、合作、探究中提高学习效能,发掘潜能特长的综合性教学平台。"建设普通高中课程基地的目的"旨在不断改进教学方式,引导学生高效学习,促进教师专业成长,推动学校特色发展。"争取在"2011年先行启动建设30个左右普通高中省级课程基地,到2015年建成200个左右普通高中课程基地。"

江苏省普通高中课程基地建设的内容和主要任务:

1. 创设具有鲜明特色的教学环境;

2. 突出核心教学内容的模型建构;

3. 建设促进自主学习的互动平台;

4. 开发丰富而有特色的课程资源;

5. 构建教师专业成长的发展中心;

6. 形成学生实践创新的有效途径。

(三) 普及目标的布局调整

《国家中长期教育改革与发展规划纲要(2010—2020年)》提出普及高中阶段教育,2020年实现毛入学率达到90%,即"到2020年,普及高中阶段教育,满足初中生接受高中阶段教育需求。"

以国家《纲要》为依托,西部大多数省份在省级纲要中明确制定了高中教育规模发展目标,普及高中教育成为西部各省市自治区贯彻落实规划纲要精神的首要目标。

西部省市自治区调整高中布局,扩大高中教育规模。比如,青海省教育规划纲要提出"优化全省普通高中教育资源布局,到2020年全省普通高中由目前的126所调整到63所左右","支持西宁市、海东地区普通高中布局结构调整,建设一批具有辐射带动作用的示范性学校。支持各州在州府所在地或人口集中的县办好1所规模较大、管理规范、特色鲜明、质量较高的普通高级中学。"

陕西省教育规划纲要做出了详细的部署,"按照每20万人口设置一所、主要设置在县城或重点镇的原则,优化普通高中布局。"四川省教育规划纲要求"合理布局学校校点,加强城乡薄弱高中建设,逐步消除大班额现象。"云南省教育纲要提出"充分考虑各州(市)教育事业发展的区域和水平差距,分区规划,分层次推进,不断提高普通高中办学规模,逐步消除大班额现象"等。

值得注意的是,在西部一些地区普通高中学校布局调整呈现从农村向城市集聚的态势。甘肃、陕西、广西等一些西部省区提出高中向城市集中的举措。

陕西渭南市临渭区实施"高中进城工程",临渭区计划将原有的农村六所高中在两年内全部撤掉,到2012年实现农村高中全部进城[1];陕西省商南县农村普通高中全部进城,1052名普通高中段学生正式告别"农村高中"时代。[2]

甘肃省按照"高中向城市集中,初中向城镇集中,小学向乡镇集中,教学点向行政村集中"四个集中的思路,促进区域内城乡教育均衡发展。酒泉市采取"大集中、分片集中、相对集中和跨区集中"的模式,把肃北、阿克塞两个民族县的义务教育全

---

[1] 石俊荣:《渭南临渭区拟将农村高中迁城区》,载《西安日报》,2011-4-20。

[2] 董明化、周思龙:《商南县实现农村普通高中全部进城》,http://www.sn.xinhuanet.com/2011-12/07/content_24288849.htm。

部集中到县城,高中则从 2007 年开始实行异地办学,普通高中学生全部集中到敦煌一中、敦煌三中和酒泉中学就读。① 武威市调整学校布局,2011 年全市 80% 的高中集中到城区办学。②

西部高中这种规模化、城市化发展的趋势值得关注。在优化高中布局,解决农村高中生源不足、布局分散、优质资源匮乏的过程中,要警防出现矫枉过正的现象。近年来,西部地区高中在发展中出现了一些"巨型学校",将农村高中学生向城市集中,采取撤并的方式将使农村高中无以为继,与此同时,巨型学校带来了一系列的问题,如大班额、经济条件差的学生就学问题等。

高中布局调整应该充分考虑当地自然状况、交通状况、财政状况、学生就学方式等因素,充分征询学生、家长等各方的意见。

(四) 规范办学的政府行为

山东省将规范办学行为作为工作重点,以省为单元,以高中为突破口,在全省推进素质教育,以此促进普通高中教育的可持续发展。

早在 2007 年底,山东省出台《山东省普通中小学管理基本规范》(试行)(简称《规范》),共计 40 条,内容涉及办学方向、校务管理、德育管理、教学管理等十个方面,重点规范课程、课时、作息时间、作业量、考试评价机制等。

山东省的《规范》严格控制学生作息时间。走读生每天在校学习时间(包括自习)小学不超过 6 小时,中学不超过 8 小时。晚间、双休日和其他法定节假日不上课。学生每天集体体育锻炼不少于 1 小时。睡眠时间义务教育阶段学生不少于 9 小时,高中不少于 8 小时。寄宿制学校学生晚自习结束时间,初中不晚于 21 点,高中不晚于 22 点;早上统一起床时间,初中不早于 7:00,高中不早于 6:30。义务教育阶段走读生早上到校时间不早于 7:30,上课时间不早于 8:00。高中走读生早上到校时间不早于 7:00,上课时间不早于 7:30。按照规定安排寒暑假期和其他法定节假日,不利用假期组织学生到校上课或集体补课,不收费上课和有偿补课。

为使该《规范》落到实处,山东省教育厅开通了网上举报信箱,举报电话,接受学生、家长以及社会的监督,组织教育督导组随机督导,对违规办学行为加大处罚

---

① 陈志伟、蔡继乐等:《古道漫漫催征程——甘肃省贯彻落实教育规划纲要采访纪行》,载《中国教育报》,2011-12-8。

② 马顺龙:《武威市调整学校布局构建教育新模式》,载《甘肃日报》,2011-12-11。

力度,根据情节轻重给予通报批评、责令整改、撤销先进称号、取消评优资格等处罚。仅 2008 年,山东省教育厅组织了 100 余个检查组,暗访了 4 000 余所中小学。11 所学校被撤销"省级规范化学校"称号,17 所学校被通报批评,2 所学校被责令暂停招生,30 多名校长、副校长被处分,2 名县教育局负责人受到行政处分……。①

除了严查学校组织的补课行为,山东省对在职教师有偿补习以地方法律形式严令禁止。2009 年底,《山东省义务教育条例出台》,第四章三十九条规定"在职教师不得从事各种有偿补习活动;不得动员、组织学生接受有偿补习。"

经过两年多的努力,山东省在规范办学行为方面取得了成绩。2010 年 1 月山东出台《关于深入贯彻落实科学发展观进一步推进素质教育工作的意见》,以"全面建设合格学校,全面贯彻课程方案,全面培育合格学生,努力实现把时间还给学生、把健康还给学生,把能力还给学生"为目标,进一步规范办学行为。山东省的《意见》要求"着力解决规范办学中存在的突出问题"。

在规范中小学办学行为方面重点突出以下三个方面:

(1) 加强课程管理。该《意见》要求"中小学校要严格按照国家课程方案和省定课程计划组织教学,坚决纠正随意加深课程难度、随意增减课程和课时、赶超教学进度和提前结束课程的现象。"各级教育行政部门要下大力气严肃查处随意增减课程和课时、赶超教学进度和提前结束课程的现象。

(2) 严格考试管理。该《意见》要求"严格考试管理,严格规范考试科目与次数,严禁不必要的统考统练,严禁随意组织参加各种统考、联考和竞赛、考级,不得随意提升考试难度、增加考试次数。"

(3) 加强高考补习学校管理。该《意见》要求"在严格规范公办中小学办学行为的同时,强化对高考补习学校及民办学校的监管,到 2012 年完成公办高考补习学校撤销计划。研究制定管理办法,着力减轻学生课外学习负担,加大对社会教育培训机构的监管力度。在职教师不得从事各种有偿补习活动,不得动员组织学生接受有偿补习。明确学校责任,把禁止在职教师有偿补习纳入教师考核、绩效工资和学校聘用合同管理。加强指导,引导学生科学规划节假日、双休日的学习与生活。"2011 年 2 月《山东省素质教育推进计划(2011—2015 年)》要求"建立规范办学长效

① 王友文、刘华蓉、宋全政:《让教育回归原点的变革——山东全力推进素质教育的探索透视(上)》,载《中国教育报》,2009 - 2 - 11。

机制"。

为遏制公办普通高中大规模招收往届生,山东省教育厅于 2008 年、2009 年、2011 年下发通知,加强高考补习学校管理,坚决遏制公办普通高中招生往届生的行为,受到社会各界的好评。2008 年,山东省教育厅出台禁止公办高中举办复读班或接受往届生插班复读的政策。作为临时性过渡政策,省教育厅在禁止公办高中办补习学校的同时,允许一些地方教育行政部门利用闲置资源举办部分公办高考补习学校。2009 年,山东省及各市根据工作实际及时制定了公办高中补习学校撤销计划。

2011 年 3 月,山东省教育厅发布《关于进一步做好公办高考补习学校撤销工作的通知》,明确宣告公办高考补习学校要退出补习市场,"2011 年是公办高考补习学校招生的最后一年,到 2012 年秋季公办高考补习学校要全部退出补习市场"。"撤销公办高考补习学校,要确保公办教师、校园校舍、设施设备、图书资料、学校品牌等一切公共教育资源,全部退出高考补习市场,严禁利用任何公共教育资源继续参与高考补习,严禁以合作办学、改制或变相改制等名义继续举办补习学校。"对于民办高考补习机构,"各级教育行政部门要依照有关法律法规加强对民办教育机构的监管"。

山东省规范办学行为的举措,值得各地借鉴之处除了制度层面的各种改革措施之外,更重要的在于狠抓政策落实,把落实政策执行作为重心。

综观一年来各地践行高中教育政策,我们可以看到,各地积极落实《纲要》精神,大力发展高中教育,各种政策正由文本落实到行动。

四、普通高中教育发展的政策趋向

自 2010 年《纲要》颁布以来,我国各级政府与教育行政部门纷纷关注普通高中发展问题,各地就普通高中的多样化、创新人才培养、发展模式等问题展开调研讨论,出台政策文件。可以说,当前及未来一段时间是我国普通高中发展形势最好的时期。从当前国家及其各地出台的普通高中教育政策中,可以归纳出它们的一些主要特征。

(一)"精英"到"大众"的目标转向

事物的发展要遵循其自身的规律。对于普通高中的发展而言,同样如此。当

前我国普通高中发展的一个基本事实就是,普通高中发展已经从精英阶段发展到
大众化、普及化的新时期。

从普通高中的历史发展进程来看,各国高中教育发展都存在着从精英培养向
大众普及发展阶段的转型。早期的中等教育或高中教育,主要是作为大学教育的
预科阶段存在的,更多是精英取向的,是面向上层统治阶层的,如英国的文科中学,
因而普通高中在这一阶段特别强调选拔淘汰,注重学术质量。随着经济发展与工
业化程度的不断提高,发达国家对劳动者的知识水平和劳动技能的要求越来越高,
仅仅接受初等教育的劳动者已经不能满足社会的需要。因此各国纷纷出台相应的
政策,大力发展中等教育,使得更多的适龄青少年进入高中学习,即大众化阶段。
在从精英培养到大众化普及的这一转变过程中,高中的职能也从升学转变为兼顾
升学、就业以及普及三个方面,如最早在美国产生的综合高中,就很好地兼顾了这
三种职能。

我国高中阶段教育包括了普通高中、职业类学校(中专、技校等)与成人高中
等三种类型。进入20世纪90年代以后,我国高中阶段学校发展规模不断扩大,
学生的入学率不断提高。2010年,全国高中阶段教育毛入学率达到了82.5%,初
中毕业生升学率则达到87.5%,全国有一半省份的初中毕业生升学率在90%以
上。就具体的高中阶段学生数量来看,1980年到2010年的30多年间,我国高中
阶段学生规模从1 720.5万增长到4 670.6万人。其中,普通高中在校生人数从
969.8万人上升到2 427.3万。2010年普通高中学生人数占高中阶段学生数的
52.2%。

虽然与英美等发达国家相比,我国普通高中的普及率还有一定的差距。但是,
从整个发展进程和未来的发展趋势来看,我国普通高中已经完成了从精英阶段发
展到大众化的过渡。

综合上述国家教育与地方教育发展的两个层面,也不难发现,我国高中阶段教
育包括普通高中教育的政策已经显示出了从精英阶段发展转向大众化阶段的特
征,即普通高中教育政策强调素质教育、强调提高全体学生的综合素质、强调教育
的普及与公平。

当然,这种教育政策的转向在目前看来还只是开始,但随着高中阶段教育的加
快普及,这种转向将很快会成为一种现实。在加快普及高中阶段教育的背景下,普
通高中教育发展的内涵发展与质量提高将成为新政策的重点。

(二)"预科"与"育人"的功能定位

包括普通高中在内的高中阶段教育,是当前我国教育改革与发展的一个新领域,也是一个难点。高中阶段教育尤其是普通高中教育,一方面影响着义务教育的发展,另一方面关系到高等教育的改革。因此,普通高中的特殊性,决定了普通高中教育发展政策定位的重要性。

但是,改革开放以来,我国对于普通高中教育发展上的政策定位,一直是含糊其辞、不甚明了的。这既与特定历史时期我国社会经济发展的需要、教育改革发展的任务与重点密切相关,同时也与普通高中教育发展自身的资源相关。

1983 年教育部颁布《关于全日制普通中学全面贯彻党的教育方针、纠正片面追求升学率倾向的十项规定(试行草案)》中提出:中学教育"既要为高一级学校输送合格的新生,当前还要着重注意培养大批优良的劳动后备力量"。但是,普通高中"双重任务"的定位由于受到片面追求升学率的影响,在落实中困难重重,不断受到来自教育理论和实践界的质疑。

1995 年 5 月 10 日,时任国家教委主任的朱开轩在全国高中教育工作会议报告中提出在"双重任务"的基础上增加"两个侧重"的观点,即"有侧重地对学生实施升学预备教育或就业预备教育"。① 这一讲话代表着当时教育主管部门对于普通高中发展的政策立场。这一政策导向意味着普通高中可以根据自己的条件侧重于"双重任务"中的某一方面。但是,理论设计的完善并不同于实践推广的理想。"双重任务"或"多种办学模式"落实到每个学生个体身上必须作出非此即彼的选择。在这种情况下,普通高中学校及其学生都被升学教育所"绑架",普通高中教育在实践中的定位就是大学的"预科教育"。

新世纪以来,伴随着《国务院关于基础教育改革与发展的决定》以及《基础教育课程改革纲要(试行)》等政策文件的颁布实施,在高中教育日益大众化的现实进程中,我国高中教育的"基础性"特征日益明显。因为,从我国高中教育发展历史可以看出,高中越普及,其重心越下移,基础教育的功能越放大。②

因此,当前我国普通高中发展的政策定位正处于从大学的"预科"教育向普通

---

① 朱开轩:《认真贯彻〈纲要〉精神,大力办好普通高中教育》,《课程·教材·教法》,1995(10)。

② 霍益萍:《高中:基础+选择——也谈高中教育的定位与选择》,载《中国教育报》,2012-3-9。

高中自身的"育人"发展的转变。我国高等教育大众化阶段的到来,相应地要求普通高中教育的人才培养模式发生变化。高中教育需要从以往的片面关注升学考试的教育模式,转向适应高等教育培养高素质劳动者和培养专门人才的需求,需要高中教育建立更开放、更灵活、更具针对性的多样化发展模式。

同时,关注全体学生潜能、让不同的学生获得适合其可持续发展的育人功能正在不断强化,并已成为社会公众的教育期待,更多的人及其学校已经认识到普通高中教育在人才培养上的多种功能,而为大学输送人才只是其中的一个功能而已。这种人才培养方向和学校功能的转变,恰恰体现出了普通高中作为一个特定教育阶段的育人本质,这既是我国普通高中发展的现实需要,也是普通高中大众化发展阶段之后的一个必然趋势。

正如2010年《纲要》中所言,高中阶段教育是学生个性形成、自主发展的关键时期,对提高国民素质和培养创新人才具有特殊意义。高中阶段是学生个性和才能显露与激发的关键阶段,学生在完成高中阶段的基础教育后将做出未来生涯发展的选择。让高中教育最大限度地促进学生个体潜能得到适宜地发展,充分发挥普通高中教育的育人功能,就应该为学生的个性差异和发展提供多条路径、多种方式,帮助学生发现不同、发展不同,进而为不同的选择奠定基础。

如果说义务教育阶段作为强制性的基础教育,更多突出了统一性和基础性,那么普通高中阶段的教育则需要为"每个人提供适合的基础教育",要更多地体现尊重差异和个性发展。

总之,当前我国普通高中的发展定位正在逐步从"预科"转向"育人"的变化。从地方省市自治区所颁布的相关普通高中政策来看,也基本上都意识到了普通高中教育的"育人"定位。

(三)"加速"和"丰富"的人才培养

《纲要》中明确提出,"探索发现和培养创新人才的途径"。《纲要》颁布之后,围绕着普通高中创新人才培养工作,各地方积极探索;同时,在国家教育体制改革试点工程中,也确定了北京、上海、天津、江苏、陕西等地方为试点省市,积极开展普通高中创新人才培养工作。

在1999年的《关于全面进行教育改革深入推进素质教育的决定》中就明确指出,素质教育的重点之一就是培养学生的创新精神。但是,在《纲要》颁布之后,关于普通高中创新人才培养问题引发了如下诸多讨论,这些问题是:第一,普通高中能否进行创新人才培养? 第二,普通高中进行创新人才培养是面向全体还是面向少数学生? 第三,普通高中创新人才的模式是什么? 其中,第三个问题是至为关键的,是一个实践性问题。

目前,在关于普通高中创新人才培养方面,已经取得了比较广泛的一致共识:普通高中开展创新人才培养不仅必要,而且重要。近年来,各地纷纷颁布了普通高中创新人才培养的相关政策,或者举办研讨会,高度强调普通高中进行创新人才培养的重要性与独特价值。在普及高中阶段教育的进程中,创新人才培养已经成为当前中国普通高中发展与改革中的亮点之一。

2009 年 11 月,教育部出台"基础学科拔尖学生培养试验计划",这对普通高中拔尖创新人才培养提出了新要求,也提供了新机遇。普通高中阶段是学生兴趣、个性、能力、社会责任形成的关键期,而这些素质又是创新人才必须具备的基本素养,普通高中教育将成为中国拔尖创新人才培养的基石之一。

基于以人为本的科学发展观,当前在普通高中创新人才培养的对象与范围方面,国家与地方的教育政策都趋向于面向全体学生。《纲要》当中用了"探索"一词,其着力点在于通过个别或部分学校的实践与实验,寻找普通高中创新人才培养的模式与策略。从各地颁布的相关政策来看,基本上采取了一种渐进式策略,如北京、上海、陕西、天津等地,基本上都是以"计划"或"项目"方式,由普通高中申报,教育行政部门评审,然后再给予一定的政策支持。

在"多出人才、快出人才、出好人才"的要求下,我国自 80 年代中期普通高中学校就开始了创新人才培养的实践探索。其过程大致为,从大学少年班到少年预备班,再到全国性的理科实验班探索,以及近年来以区域方式推进的普通高中创新人才培养模式的探索。

纵观这些改革与实践,它们体现人才培养中"加速"的基本特征,即在培养学生的过程中,主要以加深知识难度和缩短学习年限为特征,其最终的落脚点,是学生的高考升学率,尤其是重点大学的升学率。这种加速培养的方式,适合于少部分智优学生的特点与需求,但并不具有一定的普遍性和实践性。

为此,近年来,我国普通高中学校在创新人才培养的实践模式探索上,开始注重从"加速"模式转向为"丰富"模式。

当前普通高中教育中,将创新人才培养的重点放在发现与培养学生的创新或者拔尖的兴趣与特长,将创新人才培养的着眼点放在丰富学生的创新知识、能力、方法、问题、精神等方面的兴趣激发、创新实践参与和综合素质的全面提升上。在创新精神、能力与素质的培养过程中,兼顾学科领域与专长知识,关注研究方法、思维、问题与观点等方面的创新与突破;同时,还注重学生科学精神、态度、领导力等方面的情意协调发展。

这种"丰富"模式的出发点是学生创新天赋潜能的发现与培养,是学生创新活动的体验与感悟,是学生综合素质的提升。为此,许多普通高中学校力求从课程设置、师资队伍、评价机制、校外资源利用等方面,探究创新人才培养的实践。北京、上海、天津等地有关普通高中创新人才培养的教育政策中,均已注意到从目标、课程、教师、评价等方面关注这些问题,鼓励和支持学校开展实践探索,以积累多方面的经验。

(四)"进城"或"留乡"的农村高中

促进公平是国家教育改革与发展的基本工作方针之一。鉴于历史与政策的原因,我国普通高中发展在教育公平上至今还存在明显的各种差距问题,如地区差距、城乡差距、示范校与普通校之间差距等等。这里以农村普通高中教育发展为例。

正如前面已经介绍的,加快普及高中阶段教育是当前西部地区高中阶段教育改革与发展首要任务之一,但是,如何发展高中阶段教育,尤其是如何发展普通高中教育,对于这些西部省份而言,其实还不只是简单的投入问题。

目前,甘肃、陕西、广西等地纷纷提出,普通高中进城或者在城市集中办学的普及高中教育的发展思路,这些政策表现为"主要设置在县城或重点镇的原则,优化普通高中布局"、"鼓励和引导普通高中向城市、县城集中办学"等。

尽管改革开放以来,农村地区的普通高中教育得到了大发展,但是,城乡之间普通高中的差距还是显著的。在这种情况下,考虑通过"进城"集中办学而改变这种差距,是一种可选择的策略。但是,这涉及到农村高中还要不要办的问题。

农村普通高中是"进城"还是"留乡"发展涉及到诸多具体问题:其一,如何看城乡之间高中教育的差距问题;其二,城乡之间普通高中的办学定位是否需要有一定的差异;其三,当前农村普通高中发展中存在的问题能否通过"进城"得以解决。

当前,我国农村普通高中的办学定位确实尴尬。对于义务教育而言,国家强调均衡发展,强调城乡之间的一致、统一和标准。但是,尽管普通高中教育被看成是基础教育的一部分,但毕竟不是义务教育,它与地方社会、经济、人口、文化等发展状况与需求直接相关。因此,农村普通高中教育的办学定位必须有别于城市高中。在建设人力资源强国、实现全面建设小康社会的过程中,如何发挥农村普通高中的特点? 农村普通高中教育如何在城市化、工业化人才培养和社会主义新农村建设人才培养之间平衡协调? 在推进普通高中教育多样化的情况下,农村普通高中如何体现办学的特点? 这些问题都是需要重视与研究的,都不能简单地用"进城"策略就可以解决或者实现。

当前农村普通高中发展存在着生源萎缩、师资薄弱、经费短缺等诸多问题。这些问题又是否能够伴随着"进城"而解决呢? 例如,虽然从生源的角度来看,进城可以达到学校的规模效益,但这同时意味着农村学生各种教育成本与费用的上升,这对于学生及其家庭而言是教育公平吗? 农村普通高中进城是否会导致更多的学生上学困难或者辍学呢?

事实上,在加快普及高中阶段教育的过程中,在大力发展职业教育的要求下,在促进普通高中多样化发展的背景下,农村普通高中学校的发展可以更多地注重普通高中与职业教育之间的结合、融合和综合,探索建立农村地区普及高中阶段教育尤其是发展普通高中学校的实践与经验。

由此可见,农村普通高中发展当前面临的问题并不是简单"进城"就可以解决的。是"进城"还是"留乡",还需要各地方尤其是中西部地区根据地方实际情况认真调研,做好相关研究工作,不可凭感觉为之。

(五)"模式"加"课程"的发展格局

《纲要》中明确指出,要促进普通高中多样化发展。这一规定既直指当前我国普通高中单一类型的现状与弊端,同时也表明了我国普通高中在进入大众化阶段之后的未来发展趋势。围绕着"多样化"发展,各地方纷纷出台相关政策文件,推进普通高中的多样化与特色化发展。如 2011 年秋,南京启动普通高中多样化特色化工程建设,明确提出要在"十二五"期间重点建设 20 所富有鲜明办学特征的高水平普通高中,即综合改革高中、学科创新高中、普职融通高中和国际高中,到 2020 年,通过滚动发展,努力形成全市普通高中教育灵活多样、学校特色鲜明的办学新格局。

纵观各种有关高中教育多样化发展的政策,"办学模式多样化"和"课程设置多样化"是其中频繁出现的两个关键词。对于办学模式多样化而言,出现较多的即是:综合高中、学科创新高中、普职融通高中、国际高中、艺体特色高中等。而对于课程设置多样化则多是从国家、地方与校本课程,或者必修与选修课程等方面展开描述。很显然,当前在对普通高中多样化发展的认识和理解方面,还存在一些不足。

尽管全国各地对普通高中多样化发展的关注度不断提升,但是许多讨论或者政策似乎陷入了一个误区,即为"多样化"而多样化。换言之,这种对于"多样化"的讨论忽略了一个重要的前提条件,即普通高中多样化发展的根本出发点在于提高学生的综合素质,促进学生更好地发展。学生的天赋差异与兴趣爱好,使得学生在高中这一特定阶段的发展需求呈现出多样与多元的状态。普通高中作为基础教育的高级阶段,必须承担着两种任务:一是基础任务,为未来的发展打基础;二是为未来的人生发展选择可能的方向与路径。前者意味着基础,而后者意味着选择。

"选择"任务的完成,要求普通高中发展多样化。此外,普通高中在步入到大众化阶段之后,更应该同时承担"育人"功能,而非单一的"预科"功能。因此,明晰普通高中多样化发展的根本出发点,对于进一步明确"办学模式"与"课程设置"的多样化有着重要意义。

因此,要实现普通高中多样化发展的时代主题,一方面,需要针对区域普通高中的发展现状,及时地调研了解学生的需求,探索举办多种类型的高中,同时能够引导学生进入不同类型的学校,以更好地满足不同类型普通高中学生的发展需求;另一方面,在不同类型的学校内部,更应该从课程设置的角度探索多样化,要从不同类型高中的基本功能与主要任务出发,合理设置开放的、可选择的与多样的课程,以促进学生接受更适合的教育。

当前,无论是办学模式的多样化,还是课程设置的多样化,一方面需要教育行政部门做出规划、逐步推进;另一方面,还需要教育行政部门给予普通高中适当的自主权,以便他们结合学校的现实情况,积极变革与发展。需进一步指出的是,办学模式的多样化与课程设置的多样化都是普通高中多样化发展内容的一部分,还需要从评价机制、教学方法、学生发展指导、督导评估等方面综合考虑,共同推进普通高中的多样化发展。

主要参考文献

1. 霍益萍主编:《普通高中现状调研与问题讨论》,华东师范大学出版社 2010

年版。

2. 劳凯声主编：《中国教育改革 30 年（政策与法律卷）》，北京师范大学出版社 2009 年版。

3. "中国普通高中教育发展战略研究"课题组著：《中国普通高中教育发展战略研究》，教育科学出版社 2011 年版。

4. 李其龙、张德伟编：《普通高中教育发展国际比较研究》，教育科学出版社 2011 年版。

5. 中国国家教育部及各省、直辖市、自治区教育委员会（厅）官方网站。

第三章
普通高中教育的舆论与研究

■ **本章要点**

　　就义务教育、高中教育和高等教育三级教育而言,普通高中教育的社会舆论关注度是最低的。社会舆论对普通高中教育关注的焦点主要是政策与改革。

　　社会舆论对高中教育改革与发展的关注面主要是高中教育改革政策与改革动态、高中学校改革典型案例、高中课程改革的效果、高中教师队伍建设。其中,高中学校的人才培养与高中教育的均衡发展备受社会关注。

　　中考与高中招生、高考与高校招生的政策和措施仍然是社会关注的热点。研究者提出,要不断完善高考加分政策的实施程序,切实提高高考加分政策的透明度,建立有效的社会监督机制,形成一个能连续发挥作用的长效机制。

　　普通高中教育的研究日显多元化与深入。例如,在高中教育改革研究上,关注高中教育的转型;在高中课程改革研究上,不仅有反思,也深入学科内部,并提出建议。

　　在教师专业发展研究上,研究不只是讨论教师素质、专业发展和职业倦怠等问题,更是提出了解决问题的各种措施和实践操作建议,显示出研究的应用价值。

教育是当前社会中的一个公共话题。不仅仅教育领域的从业者(包括实践者和研究者),家长及其他社会公众也都对教育问题或事件表现出深切的关注,因为教育不仅仅关涉到个体的发展,而且也影响到国家的未来和社会的福祉。作为现代学校系统中最为复杂也是最为攸关的阶段,高中教育自然概莫能外。特别是在义务教育普及、逐步走向质量提升之后,高中教育的改革与发展问题就显得更加紧迫,也引起了政府的重视和社会的关注。

社会公众对普通高中教育的意见和看法,通常以直接或间接的方式反映在各种社会媒介(如报纸、期刊、著作、网络等)中。相对而言,以报纸为代表的公共舆论和以学术期刊为代表的学术界观点,对普通高中教育的改革与发展具有更为重要的导向作用。

本章选取国内影响较大的一部分重要报纸和学术期刊作为分析对象,旨在从中把握2011年社会对普通高中教育的关注度和关注点,分析当前我国普通高中教育的研究进展。

一、新闻报道与媒体评论

(一) 总体特点

1. 关注度:少于大学和小学

2011年,公众对高中教育的关注度如何? 这可能是我们首先要分析的问题。通过中国知网(CNKI)中"中国重要报纸全文数据库",以"高中"为主题进行检索,发现2011年与高中有关的文章有3 929篇,高于初中的2 391篇,低于小学的5 739篇;而以"大学"为主题的文章有28 039篇,差不多是高中的7倍,初中的12倍,小学的5倍。这表明,在主要学段中,2011年公众对大学的关注度最高,小学其次,高中又其次,初中受到的关注最少。

如果就2011年与前四年的数据进行整体比较,就会看到2010年对各个年段的关注度最高;就高中的关注度而言,2011年与前四年并无显著性的差别(见图3.1)。

2. 关注点:聚焦政策与改革

对于高中阶段的关注,哪些是关注的重点呢? 为了开展内容研究,这里并未对

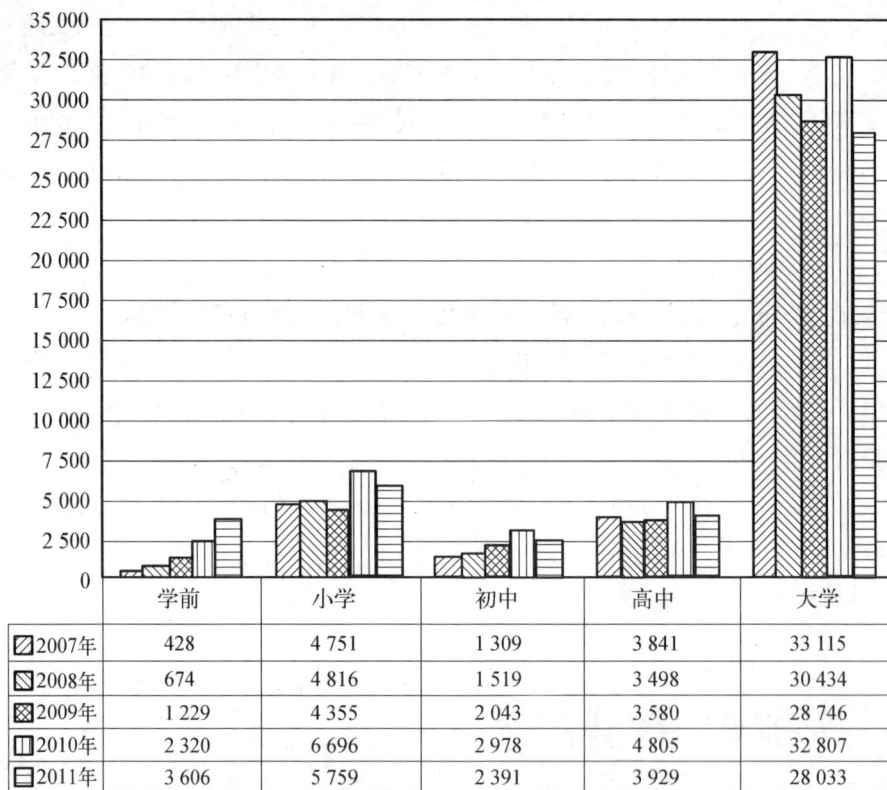

	学前	小学	初中	高中	大学
2007年	428	4 751	1 309	3 841	33 115
2008年	674	4 816	1 519	3 498	30 434
2009年	1 229	4 355	2 043	3 580	28 746
2010年	2 320	6 696	2 978	4 805	32 807
2011年	3 606	5 759	2 391	3 929	28 033

图 3.1　2007—2011 年各学段教育的报纸报道量统计

上述与高中有关的全部 3 929 篇文章进行分析,而是进一步选择了相对重要的报纸作为分析对象,见表 3.1。

表 3.1　研究所选样本报纸的基本情况表

报 纸 名 称	主 办		级 别		类 型	
	主 办 者	所在地	中央	地方	教育类	综合类
《人民日报》	中国中央	北京	✓			✓
《光明日报》	中央宣传部	北京	✓			✓
《新华每日电讯》	新华通讯社	北京	✓			✓
《中国教育报》	教育部	北京	✓		✓	
《中国教师报》	中国教育报刊社	北京	✓		✓	
《解放日报》	中共上海市委	上海		✓		✓

（续表）

报纸名称	主办		级别		类型	
	主办者	所在地	中央	地方	教育类	综合类
《重庆日报》	中共重庆市委	重庆		✓		✓
《广州日报》	中共广州市委	广州		✓		✓
《文汇报》	文新报业集团	上海		✓		✓
《东方早报》	文新报业集团	上海		✓		✓
《南方周末》	南方日报报业集团	广州		✓		✓
《天津教育报》	天津教育报刊社	天津		✓	✓	
《江苏教育报》	江苏教育报刊总社	南京		✓	✓	
总　　计			5	8	4	9

样本报纸中有 5 份中央级报纸和 8 份主要地方级报纸。这些报纸中，9 份属于综合类报纸，4 份属于教育类报纸。这些报纸分别由不同性质的机构主办，分布在北京、天津、上海、广东、江苏等发达地区。在这 13 份报纸中，2011 年度以"高中"为主题的文章有 531 篇，约占"中国重要报刊数据库"以"高中"为主题的全部文章的13.5%。

就其内容来说，几乎涵盖了高中教育的各个方面，包括国家或地区层面的教育政策和改革、高中整体改革、课程建设、课堂教学、德育、班级建设、学生发展、教师发展、高中招生制度、高中毕业与升学制度、留学及其他方面。

表 3.2　样本报纸关于高中教育的报道内容统计表

报纸名称	宏观政策与改革	整体改革	课程建设	课堂教学	德育	班级建设	学生发展	教师发展	招生制度	毕业与升学制度	留学	其他	总计
《人民日报》	14	5	1	3	0	0	4	2	3	12	1	4	49
《光明日报》	9	6	0	0	0	0	4	2	4	14	2	4	45
《新华每日电讯》	7	1	6	0	0	0	2	0	5	6	2	2	31
《解放日报》	7	5	1	2	0	0	6	3	4	7	0	1	36
《重庆日报》	5	0	1	0	0	0	0	0	2	2	0	0	10

（续表）

报 纸 名 称	宏观政策与改革	整体改革	课程建设	课堂教学	德育	班级建设	学生发展	教师发展	招生制度	毕业与升学制度	留学	其他	总计
《广州日报》	4	2	0	0	0	0	2	0	3	2	0	2	15
《文汇报》	6	3	3	2	0	1	7	1	4	5	1	2	35
《东方早报》	1	0	0	0	0	0	2	0	1	2	0	0	6
《南方周末》	0	0	0	0	0	0	0	0	0	1	0	2	3
《中国教育报》	86	26	9	8	0	0	8	15	13	19	1	4	189
《中国教师报》	3	6	3	1	1	0	0	4	0	3	1	0	22
《天津教育报》	3	5	0	3	0	0	0	3	3	0	0	0	18
《江苏教育报》	41	3	9	8	0	0	1	3	4	1	0	2	72
总 计	186	62	33	27	1	1	36	33	46	74	8	24	531

统计显示,2011年关注国家或地方层面的高中教育政策和改革的文章最多,有186篇文章;其次是高中毕业与升学制度,有74篇;其后较多的依次是高中整体改革(含办学和管理制度,62篇)、高中招生制度(46篇)、学生发展(含学生问题,36篇)、课程建设与教师发展(各33篇)、课堂教学(27篇)。

(二) 内容观点

1. 注重宣传政策与改革动向

从表3.2中可以看出,国家层面或区域性的高中教育政策与改革,是2011年报纸上关注最多的论题,共有186篇,其中86篇来自《中国教育报》,41篇来自《江苏教育报》,其他报纸的占有量相对偏低。这些文章涉及的内容较为丰富,既有各项政策与会议的新闻报道,也有分析高中教育发展的问题与成就、展望高中教育未来方向和图景的观点论文。

就高中教育的宏观政策而言,大多是围绕中央或地方的中长期教育改革和发展规划纲要(2010—2020年)的内容展开的,且指向高中教育发展的三大任务,即,加快普及高中阶段教育、全面提高普通高中学生综合素质和推动普通高中多样化发展。例如,南京作为国家"以普通高中多样化建设促进素质教育创新发展"教育改革试点地区之一,其《南京市关于推进普通高中多样化发展的实施方案(讨论稿)》的内容得到了媒体的全面报道。① 总体来说,2011年媒体在报道普通高中教育改革与发展的内容上,凸显了两大主题。

(1) 关注普通高中创新人才培养改革试点

2011年,在《国务院办公厅关于开展国家教育体制改革试点的通知》精神指导下,江苏、上海、广州等地区开展了普通高中"建立创新人才培养基地"改革试点项目。这些改革试点项目的计划和活动都引起了媒体的关注和重视,并得到了比较多的介绍和传播,其中包括江苏省教育厅正式下发的《关于开展普通高中创新人才培养试点工作的通知》内容②,上海在上海中学、华师大二附中、复旦附中和交大附中等学校开展的高中"创新拔尖人才培养实验项目"试点内容,杨浦区创建"基础教育创新实验区"的内容。③ 报道中对这些改革试点项目的内容作了比较全面的介绍。

(2) 关注高中教育均衡发展

高中教育均衡发展,在宏观政策或改革这一部分中,相关的报道占了约1/3。从这些报道中,可以看到当前各级政府在对促进教育均衡发展方面采取的主要行动措施。

例如,自2007年起,在甘肃省教育厅和酒泉市政府的统一部署下,酒泉市将肃北蒙古族自治县和阿克塞哈萨克族自治县的高中学生迁移到敦煌市就读。酒泉市从民族教育专项资金中,每年拿出10万元补助给作为接收学校的敦煌中学和敦煌三中。两个民族县政府承担了在敦煌中学就读学生的全部学费、住宿费、课本费和假期往返交通费,并为其发放生活补助,建立民族教育扶贫助学资金。之后三年中,敦煌市累计拿出500万元,为两所高中增加了36名专任教师,投入2 300多万元,实施高中扩建工程,新建清真餐厅,扩建操场,新建宿舍楼等。④

西藏自治区为了发展高中教育,在继实施农牧民子女"三包"政策和城镇困难家庭子女助学金政策之后,于2011年秋季学期起,全面实行高中阶段免费教育,即

---

① 施教:《南京推行普通高中多样化特色化建设》,载《江苏教育报》,2011-10-31。
② 江教:《创新拔尖学生培养模式,积极探索个性化学习方式——我省确定14所普通高中创新人才培养试点学校》,载《江苏教育报》,2011-8-25。
③ 《安徽积极创新义务教育均衡发展模式》,载《中国教育报》,2011-8-13。
④ 张学军:《异地读高中政府来买单——酒泉市民族县高中生在敦煌安心乐学》,载《中国教育报》,2011-10-9。

免除学费、住宿费、教科书费和杂费等一切费用。新政策实施后,西藏自治区重点高中、非重点高中和中等职业学校的学生,每人每学期免交的各种费用分别为920元、620元、1 650元。为此,每学年政府增加投入5 056万元。全区共有6万多名高中学生享受免费教育新政策,并惠及所有进城务工人员子女。[1]

河北涞源县决定由政府出资,从2011年9月在全县实施高中教育免费政策。该县每年财政投入1 300万元,全县近7 000名高中生因此受益。据统计,2011年新学年,仅涞源县一中,入学高中新生就由往年的不到700人猛增到1 100多人,还有不少到外地上高中的孩子准备回本县求学。[2]

同时,2011年的相关报道显示,各地正在努力整合各种教育资源,以全面提高高中教育质量。这些改革实践有:

湖南省龙山县积极优化城区学校布局,形成了"五三二一"的教育格局,即"五所小学、三所初中、两所高中、一个职教中心",缓解了城区学校紧张问题。[3]

山西省晋中市积极实施学校分布调整工程,推动形成"三三二一"学校布点格局,其中按照每10万人设置1所普通高中的要求,将全市47所普通高中整合为30所;重点建设20所规模较大、专业设置比较合理的中等职业学校。[4]

河北省邯郸市制定完善《主城区中小学布局规划》和《农村中小学布局调整规划》,按照初中向中心镇集中、中心小学向乡镇所在地集中、学校布局向交通便利地带集中的原则,通过撤并、搬迁、新建寄宿制学校等方式进行优化整合,使学校布局更趋合理。[5]

安徽省合肥市政府近年来累计投入近20亿元,将合肥一中、四十六中、师范附小三所老城区名校整建制迁入滨湖新区,招生规模是以前的3倍。省示范高中合肥八中整建制迁入政务新区,招生规模由以前的600人增加到现在的1 650人。合肥

---

① 虞典墨:《西藏今秋实行高中免费教育,每学年增加投入5 056万元,6万多学生受益》,载《中国教育报》,2011 - 8 - 26。

② 周红松:《河北涞源高中教育全免费,县财政每年投1 300万元,近7 000名学生受益》,载《中国教育报》,2011 - 10 - 10。

③ 宏火、张小军、王瑞静:《均衡教育耀山乡——湖南省龙山县城乡教育一体化发展纪实》,载《中国教育报》,2011 - 9 - 9。

④ 鹿建平:《积极推动教育均衡发展山西省晋中市教育局局长鹿建平》,载《人民日报》,2011 - 3 - 28。

⑤ 丁善辉:《加大投入,整合资源,突出改革,大丰多项举措抓均衡保公平》,载《江苏教育报》,2011 - 1 - 17。

市实现了名校迁址扩大规模、薄弱学校撤并整合,有效解决了优质教育资源过度集中的矛盾,带动全市教育质量的整体提升。①

辽宁省在高中阶段实行以名校为龙头,通过名校承办、投资、入股等形式,实施"名校+新校"、"名校+民校"、"名校+弱校"以及中外合作办学等多种办学模式,在最短的时间内带领新校、弱校整体提升教学质量,发挥优质资源的辐射作用,以扩大优质教育资源。②

上海市为了加强优质高中教育资源辐射郊区农村,鼓励优质高中建立郊区分校。例如,向明中学已经开办了浦江校区分校,上海中学已经建立了临港新城分校等,满足了群众对优质高中资源的需求。③ 上海市普陀区曹杨二中、晋元高级中学、同济二附中等学校试点"区域走班"模式,让更多学有余力的高中生共享区域内的优质教育资源,自主选择个性化学习课程,探索建立一个定期进基地、课程可选择、校内加校外、基础加特长的学生创新素养培养的大学习平台。④

2. 关注普通高中学校改革典型

实现普通高中多样化是高中阶段教育改革与发展的重要任务之一。高中学校必须从规模扩张走向内涵发展,形成自身特色或文化,真正成为优质的或示范的学校。2011 年有不少有关高中特色或品牌建设的典型学校的报道,为推进全国高中学校的多样化发展提供了支持。这里简单罗列一些典型案例。

河南省郑州市回民中学以"绿色教育"为主题而开展学校改革,从环境、教师和课堂三个方面进行改革:(1) 合理安排学生的学习与活动,建设"国防知识讲座"、"有趣的数学"、"英语趣味知识"等丰富多彩的校本课程,以创造无污染的学生绿色成长环境,满足学生多方面的兴趣和个性发展需求;(2) 完善教代会制度和校务公开制度,发挥民主;切实解决教师住房等问题,利用寒暑假多方参观与学习,以培养"健康、阳光、向上"的绿色教师;(3) 从校本课题研究入手,在"四位一体"模式、自主

---

① 《安徽积极创新义务教育均衡发展模式》,载《中国教育报》,2011‑8‑13。
② 刘玉:《设立专项资金,扩大优质资源——辽宁创建省级特色高中》,载《中国教育报》,2011‑4‑23。
③ 彭薇、李爱铭:《优化资源配置,促进城乡一体——上海积极探索基础教育优质均衡发展(下)》,载《解放日报》,2011‑2‑7。
④ 苏军:《普陀区部分高中今秋起将试点"区域走班"模式,学生跨校分享优质教育资源》,载《文汇报》,2011‑4‑13。

探究模式的课改基础上，探索"负担降下去，学力升上来"的绿色课堂。①

浙江省台州市三梅中学注重"艺术教育"，坚持以"面向全体，拓展个性，为学生的终身发展打好底色"的办学理念，秉承学校提出的"普通高中办学模式特色化"。具体为"一个进口、多道口上桥"，即先以普高统一招入，以后进行分流、分类、分层教学，实行文、理科分班，打造文兼艺、理兼艺的精品班，学生也可根据自身的特长、爱好自主选择音乐、美术、舞蹈等发展方向，形成独具特色的校本教育理念及办学模式。学校实抓特色课程建设，形成独具特色的艺术课程设置。②

湖北省陆安市第一高级中学注重校园文化和教师队伍建设。通过加强校园人文景观的建设和开展丰富多彩的校园文化活动等，加强校园文化建设，营造和谐育人环境。实施提高教师专业素质的"形象工程"，培养师资精英"名师工程"，促使青年教师迅速成长的"青蓝工程"，培育敬业型、创新型、学习型和和谐型的教师团队。③

内蒙古赤峰市翁牛特旗乌丹一中探索课堂教学改革，通过"集体备课"和"课例研究"确立了"五环节问题解决型"课堂教学模式，即学生学习的过程由教师的"展问"开始，然后是"研问"、"释问"、"测问"，再到"拓问"结束；强化指导学案、学习共同体、课堂运行模式的建设；明确教学的四个步骤，即"结构化预习（课堂化）—合作探究—展示互动解疑—总结训练拓展"；倡导四种课型，即自主预习课、合作探究课、监测解疑课、检测训练课。为此，学校提出三个支撑，即得力的教研骨干（校本教研室、备课组长）、强力的管理制度、扎实的校本教研和培训。④

四川省阆中中学探索"普职融通"，创办综合高中办学新路。学校从当地经济文化和学生实际出发，设计多种可选择性人才培养模式：在基本完成文化必修课的前提下，根据学生学习水平、成长潜质、兴趣特长、成才志问，综合实施"升学预备教育、艺术特长教育、职业专长教育"三大课程板块，实行分层分流教学，搭建学生优化发展、成长成才、升学就业的"立交桥"，让不同结构层次的学生在高中阶段都能自主选择，获得最佳发展路径。学校与省内外多个企业联合办学，形成"普教职教

① 苏令：《绿色教育给学生可持续发展一个推力》，载《中国教育报》，2011-4-26。

② 王玲玲：《普通高中的艺术教育特色之路——浙江省台州市三梅中学创建特色学校纪实》，载《中国教育报》，2011-11-10。

③ 董雄伟、黄想明：《倾力打造优质教育品牌——记湖北省陆安市第一高级中学》，载《中国教师报》，2011-10-26。

④ 岳洪臣、赵小雅：《从课堂突围推进特色建设——内蒙古自治区赤峰市翁牛特旗乌丹一中改革发展侧记》，载《中国教育报》，2011-1-14。

沟通、职前职后兼顾、教学生产接轨"的管理运行机制,以保障"普职融通"的实现。①

　　湖北省赤壁一中探索学生的自主管理,施行"班级轮流值周制"和"寝室管理分级自治制",学校一周内所有的事情都交给一个班级,全面负责打扫校园卫生,管理学生纪律,督查行为规范,让一个班管理一所学校。通过这种管理行为建立一种大家共同认可与遵守的道德环境和社会秩序,使学生从他律变成自律,并以此为基础开展了德育和社会实践,使其凝结为学校文化。②

　　江苏省锡山高级中学立足课程建设书香校园,通过阅读习惯的培养和阅读品位的提升,让每一个学生都具有基本的国学知识和人文素养,用国学精神滋养濡染学生的中国品格。学校抓好学科课程建设和积极开发校本国学基础课程,创建良好的校园文化环境。③

　　3. 关注普通高中课程改革问题

　　自 2000 年以来,高中课程改革在全国逐步推开,各地都进行了广泛的探索,取得了一定的成效,但是,课程改革仍是普通高中教育改革与发展的重要领域之一。2011 年媒体对各地的普通高中课程改革予以了关注,尤其是课程的设置问题,例如,对北京、江苏和新疆等地在 2011 年实施的课程改革进行了报道。

　　北京朝阳区出台《朝阳区职业高中向普通高中派送选修课程工作方案》,规定朝阳区职业高中向普通高中提供技能基础和技能实操两大类课程。自 2011 年秋新学期起,包括营养知识、照相机使用、计算机硬件维护等在内的 31 门技能基础课程和包括中餐食品雕刻、化妆、网络营销、民族传统小吃制作等在内的 33 门技能实操课程,向普通高中学校的学生开放。普通高中学校将以学期为单位,按照职高学校提供的课程菜单选课,与相关职高学校对接,把选定的课程纳入学期教学计划和课表。为此,朝阳区教委设立专项经费,按照学校实际发生费用予以相应支持。此外,为了方便普高了解相应课程,职高还向普高提供了《2011 年朝阳区职高向普高派送课程目录》。④

---

　　① 张泽科:《问道综合高中发展模式——四川省阆中中学"普职融通"综合高中办学的实践探索》,载《中国教育报》,2011-8-29。

　　② 刘婷、谭长笙:《把最难管的事交给学生管——湖北省赤壁一中"自主管理、自我教育"探秘》,载《中国教师报》,2011-6-15。

　　③ 唐江澎:《用读书促进学生的精神成长》,载《江苏教育报》,2011-5-30。

　　④ 汪春松、王超群:《北京朝阳区职高向普高"送课",首批课程多达 64 门,全部为技能课》,载《中国教育报》,2011-7-31。

江苏省 2011 年投入资金 5 000 万元，启动建设普通高中课程基地建设，2011 年先行建设 30 个左右省级普通高中课程基地，并计划到 2015 年建成 200 个左右"课程基地"。① 课程基地建设目的在于，通过发展理念的不断创新和教学方式的深化改进，引导学生高效学习，促进教师专业成长，在推进高中教育多样化、特色化建设的同时，有效地提高学生的学习能力、实践能力、创新能力、社会适应能力，并进一步加强其思想道德素质、科学文化素质以及身心健康素质。课程基地建设的主要内容包括形成学生实践创新的有效路径、突出核心教学内容的模型建构、建设促进自主学习的互动平台、开发丰富而有特色的课程资源、形成教师专业成长的发展中心、创设具有鲜明主题的教学环境六个方面的内容。②

2011 年新疆自治区教育厅正式公布新疆义务教育阶段和普通高中阶段的双语教育课程设置方案。其中，普通高中阶段双语教育课程设置中，有两种模式：其一，汉语、外语、数学、物理、化学、生物、信息技术和通用技术课程使用国家通用语言文字授课，其他课程使用本民族语言文字授课；其二，全部课程使用国家通用语言文字授课，开设民族语文课程。③

在报道高中课程改革动态的同时，媒体也对高中的课程改革提出了一些评论。

评论指出，本轮高中新课程实验的亮点之一是课程内容的选择性，表现为各学科分类、分层次设计了大量的选修模块。这种改革设计满足了不同学生的发展需要，促进学生的个性化发展，但是实际操作中，针对新课程实验的高考与选修课的设置，出现了较大的脱节，如选考内容所涵盖的选修模块太少，或因等值问题无法做到赋分公平，在新课程和高考之间形成了狭窄的"瓶颈"。④

评论认为，有些地区和学校或限于师资短缺，或迫于高考压力，选修课程被"异化"为必修课程，学生和学校对选修课程没有自主选择权；选修课程的教学内容在高考中占分较少，很难引起学校重视。⑤

评论建议，要深化完善普通高中课程改革，就必须适当减少必修，切实加强选修。为此，要着力提高教师队伍素质，多形式发现、挖掘社会课程资源，深入研究相

① 缪志聪、王玉成：《课程基地建设：领跑高中学习新革命》，载《江苏教育报》，2011-8-18。
② 马斌：《关于课程基地建设的内容与要求》，载《江苏教育报》，2011-9-29。
③ 蒋夫尔：《新疆出台双语课程方案，在必修基础上设学生选修模块》，载《中国教育报》，2011-3-29。
④ 张芃：《高考与课程选修模块亟待有机整合》，载《中国教育报》，2011-8-17。
⑤ 马玉顺：《莫让高中选修课程成"鸡肋"》，载《中国教育报》，2011-1-26。

关的配套制度和政策,切实改革评价制度,努力发挥信息化在深化完善普通高中课程改革中的作用。①

4. 关注高中教师发展状况

(1)压力问题

2011 年,上海的《东方教育时报》与复旦大学新闻学院历时半年,对上海市中小学教师的生存状态进行了联合调查,发现与小学和初中相比,高中教师的幸福感指数偏低。小学教师给自己的幸福感平均打了 76.69 分,初中教师平均打了 71.59分,高中教师平均打了 68.2 分。联合调查显示,"教师们最不满意的是考核和评比繁多,而最影响幸福感的重要因素,大多数教师认为是身体健康状况。"②

另一篇报道指出,"在受调查的教师中,有 86.6%觉得工作压力大:其中26.2%的教师感觉压力非常大;60.4%的教师觉得压力比较大;仅有 5.8%的教师觉得目前工作压力不大。中小学教师感觉当前最大的工作压力来自学生考试成绩,教育科研、班级管理,排在第二和第三。"③

媒体认为,在课程改革的背景下,部分地区部分学科教师压力很大。如重庆某中学的体育教师因师资不足,每周上课超过 20 节,每天还要组织"大课间"等活动,这样的超负荷工作带来了诸如因课程过多而无法保证教学质量、没有时间参加教师培训与开展教研活动及经常头昏脑胀、身体不适等一系列问题。④

(2)发展措施

评论认为,"一流的高中离不开一流的教师,一流的教师是促进学生自主发展、科学发展、创新发展的根本力量。"⑤2011 年报道认为,无论是国家和地方政府,还是学校本身,都正在采取各种举措,努力促进教师发展,加强教师队伍建设。

教育部教师工作司 2011 年的第一号文件就是《关于大力加强中小学教师培训工作的意见》,对包括高中教师在内的各级各类教师培训提供了总体性指导。许多

① 刘希平:《适当减少必修,切实加强选修——关于深化完善普通高中课程改革的思考》,载《中国教育报》,2011-9-6。

② 曹继军、颜维琦:《上海中小学教师给自己幸福状况打分》,载《光明日报》,2011-9-9。

③ 苏军:《上海中小学教师对自己幸福状况平均打 73.6 分,86.6%的教师感觉工作压力大》,载《文汇报》,2011-9-7。

④ 重庆某中学体育教师:《因师资不足,每周上课超过 20 节,每天还要组织"大课间"等活动——体育教师超负荷工作亟待关注》,载《中国教育报》,2011-5-26。

⑤ 易高峰:《一流高中建设的支点:一流师资队伍》,载《江苏教育报》,2011-12-15。

地方也积极响应国家宏观改革政策的有关要求，以地区或学校本身的现状与需求为起点，推进教师队伍建设。在对教师队伍建设的报道中，立足培训途径而努力提高教师队伍质量的案例报道较多。

北京教科院基教研中心以"深入实际、关注实践、追求实效"为主线，围绕着课程改革的实施、推进和深化，切实改进了教师培训工作。培训主要从四个路径进行：推进重点——提高课堂效率；推进关键——打造特色课；推进保障——提升师资素养；推进动力——构建多元评价。①

江苏扬州以"人才强校"为发展理念，以"人才梯队"为建设思路，打造一流教师群体。"人才梯队"包含四个层次：第一层次人才位于金字塔尖，对学校优质特色发展起引领性作用；第二层次为颇有社会影响的特级教师或特聘教师，对学校优质特色发展起示范性作用；第三层次为学科带头人，对学校优质特色发展起支撑性作用；第四层次为优秀青年骨干教师，对学校优质特色发展起夯实基础的作用。②

天津市第五中学在教师队伍建设上，制定了"以德为首、德能兼备"的培养目标，坚持"贯穿一条主线、完善两个体系、落实三项工程、探索四种模式"的工作思路。③

（3）优秀事迹

在本报告所选择的样本报纸中，2011 年推介出了诸多优秀教师先进事迹。

例如，湖北省蕲春四中语文教师汪金权，扎根蕲北山区 23 年，终年累月倾力助学，资助学生金额超过自己工资总和的一大半，他的宿舍中常年住着多名贫困学生。同时，他独创"六会"语文教学目标和"八面诵读法"，他的课堂被学生尊为"汪家讲坛"，他本人被同行尊为"语文教学的活字典"。④

又如，云南省丽江市华坪县"儿童之家"院长、华坪女子高中校长张桂梅，把获得的全部奖金和大部分工资近 50 万元全部用于资助学生、困难群众和贫困山区的教育；通过努力，创办免费女子高中。⑤

---

①　赵采霞：《校本实训助教师真发展》，载《中国教师报》，2011－6－8。

②　易高峰：《一流高中建设的支点：一流师资队伍》，载《江苏教育报》，2011－12－15。

③　魏颖、薛为：《全力实施"三项工程"　为教师铺就成长高速公路——天津市第五中学教师队伍建设采访纪实》，载《天津教育报》，2011－6－24。

④　刘婷：《品读汪金权》，载《中国教师报》，2011－4－27。

⑤　李配亮、杨云慧：《对教育的爱永远输送不完——记云南省华坪县"儿童之家"院长、华坪女子高中校长张桂梅》，载《中国教育报》，2011－6－4。

　　再如,北京市八十中学吴卫东老师,积极参加北京市朝阳区"名师工程",努力提升自我,逐渐形成独特鲜明的教学风格,取得了突出的教学成绩。2009年,吴卫东老师辅导的田宇同学获全国高中化学竞赛决赛金牌,受到中国化学会表彰,他自身也先后荣获2010年北京市中学市级学科带头人、北京市师德先进个人、朝阳区教育"五一"劳动奖章、"首都劳动奖章"等诸多荣誉。①

　　还有内地新疆高中班教师在岗位上默默耕耘,无私奉献,用父亲般、母亲般的爱教育来自新疆各民族的学生,使这些学生健康快乐地成长。这些教师中有北京昌平二中赵金平、江苏省苏州新区一中张伟明、江苏省邗江中学谢军、浙江省秀州中学孙佳珠、辽宁省大连第二十高中赵林芳以及湖北省武汉一中杨德婷等。②

　　对教师压力问题、教师发展模式以及优秀教师事迹的介绍和宣传,为在全国建设高中教师队伍营造了良好的舆论导向。

(三) 舆论热点

　　高中阶段的考试招生制度一直是近年来社会讨论的热点问题,这里不仅涉及到高中自身的中考招生制度,也涉及到高中毕业生升入大学的高考招生制度。在《国家中长期教育改革与发展规划纲要(2010—2020年)》颁布之后,对这个问题的关注有了诸多新的动态。

　　1. 中考及其改革问题

　　高中招生这一主题主要涉及择校、中考选拔标准、入学率、弱势群体的关注等诸多问题。20世纪八九十年代起,全国各地陆续产生"高中择校制"。一些考分条件足够但志愿填写不当的考生,通过审核后,交一笔择校费,即可进入心仪的高中就学。现今它诱发了"以权择校"、"以钱择校"等各种不良现象,影响到了教育公平,也导致了学校之间的生源之争。面对高中"择校热",各级政府纷纷采取了一些积极的措施。

　　第一,改革中考招生制度。

　　例如,江苏省无锡市于2011年3月出台了《中考中招制度改革实施方案》,对中

---

　　① 王超群:《从"教书匠"到"学者型"教师——记北京八十中学高中化学教研组长吴卫东》,载《中国教育报》,2011-11-15。

　　② 蒋夫尔:《"无私的爱伴着我们健康成长"——记内地新疆高中班的优秀教师》,载《中国教育报》,2011-1-13。

考的考试科目、时间、分值进行了调整：中考文化科目由语文、数学、英语、物理、化学、思想品德、历史7门减少为语文、数学、英语、理化（合卷）4门，考试时间由3天减为2天，考试分值则由原来的725分调整为530分。且根据新的中招方案，自2013年起，无锡市将打破锡山、惠山和城区学校的界限，实行市区范围内四星级普通高中统一招生，市区热门四星级普通高中按不超过本校年度招生总计划15%的比例自主招收学科特长生。[1]

第二，限制择校行为。

随着教育资源的不断发展，各个地区纷纷出台相关政策，缩小择校生规模、降低择校费等。例如，北京市教委下发《关于2011年北京市进一步规范教育收费工作的意见》，要求从2012年秋季开始，以学校为单位将招收高中择校生比例降到15%，并逐年降低比例，直到全部取消。择校生要统一纳入公办高中招生计划，学校招收择校生数最高不得超过本校当年正常招生计划（不含择校生）的18%，择校费每生不超过3万元。规范择校生录取工作，学校招生计划、收费标准和录取结果必须向社会公开。[2]

又如，上海市《关于2011年本市中等学校高中阶段招生考试工作的若干意见》中明确规定，到2012年，上海的公办高中将不再招收择校生。2011年，部分区县的公办普通高中（不含综合高中、转制高中）虽可继续按规定招收择校生，但择校生计划数不得超过本学校招生计划数的15%。[3]

第三，落实指标分配。

所谓的指标分配，是指在教育行政部门的统一部署下，优质高中学校的招生指标定向分配到所在招生区域的每一所初中学校。优质高中招生指标分配制度是与基础教育课程改革相伴而生的配套制度。自2004年起优质高中招生指标分配制度的地区经验目前已经推广到全国，《国家中长期教育改革和发展纲要（2010—2020年）》中明确指出，"改进高中阶段学校考试招生方式，发挥优质普通高中和优质中等职业学校招生名额合理分配的导向作用。规范优秀特长生录取

① 蔡丽洁：《考试科目7门减为4门，考试时间3天减为2天，市区四星高中统一招生，无锡中考中招改革出大手笔》，载《江苏教育报》，2011-4-7。

② 王超群：《北京逐年降高中择校生比例，明年降到15%，直至全部取消》，载《中国教育报》，2011-7-26。

③ 潘旭：《上海两年内取消高中择校制》，载《新华每日电讯》，2011-3-22。

程序与办法。"

　　天津市 2010 年优质高中招生指标分配比例为 20%,2011 年指标分配比例提升到 30%,2012 年指标分配比例提升到 40%,2013 年指标分配比例将提升到 50%。从 2011 年开始,指标生降分录取幅度提高到 20 分,进一步增大改革的影响力。①

　　上海市实验性示范性高中"名额分配"政策是:区县教育局将区域内的市实验性示范性高中和现代化寄宿制高中的部分招生名额,按本区县各初中学校在籍应届毕业生人数比例,平均分配到这些初中学校。2010 年名额分配比例提高到了 15%。此外,30% 的"推优生"名额也平均分配到各初中学校。② 2011 年名额分配比例继续提升,由去年的 15% 提高到 18%,且指明各初中学校分配到的名额只适用于本校在籍且在读学生。在 2011 年的中招中,市实验性示范性高中"提前录取"招生计划为学校招生计划的 40%,30% 为"推荐生",10% 为自主招生。"推荐生"中,原则上一半名额面向外区县,以推动义务教育均衡发展。③

　　第四,扩大高中招生自主权。

　　为了扩大普通高中办学权,一些地方的部分优质高中享有自主招生的权力,可以根据多种标准进行自主招生。

　　例如,江苏省无锡市扩大高中招生自主权,积极鼓励各类普通高中多样、多元和特色发展:允许市区热门四星级普通高中按照年度招生计划 15% 的比例,自主招收优秀生和特长生;支持民办高中根据学校实际办学能力科学确定招生计划和招生范围;在完全中学实行初中毕业生直升高中的改革试点。④

　　云南省采取了扩大优质高中学校招生自主权、"定向择优"录取等改革办法,确保既有条件下高中招生的相对公平。其中"定向择优"录取方式规定:到 2012 年,云南省所有州、市优质普通高中学校"定向择优生"录取比例不低于三成。⑤

---

　　① 张策:《本市大力推进优质高中招生指标分配制度改革,为"择校热"降温——访市教委有关负责同志》,载《天津教育报》,2011-4-29。
　　② 李爱铭、彭薇:《改革破瓶颈 创新谋发展——上海积极探索基础教育优质均衡发展(上)》,载《解放日报》,2011-2-2。
　　③ 李爱铭、王潇:《今明两年逐步取消"择校生"》,载《解放日报》,2011-3-22。
　　④ 董康、高群:《考试科目从 7 门减少到 5 门以下,考试时间从 3 天缩短为 2 天,指标生分配向素质教育成果显著的初中倾斜,初中校长可推荐学生升入四星级高中,无锡强力推进中考中招制度改革》,载《江苏教育报》,2011-1-6。
　　⑤ 徐元锋:《云南中考:"吃螃蟹"需闯"三重门"》,载《人民日报》,2011-5-13。

还有,部分地区实行的校长推荐制和"提前批"政策,也有效地缓解了择校问题。例如,根据《2011年广州市高中阶段学校招生指南》,2011年广州市普通高中共招生60 998位新生,其中,面向全市12区、县级市招生的提前批招生6 632位,面向7区或所在区招生的区属中学提前批招生26 323位,合计21.7%的考生能获普通高中提前批录取。①

第五,外来人口子女入学问题。

外来人口与流动人口子女能否像义务教育阶段一样,在高中阶段也能够在所在地入学,成了实现教育公平中的重要问题之一。

河南省郑州市规定,2011年非郑州市区常住户口但在市区学校就读并注册学籍的初中毕业生,可以填报郑州市范围内除16所省级示范性高中以外的所有公立高中学校,并可以报考市级示范性高中和部分省级示范性高中面向全省招生的创新实验班、宏志班及天明班等②。

只是类似于郑州市的改革举措在媒体报道上并不多见,对于高中招生的忧虑并不少见。

例如,在取消择校问题上,似乎看到了各种努力及其所带来的成效,但人们仍充满担忧。评论认为,人们在享受"名额分配"、"推优"、"自主招生"、"提前批"等各种优惠的时候,也担心这会加剧"裸考"的难度,使进入名校变得更为困难。③

评论认为,解决择校问题并非易事。除了政府进一步加大教育均衡发展投入,要真正取消高中阶段择校现象,需从学校财务公开透明、法律监管机制到位等方面加以保障。④

2. 高考及其改革问题

高考不仅关乎考生的命运、家庭的幸福,更影响到社会的稳定,因此备受政府和社会的关注。本研究分析的13份报纸中,大约有64篇文章对此进行了相关报道和论述,而且主要集中在《人民日报》、《光明日报》和《中国教育报》等中央级大报上。

---

① 伍仞、戴秀文:《广州各高中学校招生计划出炉,一半中考生能上普高,超过两成能上提前批》,载《广州日报》,2011-5-2。

② 陈强:《郑州万名外来娃可读公办高中,除16所省级示范性校外所有的公办校均可报考》,载《中国教育报》,2011-5-24。

③ 李爱铭:《示范性高中"提前批"和名额分配招生近6成,进好高中:难了还是容易了?》,载《解放日报》,2011-6-17。

④ 仇逸、俞菀:《上海:高中择校,能否戛然而止?》,载《新华每日电讯》,2011-3-25。

（1）高考方案的变化

2011 年,国家提出了深化高考内容与方式改革,提出了高考制度改革具体要求:着重考查综合素质和能力;加强高校自主选拔录取管理,指导地方清理高考加分政策和项目;深入实施"阳光工程",加大考试安全管理。① 为此,各地在高考制度改革与完善方面也都进行了多方面的改革,诸多方案引起了关注。②

山西省高考中增加了选考内容,而且考试题型、试卷结构、答题方式都有所变化。除英语科目和文科综合科目的思想政治学科不设置选考题外,其余各科均设置了选考题;高校招生录取对应届生实行国家统一考试与普通高中学生学业水平考试成绩和综合评价信息相结合的录取模式。

河南省在 2010 年本科一批实行平行志愿的基础上,2011 年规定"本科二批实行平行志愿,本科一批 A、B 合段"等新的招生政策。该省招办新闻发言人说,这不仅有利于院校选拔人才和多扩招本省考生,还会让考生更加有效、便捷地填报院校志愿。

江西省初步建立了普通高考、学业水平考试与综合素质评价"三位一体"的高考综合评价体系;高考依据新课程标准命题,重点进行考试内容改革,增设选考题,体现选择性,突出能力要求,反映新课程理念;高校招生考试模式逐步走向分类考试,从 2013 年开始实行本科与专科分类考试。

新疆,一是考试科目的变化,保持文科和理科的考试科目和现行考试科目不变,依然实行"3+文综/理综"考试科目的设置;二是普通高中学业水平考试作为高考录取参考依据;三是普通高中综合素质评价的内容均以电子档案的形式呈现,评价结果将作为招生录取时的重要参考依据;四是 2011 年外语汉语科目的考试中,听力考试为必考内容,但考试成绩不计入高考总分,录取时提供给高校作为参考。③

此外,云南省实施"云海工程",改革传统的高考分数报告办法,尝试建立全方位、多层次、发展性、个性化的综合评价体系,在考生、大学、中学以及教育行政部门

---

① 丰捷:《今年考试招生制度改革方案出台,着重考查综合素质和能力,加强高校自主选拔录取,管理清理高考加分政策和项目,加大考试安全管理》,载《光明日报》,2011－3－29。

② 于建坤:《四省区实施新课程高考,高职单招试点院校和招生数比上年翻一番,高考改革平稳中迈出新步伐》,载《中国教育报》,2011－6－5。

③ 蒋夫尔:《新疆出台今年高招改革方案》,载《中国教育报》,2011－1－3。

之间,搭建衔接的"立交桥"。"云海工程"引入了"非考试"的评价方式,对学科能力以外的素质进行评价,为考生提供科学、全面的评价信息。其第一步就是采用了新的高考成绩单,成绩单不是简单的分数,而是包含详细的学科能力分析和升学指导。[①]

(2) 自主招生的问题

自 2003 年,高校自主招生开始在"985"高校和"211"高校试点,2010 年全国试点高校达到 80 所。统计显示,这些年,累计有 3.9 万名学生获得自主选拔录取公示资格,而实际录取 1.6 万名,录取人数占相关高校计划总数的 4.3%。实践表明,这些试点的确选拔出了一批在学科领域、参与实践创新等方面表现优秀的学生。[②]

近年来,伴随着自主招生实践的逐步深入与成熟,自主招生的方式和内容也日益多样化,显著特点就是由当初的单个学校自主招生即个别作战,发展成为显著的联合自主招生即集体作战,出现所谓的"北约"、"华约"、"卓约"和"北航五校联盟"等四大联盟。[③]

2011 年,一些高校在自主招生方面又推出一些新方案。例如,2011 年清华大学确定在 2012 年推出"新百年计划",包括"自强计划"、"拔尖计划"和"领军计划"三个部分。[④]

对于江、浙、沪以外的省份,复旦大学与北京大学等高校在自主选拔录取中实行"联考",报名复旦的学生须参加语文、数学、外语、物理、化学、历史和政治共 7 门考试。[⑤]

上海交大开出"推荐制、申请制"、"免笔试、仅面试"的新举措,同时仍保留"先笔试、又面试、再高考"的自主招生传统渠道,此外还在江浙沪推出"自主选拔科技创新潜质人才"试点,凡在高中阶段获得省级科技创新大赛一等奖及以上的应届生,均可提出入学申请。学生若通过材料审核,可免自主招生联考。唯一的考分指

① 陈伟光、胡洪江、赵婀娜:《云南、海南今年首次试点云海工程,拓展高考评价维度,除了成绩单还有成绩分析单》,载《人民日报》,2011-7-11。

② 柴葳:《"十二五"教育发展重在服务和落实——教育部副部长杜玉波在国新办新闻发布会上回答记者提问》,载《中国教育报》,2011-3-29。

③ 丰捷:《自主招生,冷静三问》,载《光明日报》,2011-2-23。

④ 于建坤:《清华推出 2012 年自主招生新政,实施"新百年计划"——"选育衔接"打通人才培养全程》,载《中国教育报》,2011-10-19。

⑤ 董少校:《复旦对江浙沪考生进行"千分考",通过测试后进行面试确定预录取名单》,载《中国教育报》,2011-2-13。

标,是高考"一本线"。①

然而,从2011年的相关报道来看,自主招生也引发了一些令人担忧的问题,主要表现在以下方面:

第一,自主招生从单兵作战演变到现在的部分高校集团作战已经成为高校争夺战的一种手段。生源争夺战不仅发生在集团之间,而且集团内部也有。② 甚至有报道声称,有的高中,学生甚至还没毕业,就已经被"瓜分完毕"。

第二,自主招生加剧了学生的心理负担和压力。自主招生日益多样,各个学校的考试偏重与喜好各有不同,部分考生疲于应付从复旦"千分考",到"清华系"、"北大系"联考,再至"卓越系"的笔试。每一次考试学生都要进行相关内容的准备,每一次的成功与否,都考验着学生和家长的心理承受能力③。现在的自主招生与高考相联系,只是一种"保险绳",但并不是最后的凭证,学生还要接受高考的考验。每年都有很多学生因为自主招生之后放松了警惕,导致高考分数低而被拒之门外。

第三,自主招生容易诱发"拼爹比权"的不良现象。例如,清华大学推出的"领军计划",允许中学校长推荐优秀的高中毕业生。有人对此提出质疑,认为如果过程不是足够严格和透明,很容易滋生"拼爹比权"的现象。④

第四,我国自主招生与国外的相比,还存在评价体系同质化,多元选拔的标准并未达到。自主招生还存在着很大的应试化问题,尽管考试题目很灵活,但是其实是难度更高的"题海战术"。例如,复旦大学的"千分考"就涉及高三的10门课程。⑤

对于诸如此类的问题,相关报道也提出一些建设性的建议。例如,自主招生可放在高考后,以学科为出发点选择学生,逐步实现双方自主选择,建立多样化评价体系,加强监督,实行阳光工程等。⑥ 又如,"高校可以联系一些教育质量高的高中,在学生高二期间甚至高一时就提前介入,选择一些优秀学生与高中共同培养,给他

---

① 徐瑞哲、李爱铭:《前有10门高中学业水平考,后有"3+1"高考自主招生笔试是多此一举吗?——高校"自主招生季"》,载《解放日报》,2011-12-8。
② 丰捷:《自主招生,冷静三问》,载《光明日报》,2011-2-23。
③ 李爱铭:《自主招生虽能为中高考增加保险系数,但疲于奔命反而造成干扰 系上"保险绳",能过"独木桥"?——"孩子升学家长心事"系列·中高考篇》,载《解放日报》,2011-2-25。
④ 李江涛:《新法自主招生,会不会助长"拼爹比权",清华大学自主招生新计划遭质疑》,载《新华每日电讯》,2011-10-28。
⑤ 同②。
⑥ 张骏、柳田:《不少来自教育界政协委员对"北约""华约"等高校联盟"争霸"战忧心忡忡,自主招生,如何不让人晕头转向》,载《解放日报》,2011-3-4。

们提供一些特殊的课程，对这些学生进行有针对性的指导，让他们拓宽知识面，强化实践能力和创新能力，然后到学生高三上学期由高校组织测评，如果表现优秀的则可提前确定录取。"①

（3）高考加分

高考加分的初衷也是为了弥补传统应试教育的不足，满足学生个性化发展需求，关照特殊群体而设立的，但在发展过程中，不仅出现了部分加分项目严重功利化、弄虚造假等现象，而且各个地区加分项目不统一，中央只有10条规定，但地区性的规定却多达200条。②

2010年年底，教育部联合有关部门发布《关于调整部分高考加分项目和进一步加强管理工作的通知》，以学科奥赛和体育加分为重点整治对象，出台了一系列的规定。2011年3月，教育部还发布了《关于做好2011年普通高校招生工作的通知》，提出高考加分项目由多部门协调管理。在加分问题上，地方性改革主要从削减加分项目、取消地方性加分项目、下调加分分值、限制使用等方面进行调整。

例如，云南省取消了奥赛所有学科竞赛活动获奖者的加分政策，福建、贵州、重庆、安徽等取消了"三好学生"、"优秀学生干部"两个加分项目，北京市取消了"三模三电"加分项目。青海省从2011年起取消如高中阶段获得全国中学生学科奥林匹克竞赛省赛区一等奖或全国决赛一、二、三等奖者，增加10分投档等4项加分项目。山东省在2010年已全部取消了省内出台的加分等照顾性招生政策，对2011年秋季进入高中一年级的学生，取得相应资格后严格按照教育部相关文件要求执行，对于具备相应加分资格的考生，可加分投档。安徽省已经在2010年取消了省级优秀学生的高考加分，2011年的高考加分政策与教育部的加分政策保持一致，不再出台本省的地方性加分政策。福建、重庆、陕西等省市将省市级优秀学生、全国奥赛省市赛区一等奖或全国决赛一、二、三等奖者、科技类大赛获奖者、少数民族学生、烈士子女、在服役期间荣立二等功（含）以上或被大军区（含）以上单位授予荣誉称号的退役军人等所有高考项目的加分分值缩小至10分之内。③

---

① 宁志成：《名校自主招生联考引发多方讨论，既要"选苗"又要"育苗"，希望"门"开得更大》，载《江苏教育报》，2011 - 2 - 4。

② 于建坤：《高考加分开始全面"减肥瘦身" 从削减项目、下调分值、限制使用等方面进行调整》，载《中国教育报》，2011 - 6 - 6。

③ 罗立祝：《如何让高考加分乱象不再反弹》，载《中国教育报》，2011 - 10 - 26。

此外,黑龙江省 2011 年对加分的使用做了限制。该省招办公布的各项照顾政策只规定照顾投档,是否被照顾录取需经招生院校审查决定;同时具备多项照顾条件的也只能照顾一项;如果招生院校在全省批次线下降分录取,照顾分数不顺延。①

舆论认为,为了维护教育公平,促进教育可持续发展,中央和地方都积极推行了一些措施,使高考加分得以全面瘦身。但是,如何保障瘦身不再反弹,并使瘦身持续推进下去呢？中央要明确规定加分的内容,严格控制地方设立加分项目的权限,清理地方性加分项目,不断完善教育部高考加分政策的实施程序,切实提高高考加分政策的透明度,建立有效的社会监督机制,形成一个能连续发挥作用的长效机制。②

二、研究进展与学术观点

本报告依托"中国期刊全文数据库",以核心期刊中"教育与社会科学综合"为检索范围,结果发现,2011 年数据库中篇名中包含"小学"的论文 523 篇,包含"初中"的论文 234 篇,包含"高中"的论文有 632 篇,包含"大学"的论文 3 421 篇。这在一定程度上可以看出,高中在 2011 年的教育研究中有较高的受关注度,仅次于大学教育。

在篇名中包含"高中"的 632 篇论文中,相对集中关注的领域主要是高中教育的改革与定位(39 篇)、课程(126 篇)、教学(214 篇)、考试制度(23 篇)、教师发展(31篇)、学生发展(30 篇)。下面就这些研究成果的主要内容进行一些整理与归纳,并介绍主要的学术观点。

(一) 高中教育改革

1. 高中教育的转型

教育的定位是指一个国家和政府将教育归入社会发展总体格局的哪个领域和部类,赋予何种功能和任务,对其承担何种职责和发挥何种作用的价值取向与制度安排。新中国成立 60 年来,我国教育的总体定位先后由"文教"、"科教"转向"民生"

---

① 于建坤:《高考加分开始全面"减肥瘦身",从削减项目、下调分值、限制使用等方面进行调整》,载《中国教育报》,2011-6-6。

② 罗立祝:《如何让高考加分乱象不再反弹》,载《中国教育报》,2011-10-26。

的"社会事业",从服从和服务于国家需要和国家利益的"国计",转向以解决人民群众最关心、最直接的现实利益问题为宗旨的"民生",办好人民满意的教育,即新时期新阶段,教育定位正在走向"国计"与"民生"、"强国"与"惠民"的并重与统一。①

就高中阶段教育而言,我国高中教育正处于从精英化教育向大众化教育的转变过程中,这意味着高中教育的性质和功能定位都需要适应这种转变,做出相应的调整。需要立足于学生发展,理解高中教育定位问题;高中教育的根本目的在于提高学生的文理综合素质,实现人的全面发展,因此,高中教育的定位应该是综合素养的养成和文理通识教育。从知识方面来说,要求学生具有文理通识知识基础;从能力方面来说,要在应考能力基础上重视学生其他能力的发展。②

如果与其他学段教育相比较,就性质而言,高中教育是"基础教育+分流准备教育";就功能而言,高中教育肩负着为高等教育输送具备接受高等教育的基础条件的生源的任务,为社会培养和输送具备一定素质和能力的建设者的任务,培养健全人格、为个体终身发展打下良好基础的任务,即肩负着升学、就业、育人三大任务;就办学模式而言,高中可酌情采取综合式、升学式和特色式三种不同的办学模式。③

2. 高中教育的特征

第一,改革的复杂性。

高中教育的对象复杂,学生年龄一般在15岁至18岁左右,心理和生理都处于一个剧烈变化的时期;高中教育目标和任务复杂,高中教育集升学能力训练、就业本领养成、成人品质培养于一体;高中教育处境复杂,是介乎义务教育和高等教育之间的中间地带;高中教育受关注度复杂,受关注的程度、强度、密度、广度可能是其他学校教育不可比拟的;高中的办学类型复杂,相比其他教育类型,高中办学类型较为多样。④

第二,价值的功利性。

高中教育改革,受社会、家庭、媒体等影响,压力重大。在这种情况下,高中教

① 阮成武:《新中国60年教育定位变迁及价值转向》,载《华中师范大学学报》(人文社会科学版),2011(2)。
② 康翠萍:《理性定位:我国高中阶段教育内容的现实选择》,载《教育科学研究》,2011(2)。
③ 廖军、李志勇:《从精英到大众:我国普通高中教育定位之思考》,载《教育科学研究》,2011(2)。
④ 程斯辉、汪睿:《论高中教育的复杂性及其对高中教育改革的要求》,载《教育学报》,2011(2)。

育被迫披上了功利化的外衣。这种功利化的倾向主要表现为片面追求升学率。一方面,将高中教育完全等同于升学和就业准备,一些高中将升学率看成生命线,为了提高升学率,千方百计跨县、跨市吸收优质生源;另一方面,高考可以说是高中教育的指挥棒,一切教育工作都在围绕着高考运转。①

第三,办学的单一性。

无论是普通高中还是中等职业学校,还没将多样化的教育价值追求作为学校的教育命题,单一化的办学思路和管理模式折射出学校发展中僵化的价值定位,反映出学校管理者在办学理念和学校发展过程中对未来发展的短视。②

3. 高中教育改革的取向

2011 年的研究成果显示,在高中教育改革的价值取向上,大体有以下三种观点存在。

第一,综合化。

高中教育应立足于一个充满无限可能性的创新型、学习型的未来社会,为未来人才发展奠基。长期以来高中教育呈现出单一化特点,即向高等院校输送合格的毕业生和为初级职业岗位提供接受职业培训的毕业生,这就导致了单一化的升学与就业教育,甚至将全部的工作重心放到"升学率"和"就业率"上。这显然不利于促进学生的身心协调发展与公民意识的培养。高中教育发展的路径只能是走向综合化全人教育,即培养具有多元发展可能性的、具备多项发展潜质的、拥有多种素质基础的人才。这种教育的任务不仅是为了升学与就业,更要为学生在未来成长中充分的、自由的发展奠定坚实的基础。③

第二,多样化。

在国际上,高中教育正稳步走进普及时代,多样化、选择性成为了普通高中教育发展的基本趋势。高中教育必须满足个人多样化发展的需求。而当前我国普通高中教育发展中的突出问题是办学模式单一,人才培养模式趋同,"千校一面",缺乏办学特色。这既不能很好地满足具有不同教育需求的学生的发展需要,也不能很好地适应社会对于多样化人才特别是拔尖创新人才的需要,因此迫切需要打破这种局面。在市场竞争和多元文化的需要背景下,要赋予更多公平的教育选择权,

---

① 宋兵波:《我国高中教育改革价值取向:综合化全人教育》,载《中国教育学刊》,2011(4)。

② 同①。

③ 同①。

要通过学校类型和课程多样化设计,体现尊重文化的多元性,促进文化交流和融合。总之,要整合不同阶层的教育利益,适应市场需求,增强文化理解,促进普通高中多样化发展。①

普通高中多样化主要体现在办学体制和培养模式两个方面。办学体制多样化主要涉及办学主体的问题,培养模式多样化主要涉及培养目标、学校类型、课程、考试制度、管理制度等。②

推动高中多样化发展,针对的是单一追求高考升学率而带来的人才培养单一化、教师专业化发展单一化、课程设置单一化和评价单一化等,必须强调办学体制的多样化、教师发展专业的多样化、人才培养的多样化、课程设置多样化、教学模式多样化。③

第三,均衡化。

整体来说,我国高中教育进入了大众化阶段,其面临的突出问题是大众化的规模指标与质量指标之间的冲突。为此,高中教育要尽快超越发展阶段中的不平衡,协调好内部的紧张关系,以适应与平衡来实现高中教育的大众化转型。④

推动高中多样化发展的同时,也要注意高中教育存在着非均衡发展的状况。因此,高中教育应追求普通教育和职业教育之间的均衡发展、公立教育与民办教育之间的均衡发展以及区域之间的均衡发展。促进区域内普通高中教育的均衡发展,则应从经费、师资和生源等基本均衡,达至公平、优质及多样化的高位均衡。⑤

(二) 高中课程改革

我国普通高中的课程改革从 2004 年开始,先在山东、广东、宁夏和海南四省区试点,其后推广到全国。2011 年,在普通高中课程研究方面,集中表现在以下内容。

---

① 曲正伟:《普通高中多样化发展的价值取向与制度设计》,载《东北师大学报》(哲学社会科学版),2011(2);莫丽娟、袁桂林:《普通高中多样化发展动因研究》,载《当代教育科学》,2011(8);陶西平:《推动普通高中多样化发展》,载《中国教育学刊》,2011(11)。

② 曲正伟:《普通高中多样化发展的价值取向与制度设计》,载《东北师大学报》(哲学社会科学版),2011(2)。

③ 关俊奇:《普通高中要走出一条多样化发展之路》,载《现代教育管理》,2011(12)。

④ 闻特:《高中教育发展的大众化定位》,载《上海教育科研》,2011(9)。

⑤ 程红艳:《高中阶段教育应适度均衡发展》,载《教育理论与实践》,2011(10)。

1. 课程改革的反思

第一,认识不足。

在过去八年普通高中课程改革中,很多地方对课程改革在高中教育中的核心地位缺乏应有的认识,学校追求高考升学率,课程改革流于表面;教师整体素质有待提高,一些教师对新课程理念把握不准,新课程实施的形式化倾向较浓,高中新课程改革在农村面临的困难尤其突出,如实施课改过程中培训不及时,学校教学设施、条件简陋,师资水平参差不齐等等。①

第二,存在"穿新鞋走老路"现象。

教育资源不足制约了课程改革,教师缺乏课程实施与整合能力,导致学生负担加重。新课程管理体制与教学实际之间存在很大偏差,"走班制"等教学流于形式。此外,学校间的生源竞争导致学校发展生态恶化,课程改革受到冲击。②

第三,改进的措施。

要健全相关机制并有效实施,如健全教育行政推进机制,健全教学服务机制,健全教师培训机制;加大教研人员的支持和指导力度;加强高中教学研究,促进学生全面发展;强化教师教学反思精神,促进教师专业成长;各级教育行政部门应加大对农村高中教育的帮扶力度;加速高考制度改革,建立分类考试、多元录取的合理机制;出台鼓励激励政策,发展建设特色高中。③

鉴于高中新课程改革与高考改革在目标及内容方面存在的差异和冲突,一方面应依据课程标准组织好教育教学及评价工作,为高考选才奠定基础;另一方面要积极探索高考改革,为高中课程改革提供一个较为宽松的外部环境。④

为了提高教师实施新课程的能力,要建立教师专业发展的系统性机制,保持教师生涯发展与学校组织发展之间的平衡,制定符合教师专业发展的评价标准体系。⑤

2. 学科课程实施的问题与建议

高中课程改革的成功,在很大程度上取决于各学科课程的有效实施。2011年,

---

① 关松林:《刍议我国普通高中课程改革》,载《中国教育学刊》,2011(12)。
② 曾水兵、孙垂霞:《普通高中教育面临的发展困境与破解思路》,载《教育学术月刊》,2011(6)。
③ 同①。
④ 王伟宜:《高中课程改革与高考改革应实现良性互动》,载《课程·教材·教法》,2011(12)。
⑤ 康廷虎、黎进萍:《新课改背景下高中教师面临的压力与专业发展》,载《教育科学研究》,2011(3)。

很多研究者及实践者积极参与到了普通高中学科课程改革与实施的研究之中。从学科理念与目标、内容、方法、结果与评价等多方面,对高中学科课程的实施进行了具体的反思与建构。下面具体介绍研究者在部分学科课程实施方面的研究观点,包括存在的问题和下一步改革的建议。

政治学科

在课程实施上,有些重要概念难以理解,且不容易记忆;重视素材数量,不求教学质量;重教法轻学法,重提问轻思维,重结果轻过程,重知识传授、轻能力发展;重视媒体运用,忽视传统技能;重视成绩考核,忽视全面评价。为此,需要运用"图式思维"帮助学生记忆,尤其是对难以理解的概念的记忆;运用"导学式"教学方法,培养学生自主学习、自主探究的能力。[①]

语文学科

在课程实施上,过于注重发展性、多样性而忽略基础性;选修课程"变味",呈现"必修化"、边缘化、低效化及"上层化"的倾向;必修与选修课程在教学上界限不清,两者近似等同。教师在对新课程的理解和执行过程中,出现了不同的倾向,如盲从、抗拒、不知所措。学校过于注重以考试来衡量评价教师的教与学生的学,忽视过程性评价。

语文课程的理念要以学生发展为本,做到工具性与人文性的统一;在目标上,以学生高中阶段的知识与能力目标为核心,兼顾三维目标的全面实现;在教材上,兼顾国家、地区和校本教材;在选修课程上,课程选择要做到专题性和综合性内容相结合,课程实施要注重学生的参与和体验;根据社会的发展需求和学生的需求,正确处理基础性与多样性的矛盾。[②]

数学学科

课程实施方面,过分重视知识与技能目标的达成,忽视过程与方法、情感态度

---

① 柏延学:《新课标下高中政治的导学式教学探索》,载《中学政治教学参考》,2011(11);王延东:《图式思维在高中政治复习课中的运用》,载《中学政治教学参考》,2011(11);洪敏:《高中政治应试中的能力残缺及其应对策略》,载《中学政治教学参考》,2011(12)。

② 秦学斌、陈俊:《高中语文新课程教学要"新""旧"融合》,载《中国教育学刊》,2011(8);桑志军:《高中语文选修课程的特征及其对课程实施的影响》,载《教育理论与实践》,2011(5);桑志军:《高中语文选修课程中基础性与发展性的矛盾及解决策略》,载《教育理论与实践》,2011(7);熊明川:《高中语文选修课存在的问题与对策》,载《教学与管理》,2011(5);沈红:《普通高中语文教学中的矛盾及解决策略》,载《教学与管理》,2011(11)。

与价值观目标。对新教材的"问题系统"重视不够,不能与传统教材中的问题相区别;过于关注"定势思维"的负面效应,忽视正面效应。作业布置方式单一,内容单一,完成形式单一;教师批改作业重答案轻过程,没有跟踪行为,忽视使用评语,部分数学教师批改作业出现情绪化。

鉴于此,数学课程实施在理念上要让学生在数学学习过程中探索与体验知识的产生、发展和应用过程;在教学方法上,要运用多种教学方法,如"学案导学"、探究式学习等;在结果与评价上,实行"课时、自习、预习、自主"等多作业形式,进行全面评价。[①]

英语学科

新的课程理念与教师旧的教育教学观念相矛盾;教师对符合国情的英语教学的理论研究尚欠重视,盲目追随国外英语教学潮流;自主学习方式、合作精神培养方面存在缺陷。过分强调英语语法知识,过分关注书面语;教材中词汇量大、阅读篇幅大、练习繁多、听力难度大,有不真实、不地道或无意义的语言材料,内容脱离学生实际生活和周围世界等。把英语教学等同于语言技能训练;教学模式单一,忽视学生学习策略的培养;现代化教学手段运用不够,阻碍学生学习和运用英语渠道的拓宽。评价上目标片面、内容狭窄、工具单一、效果功利化;同类作业多、分层作业少,考试题型多、基础题型少,巩固性作业多、发展型作业少,知识作业多、技能作业少等。

英语课程改革与实施,必须将理论与实践相结合,建立一套适合我国国情的英语教学理论与实践体系;积极开发利用更具"时效性"的教学资源,提升教学的时代性和趣味性、实效性;运用多种外语教学方法,如"支架式"教学法、4R阅读教学法、分层教学与研究性学习相结合法;注重师生对话交流,建立和谐的师生关系;在作业设计与布置上,在强调作业的基础性、以人为本的同时,讲究因材施教,讲究作业的层次性,并重视技能,提高作业的人文性;促进评价目标科学化、内容丰富化、工

---

① 陈雪蛟:《高中数学教学中学案导学的构建和运用》,载《教学与管理》,2011(2);齐立伟、姚冬梅、薛有奎:《高中数学作业现状及成因浅析》,载《当代教育科学》,2011(8);黄桂君:《高中数学教学环节中若干问题的新思考》,载《教学月刊》(中学版),2011(1);俞泰鸿:《高中数学教学中实施过程性目标的实践与思考》,载《数学通报》,2011(1);徐进勇:《高中数学探究式学习》,载《教学与管理》,2011(9);王跃进、牛伟强:《例谈高中数学探究性学习问题提出的策略》,载《教学与管理》,2011(4);黄加卫:《高中数学新教材"问题系统"的分析及教学建议》,载《数学通报》,2011(1);沈松乾:《论"定势思维"的双重性——从高中数学复习谈起》,载《教学月刊》(中学版),2011(8)。

具多样化和结果实效化。①

物理学科

当前存在的主要问题是,忽视初、高中相关内容的衔接;教科书缺乏对人文精神的融合;实验资源不能满足新课程的需要,且忽视信息化物理实验资源的开发与利用;过分注重以知识传授型为主的接受性学习,忽视学生操作技能过程中的主动性学习;过分依赖教师讲授,学生自己悟,使学生处于放任、不作为的状况。"过程与方法"目标实现未尽如人意,讲授的方法也不能很好地运用迁移。

物理课程实施,必须结合学生学情特点,从低起点切入,循序渐进,以"保底"为主,再谋"发展",充分重视初高中衔接问题;教材开发上,要注重科学与人文的融合,多利用多媒体或插图传递多种有教育价值的信息;多种途径开发物理实验资源,提高教师开发物理实验资源的意识,构建多样化物理实验室,管理和利用物理实验资源;运用多种教学方法,如物理"演示实验"法、探究性教学法等。②

化学学科

必修与选修界限不清,相互间缺乏有效的衔接,教师处理不好教学的广度和深度,教辅资料与教材内容不匹配。开展学生合作学习时,存在任务设计不当、小组成员分工不明、合作要求不清、指导不力、合作时间不足、组织方法单一、交流随意等问题;学生动手进行化学实验的机会少、能力不够。评价内容偏重于学科知识,特别是课本上的知识,忽视了实践能力、创新精神、心理素质、学习态度和习惯养成

---

① 闵长政:《4R阅读教学在高中英语新课程中的探究与实践》,载《教学与管理》,2011(2);王超:《分层教学法与研究性学习在高中英语教学中的应用》,载《现代教育科学·普教研究》,2011(6);凌彩虹:《高中英语教学单元内容重组的尝试和思考》,载《教学与管理》,2011(12);陆亚丽:《高中英语教学情感态度教育目标的实现》,载《教学与管理》,2011(3);隋人珠:《高中英语学业成就评价存在的问题及对策》,载《教育探索》,2011(4);辜向东、张正川、肖巍:《课改进程中的高中英语教学现状探究》,载《课程·教材·教法》,2011(4);陈爱兰:《整合"时效性资源"优化高中英语教学》,载《课程·教材·教法》,2011(7);张兵:《运用支架式教学突破高中英语定语从句教学难点》,载《教学月刊》(中学版),2011(6);殷志勇:《形成性评价在高中英语写作教学中的实践》,载《教学与管理》,2011(10);朱疆:《新课改下高中英语课堂教学的思考》,载《现代教育科学·普教研究》,2011(6)。

② 夏雪萍:《把握教学"生长点",关注学生的后续发展》,载《教学月刊》(中学版),2011(3);肖永强:《高中物理概念转变教学策略的实践与思考》,载《教学月刊》(中学版),2011(9);吴定允、王莉华:《高中物理实验资源的开发与利用》,载《教育理论与实践》,2011(4);张颖:《新课程高中物理教科书呈现方式的研究》,载《课程·教材·教法》,2011(5);张保雷:《扩展性栏目在高中物理教学中的作用》,载《教学与管理》,2011(3);廖小兵:《元认知开发:"过程与方法"教学目标实现的关键——以高中物理课堂教学为例》,载《教育导刊》,2011(8);陶兆宝:《增强高中物理课堂探究教学有效性思考》,载《教学月刊》(中学版),2011(9)。

等方面的考查。

化学课程的改革与实施,必须引进"问题解决"教学模式,引导学生思索、提问题、做结论,促进和强化教与学的互动效应;教师把握教材各模块内容,准确把握学生学情,进行科学合理的教学质量评估;精心创设良好的教学情境,设计有利于学生探究的化学实验;灵活掌握多种策略,如有效提问策略、有效讲授策略、有效情境策略及有效探究策略等;注重师生间的交流与合作。[①]

生物学科

新课程实施中,对于学生的学习能力、兴趣、意志、情感和认知结构等分析不够深入;师生将高考视为教与学的终级目标;很难突破新教材的文本限制,在深刻理解文本"深度、宽度、广度"上,仍存在一定困难。学生作业内容和形式千篇一律,缺乏层次性和差异性。

生物课程实施需要关注学生个体差异,以提高技能为目的,实行多种作业形式;注重多种课程资源开发,包括探究性课程、校本课程、研究性学习、实验教学、家庭课程等;实施互动教学,激发学生的学习兴趣,运用合理的教学方法,减掉无用的、重复的教学核心知识和技能;加强生物学科教师队伍建设,建立良好、平等师生关系;系统设计的教学要关注学情分析,考虑学生的初始状态。[②]

历史学科

在课程改革上,由于初中、高中历史内容存在的差异,导致初高中衔接存在问

① 陈瑞雪、陶秀梅、兰俊耀:《高中化学"问题解决"课堂教学模式的研究与实践》,载《化学教育》,2011(6);陈献忠:《高中化学必修与选修衔接教学的问题与建议》,载《化学教育》,2011(8);刘成坤、张永清:《高中化学教学中发挥教育评价功能的探究》,载《化学教育》,2011(9);李鹏鸽、赵河林:《高中化学教学中合作学习的有效性研究》,载《化学教育》,2011(5);王中荣:《高中化学教学中课堂提问的有效性及思考》,载《课程·教材·教法》,2011(3);徐士根、徐桂英、蒋秀芳:《高中化学有效教学策略探讨》,载《教学与管理》,2011(11);胡尚生:《高中化学作业的调查与思考》,载《化学教育》,2011(11);连青阳、郑柳萍:《化学新课程背景下初高中教学衔接的再思考》,载《厦门大学学报》(自然科学版),2011(9);沈强:《试谈初高中化学教学的衔接》,载《中学化学教学参考》,2011(8);张丽:《新课程背景下高中化学探究实验教学的尝试与反思》,载《中学化学教学参考》,2011(8);李婷:《新课程高中化学教学存在的问题及对策》,载《教育理论与实践》,2011(1);李素霞、苏琼:《新课程高中化学实验实施现状与思考》,载《教学与管理》,2011(1)。

② 张树虎:《高中生物多元化作业的开发》,载《教学与管理》,2011(5);周光琪:《有效开展高中生物课堂教学策略探究》,载《中国教育学刊》,2011(5);叶建伟:《建模教学在高中生物课堂教学中的实践与体会》,载《教学月刊》(中学版),2011(12);张树虎:《论高中生物教学的有效拓展》,载《教学与管理》,2011(7);吴银根:《高中生物教学设计中学情分析的价值、内涵与方法》,载《教学与管理》,2011(1);李高峰:《西北地区普通高中生物课程实施情况调查报告》,载《课程·教材·教法》,2011(10)。

题;不同模块、不同时间内的教学,破坏了历史的内在逻辑关系;高中历史专题体例与高考突出综合的要求脱节,加重了高考复习教学工作困难。教师平时较多关注教学任务的完成情况而往往比较忽视学生的主体地位;教学过程中的"学习延伸"设计不尽合理,从而导致不能达到教材编撰者的本来意图。

要推进历史学科课程的实施,必须通过形象、生动的感性材料让学生感受文化的魅力,实现学习过程的主动构建;要创新课堂导入,吸引学生的注意力,激发学生的学习兴趣和求知欲望;要对教材内容进行整合,加强学习模块内和各模块知识之间的融会贯通;要树立以课堂为核心的观念,运用"课堂观察研究法"来发现问题,提高效率;要关注历史学科的独特性,同时注意文化史内容与政治、经济领域的联系,强调现实意义,传承精神财富。①

地理学科

新课程目标的编制存在前后不一、缺乏规范、层次错位、无法检测、缺乏质和量的具体规定性、可测性和可比性等问题。通常情况下,地理教师承担多个班级的教学工作,学生数量庞大,无法真正进行过程性评价及全面再现学生的学习过程。在课程目标的编制上,可参照三维课程目标的模式进行分项陈述,但要采用整合型的设计和陈述方式。可采用"问题·探究·导创"教学模式。②

从上述研究来看,当前我国普通高中学科课程在实施过程中仍然面临一些问题,如对三维目标的处理有偏差,过于注重知识与技能,忽视过程与方法、情感态度与价值观目标的达成;在内容上,缺乏必修课与选修课的横向衔接,忽视初高中相关内容的纵向衔接;教材编排脱离学生实际生活,教材资源的利用也不够充分;在方法上,不注意培养学生主动学习和创新思维能力,未能有效地将传统教学手段与现代教学手段结合起来;在评价上,注重学生学习结果(特别是考试成绩)的评价,忽视学生学习过程中的评价。

---

① 阮荆:《浅谈高中历史教学中课堂的导入》,载《教育导刊》,2011(10);宋颂:《历史新课程初高中教学衔接策略分析》,载《教学参考》,2011(12);杨东黎:《"课堂观察研究法"在高中历史备课组建设中的作用》,载《上海教育科研》,2011(4);卢春建:《人教版高中历史教材"学习延伸"商榷》,2011(2);宋颂:《触摸历史,感受文化——新课程高中历史文化史教学策略》,载《教育理论与实践》,2011(5)。

② 鄂傲君:《高中地理新课堂教学目标编制的典型问题、诊断与矫正》,载《中学地理教学参考》,2011(1—2);吴金财:《例谈高中地理课程的教学目标的设计与陈述》,载《中学地理教学参考》,2011(6);李志伟:《高中地理过程性评价行动研究》,载《中学地理教学参考》,2011(3);黄勤雁:《高中地理"问题·探究·导创"教学模式的实践探索》,载《中学地理教学参考》,2011(6)。

针对上述这些问题,在理念上,要坚持以学生发展为本,兼顾各学科课程的普遍性与特殊性;在目标上,要正确处理三维目标的关系;在内容上,要明晰选修课与必修课的内容界限,同时准确把握学生学情,注重横向与纵向的衔接;在教材上,要联系学生生活实际,通过多种途径开发多种课程资源,如探究性课程、校本课程、家庭课程等;在方法上,要尝试多种教学模式或方法,如"支架式"教学法、"学案导学"法、探究性教学法、"问题解决"教学模式等;在评价上,一方面,评价目标要科学化,评价内容要丰富化,评价工具要多样化,评价结果要实践化;另一方面,要将结果评价与过程评价有效结合起来。

3. 国际高中课程改革研究

鉴于高中课程改革的全球普遍性,为了推进我国高中课程改革的全面实施,2011年,我国教育研究者对世界上一些有重大影响的高中课程改革方案也进行了研究,尤其是介绍了这些改革的内容,这为拓展我国高中课程的视野产生了积极的作用。

美国

2004年以来,美国在基于标准的教育改革的推动下,为了提升高中毕业文凭质量,美国非营利性民间组织成就公司、教育信托公司与托马斯B.福特汉姆基金会合作,从升学和就业对学生知识与技能的要求出发,研发了高中核心课程标准。这项课程标准强调了内容与社会经济、社会生活之间的紧密相关,并采用了"实证方法"。[1]

美国在高中课程方面,进行了一系列改革。在高中课程设置方面,确立现代核心课程,设置多元选修课程;课程目标更强调批判思维能力、问题解决能力和知识创新能力的培养;在课程管理方面,实行分级管理体制,即国家指导、地方分权、学区决策、学校实施,更加注重联邦、地方和学校的协作机制以及灵活多样的课程安排和形式多样的成绩检测。[2]

日本

2009年,日本文部科学省公布了新修订的《高中学习指导要领》,日本高中的理科课程设置呈现出了三大新变化:第一,减少了科目设置,将现行的11门学习科目

① 刘学智、曹小旭:《美国高中课程标准的构建:经验与启示》,载《现代教育管理》,2011(7)。
② 陈时见、赫栋峰:《美国高中课程改革的发展趋势》,载《比较教育研究》,2011(5)。

合并重构为10门,把原来各学科的Ⅰ、Ⅱ两级选修课程改设为基础性和加深性的两级连续课程,并重新配置了学分数。第二,改原来的指定性必修与学生自主选修的课程设置方式为整体性选修方式,并提供了两种可选择的必修设置方案,由学生自选其中的一种。其中,有两门新设的理科课程,即"科学与人类生活"及"理科课题研究"。"科学与人类生活"课程在目标方面,延续了原"理科基础"和"理科综合"课程目标的某些内涵,在具体内容上,包括科学技术的发展、人类生活中的科学、今后的科学与人类生活。"理科课题研究"课程在目标方面,强调"设定与科学相关的课题,通过观察、实验进行研究,在培养科学探究能力和态度的同时,培养创造性的基础。"其内容主题包括有关特定自然事物和现象的研究、有关新兴科学和交叉学科领域的研究、基于自然环境的调查研究、有关促进科学发展的实验研究。①

南非

当前南非高中课程改革的主要目标是:确保南非公民都能公平地接受教育,这是南非高中课程改革的根本;提供接受高等教育的机会,为高中学生提供多种入学和毕业的方式,进而确保学生在中等教育与高等教育两者之间的有序流动;促进学生从学校教育向工作岗位的顺利转变,促进教育与培训的一体化,加强学生的有序流动和持续进步;为学生的继续学习奠定基础。

在内容方面,南非高中课程共有8个学习领域,即语言,艺术和文化,商业、贸易和管理学研究,工程与技术,人文与社会科学研究,物理、数学、计算机及生命科学,农业科学,服务。高中毕业生必须从课程组合中选择至少7门课程进行学习,其中两门官方语言、数学(或数学素养)、生活指导为必修课程,另外选三门选修课程(最低要求);在学习结果方面,要求学生能结合理论知识和实践方法创造性地工作,同时展示出处理个人事务或社会特殊工作的能力。

南非高中课程改革的主要特色表现在:凸显结果本位教育理念;关注教育机会的公平性;尊重文化的多样性;强调课程内容的整合性;体现终身教育的改革取向。②

印度

进入21世纪之后,印度政府颁布了一系列教育政策及报告书,如《学校教育全

---

① 彭蜀晋、林长春:《日本新修订高中学习指导要领与理科课程的新变化》,载《课程·教材·教法》,2011(9);彭蜀晋:《日本高中新课程"科学与人类生活"和"理科课题研究"概览》,载《化学教育》,2011(5)。

② 田腾飞、何茜:《南非高中课程改革的目标、内容及特色》,载《比较教育研究》,2011(5)。

国课程框架》(以下简称《框架》)、《普及中等教育》报告书(以下简称《报告》)等,对高中的课程设置、课程内容、课程管理和课程评价做了具体规定,开启了印度高中课程的新改革。

印度高中课程改革的基本经验是:课程设置注重学术性与职业性相结合;课程内容强调多样性与应用性相结合;课程管理强调统一性与多样性相结合;课程评价强调多样性与现实性相结合。印度高中课程改革形成了自己的特色,如课程理念强调以学生为本、课程内容融入民族文化、课程框架注重专业支持、课程实施要求系统化。

但印度高中课程仍然存在课程理论西方化、课程改革目标偏高等问题。例如,高中课程改革的理论主要借鉴西方相关教育理论,如"以学生为本"、"建构主义"、"多元智能理论"等,缺乏基于本土的批评意识。改革目标过于理想化,不切合印度国情实际。

印度高中课程改革的实践启示:要使高中课程改革富有成效,必须加强本土教育理论的研究,构建具有本民族特色的、能真正指导本国教育实践的教育理论体系,同时,必须强调课程的公平性取向、民族化取向、职业化取向。[①]

(三) 高中考试制度

1. 学业水平考试

普通高中学业水平考试(简称"学测",俗称"小高考")是学生综合素质评价的重要内容,是在 1999 年《中共中央国务院关于深化教育改革全面推进素质教育的决定》发布后,我国大力推进素质教育的背景下产生的。在新课程背景下,高中学业水平考试需要以素质教育的方针为指导,以《基础教育课程改革指导纲要(实验稿)》为依据,以各学科《课程标准》为参考,旨在全面评价学生素质。[②]

但是,目前高中学业水平考试面临着许多问题。第一,价值认识不足。由于无法规避高考制度,学生、教师、学校乃至教育行政部门对学业水平考试的价值认识普遍不足,均未给予应有的重视。第二,评价标准缺位。课程改革十多年来,一直没有制订学业水平考试的评价标准,以"课程标准"替代"评价标准",在实施过程又

---

① 袁琳、杨茂庆:《印度高中课程改革的经验与发展趋势》,载《比较教育研究》,2011(5)。
② 沈启正:《综合素质评价与学业水平考试的交融问题及对策》,载《课程·教材·教法》,2011(11)。

对"课程标准"的理解与执行存在泛化和异化倾向。第三，评价运行机制弱化。相对于西方国家而言，我国现行的学业水平考试制度还未形成长效的专业评价管理机制。有关学业水平考试的研究起步较晚，教育和心理测量人才队伍缺乏，教育考试机构的专业化程度不高。第四，分数绩效政策执行力度薄弱。与高考相比，学业水平考试分数绩效政策无论对教师和学校的绩效评价，还是在与高考制度的相容性等方面，执行力度都还相当薄弱。学业水平考试陷入考试与评价"形式主义"的实践困境，有其深刻的社会文化和教育根源。要解决这些问题，应该从以下三方面着手：完善"国家课程测验"制度立法，实施必要的教育问责制度；建立完备的高中教育质量监测机制，克服学业水平考试形式主义的现象；建构系统的学业水平考试评价体系，增强绩效分数的权威性和应用性。[1]

2. 高考改革

《国家中长期教育改革和发展规划纲要（2010—2020 年）》把考试招生制度改革作为教育体制改革的突破口，单列一个专题，明确提出了改革目标和具体规划，高考改革势在必行。

（1）问题

当前，高考制度存在的主要问题是：第一，高考本来是国家选拔人才的有效途径，结果却变成了中小学教育的"指挥棒"；第二，高考的"一考定终身"不利于社会对人才的多样化需求，也不利于杰出人才脱颖而出；第三，高考太重知识基础，不能很好地反映学生的综合素质和能力；第四，对学生创新能力的培养，关键在于对学生创新性思维方式的培养。此外，现行高考招生制度还存在统一考试与兼顾不同地区发展水平的矛盾；统一选拔与发现特殊人才的矛盾；保持考试难度和区分度与减轻学生负担的矛盾；扩大高校自主权与保持公平、公正录取的矛盾；考试多样化与高效简便录取的矛盾等。[2]

（2）矛盾

公平与效率是推动我国高考改革与发展的驱动力。就逻辑而言，公平与效率并不是一对矛盾概念，但在高校招考制度改革中，公平与效率往往会呈现出一定的矛盾对立关系，哪个优先考虑都会成为决策者难以选择的问题。站在不同利益群

---

① 王焕霞、廖伯琴：《我国高中学业水平考试的实践困境与制度审思》，载《教育学报》，2011(6)。
② 陈金芳：《高考招生制度改革走向分析》，载《教育研究》，2011(10)。

体的立场，或不同观察问题的视角上，对高考公平与效率的选择就会不同。强调公平优先者，多数都是从社会学、政策学、管理学的视角观察问题，以社会和谐稳定为立论依据，认为统一考试、公平竞争、公正录取乃是现今高考制度的核心价值；强调效率优先者认为，"一考定终身"具有偶然性大、厉害性高的特点，不能全面考核人才，高考成为应试教育的指挥棒，不利于基础教育目标的全面达成，应该从社会和经济发展所需人才角度出发，全面衡量考生，多元录取，不拘一格选人才。[①]

我国高考改革的许多方面，如科目、内容和录取模式改革等等，都存在着一系列的公平与效率问题。在考试选才方面，通常的情况是，选拔性考试最初虽也是效率优先，兼顾公平，可是在长期实行之后，往往会演变为公平优先，兼顾效率。然而这种公平只是程序公平而非实质公平，因为在现实社会中，很难做到起点公平和结果公平。无论从理论上分析还是从实践中考察，高考都不能够达到理想的公平。目前高考的主体部分也还是首重公平，而将来高考改革的发展趋势，则是走向公平与效率的兼顾与平衡。[②]

（3）改革

从 2007 年开始，山东、广东、海南及宁夏四省区率先拉开了我国新一轮高考改革的序幕，到目前为止，又有北京、安徽、辽宁、天津、浙江、上海、江苏和福建八省市出台了新的高考改革方案。其中，海南、山东、江苏、安徽、浙江与上海等地在考试科目的设置上均突破了传统"3＋X"的基本范式，新方案在保留了原有三大核心科目（即语文、数学与外语）的基础上，重点对"X"进行了改革，增加了新内容。

山东省新增加了面向所有考生的"基本能力测试"一项，涉及高中课程中的技术、体育与健康、艺术、综合实践以及运用所学知识解决生活和社会实际问题的能力等，考试内容是学生在书本里不能直接找到答案的，主要靠平时积累形成能力来解答。这一变化对以往只考死知识、不注重考查学生解决实际问题的能力的考试形式与内容提出了挑战，反映了高考改革的灵活性、注重能力等趋向。

浙江省在文理科考试科目上有较大变化，共分三个类别：一类科目考试模式为

---

① 任训学：《新课改背景下高考改革的价值取向：公平还是效率》，载《湖北大学学报》（哲学社会科学版），2011(3)。

② 刘海峰：《高考改革：公平为首还是效率优先》，载《高等教育研究》，2011(5)；任训学：《新课改背景下高考改革的价值取向：公平还是效率》，载《湖北大学学报》（哲学社会科学版），2011(3)；周序：《高考公平研究：回顾与展望》，载《国家教育行政学院学报》，2011(9)。

"3＋X＋自选模块","自选模块"的考试内容选自语文、数学、外语、政治、历史、地理、物理、化学、生物九门学科的十八个自主选修模块(IB)的内容,共十八题,由学生选答六题;二类科目维持原有"3＋X"科目组合,重点测试通用型知识和能力;三类科目为"3＋技术(信息技术/通用技术)"的模式。对考试科目进行分类设置,使学生可以根据自身的实际情况做出选择。

上海市本科类考试采用"3＋综合＋1"的模式,综合能力测试科目考查学生运用所学基础知识、基本技能分析和解决问题的能力及综合应用能力,"1"指相关课程科目,即政治、历史、地理、物理、化学、生物等六门课程中的一门,其中,文科考生可在政治、历史、地理中任选一门,理科考生可在物理、化学、生物中任选一门。①

实证研究的结果表明,高中教师与学生对新高考方案的态度在统考科目的设置与权重上表现出显著性差异:他们对"高中学业水平考试"和外语权重两个问题的改革愿望最为强烈;在非统考科目的设考方式、选修模块考核、试卷的命制权等问题上,教师与学生的态度体现出较为明显的一致性;比较而言,学生比教师更希望新高考方案做出变革。②

(四) 学生发展指导

《国家中长期教育改革与规划纲要(2010—2020 年)》中提出要"全面提高普通高中学生的综合素质",普通高中教育必须为学生的个性发展和自主发展提供支持。为普通高中学生提供生涯教育与指导,为学生提供心理教育与辅导,在一定程度上成为了 2011 年教育研究者和学校教育者的广泛共识。

1. 生涯教育

随着经济全球化和知识经济的到来,社会变革速度加快,国际竞争日益激烈,生涯规划的意义日益突出。帮助学生选择与自己匹配的职业,指导他们做好生涯规划,成为了当代普通高中教育的重要组成部分之一。

当前高中生缺乏职业理想,升学中存在盲目选择专业的情况,导致进入大学后难以适应大学生活;同时,未考入大学的高中毕业生也没有专业特长,没有生活阅历,在高中期间没有接受过相关的职业指导和人生规划,他们在懵懂中开始了与学

---

① 闫守、韩玲玲:《从高考改革新方案透视高中文理分科》,载《教育学术月刊》,2011(2)。
② 于康平、吴根洲:《高中师生对新高考方案态度的比较研究》,载《上海教育科研》,2011(8)。

校生活不同的人生。

尽管目前在高中教育中有开展生涯教育的学校,但也存在着一些问题。例如,高中生涯教育的目标模糊不清;在高考这根指挥棒下,学校围绕"应试教育"办学,难以实施真正的生涯教育;学校缺乏开展生涯教育的专业教师,开展的生涯教育有效性不强。目前的高中学生无论学习成绩好坏,普遍对未来发展感到困惑和焦虑。①

目前,在高中学校实施生涯教育中,提及较多的是生涯规划教育。例如,有研究者提出,高中阶段生涯规划教育应包括七个基本模块:① 生涯导向,包括生涯指南、成功人生指标等。② 规划方法,包括预测方法,规划阶段与侧重,动态管理、目标校正,顺应潮流、把握趋势等。③ 生活规划,包括自我认识、生涯修炼、生活管理、家庭与社会等。④ 职业规划,包括升学规划、就业规划、创业规划等。⑤ 财务规划,包括消费管理、储蓄管理、投资管理、债务管理、保险管理等。⑥ 发展策略,包括积淀、控制风险、高中阶段的发展策略等。⑦ 评估与对策,包括评估的基本参数、评估程序、评估角度、评估团队、目标矫正与实施策略等。②

在如何实施生涯教育方面,研究者提出的实施策略有:

第一,学科渗透。

在学科教学的过程中渗透职业生涯教育,让学生知道与该学科相关的职业类型及其发展现状与前景,培养学生职业兴趣和职业意识,潜移默化地开发学生职业能力。

第二,生涯课程。

根据各地方特色把职业生涯教育纳入"校本课程",课程重点是向学生讲解职业生涯规划方面的基础知识和基本理念,培养学生进行职业生涯规划的意识与能力。

第三,专门机构。

高中学校中设置生涯教育工作室,进行个性化教育与辅导。生涯教育工作室

---

① 李艳:《普通高中开展职业生涯教育探析》,载《华章》,2011(23);华美中加高中"国际化高中生涯教育的思考与探索"课题组:《高中生涯教育的思考与实践探索》,载《教育导刊》,2011(6)上;郭勤一、冯震:《我国高中阶段生涯教育的现状和思考——以上海市高中为例》,载《基础教育》,2011(12);邹联克:《高中阶段需要生涯规划教育》,载《人民教育》,2011(24)。

② 邹联克:《高中阶段需要生涯规划教育》,载《人民教育》,2011(24)。

是学校开展生涯教育的主要承担者和设计者,是学生在遇到生涯困惑时得到帮助、进行个别咨询的场所。

第四,教师培训。

教师只有真正了解生涯规划的意义和方法,才能成为一个优秀的传播者和指导者。教育行政部门应该把生涯规划教育列入教师培训的通识课程之内,提供必要的资金、时间和条件,鼓励他们发展。

第五,社会化。

生涯教育不是一个闭门造车的教育和学习过程,而是一个迫切需要社会化的过程,让学生到社会中体验、检验自己生涯规划的可行性。学生需要在体验中明确生涯选择预期性和合理性。①

2. 心理健康教育

高中生处于一个特殊的发展时期,面临着很多的思想与心理问题。调查发现,高中生的思想与心理问题表现在多个方面,如缺少理想和信仰、学业压力、恋爱问题、学业倦怠、功利欲望心强烈、过分自我和追求个性、盲目个人崇拜、网络成瘾、暴力叛逆等等。②

为此,需要从四个层次解决普通高中生心理问题,促进高中学生的心理健康与心理发展。

第一,社会层面:优化社会环境,减少社会对高中生形成的外在压力,为中学生的健康成长创造一个良好的环境。

第二,学校层面:加强中学生的心理健康教育,建立健全学校心理健康咨询制度。

根据不同阶段学生呈现出的不同心理症状,有选择性地开设心理健康教育专题讲座、心理健康教育互动,以耳闻目睹的故事情节或现实生活,启发学生进行心

---

① 李艳:《普通高中开展职业生涯教育探析》,载《华章》,2011(23);华美中加高中"国际化高中生涯教育的思考与探索"课题组:《高中生涯教育的思考与实践探索》,载《教育导刊》,2011(6)上;王晓梅:《普通高中生涯教育的实施策略》,载《教育教学研究》,2011(4)下;王晓梅:《普通高中生涯教育的实施策略》,载《教育教学研究》,2011(4)下;郭勤一、冯震:《我国高中阶段生涯教育的现状和思考——以上海市高中为例》,载《基础教育》,2011(12);邹联克:《高中阶段需要生涯规划教育》,载《人民教育》,2011(24)。

② 罗必新:《对90后中学生教育和管理问题的探析与思考》,载《现代教育科学·普教研究》,2011(1)。

理问题自测自析。也可以请体艺课教师以各种游戏、身体活动为载体,进行心理健康知识的渗透。

第三,家庭层面:通过家长学校,向家长讲授有关青少年心理发展特点以及现代家庭教育方法等相关知识,提高家长的教育素质和家庭教育的效果,减少或避免由于家庭教育不当引起学生心理问题。

第四,个人层面:学生个人要提高自身心理素质,积极参加心理讲座,接受心理课程以及掌握正确的心理调节方法,保持自己的身心健康。①

(五) 教师专业发展

教育发展,教师为本。促进教师专业发展和专业成长,是近年来我国全社会的共识。在教师专业发展的研究上,2011 年开展的相关研究及其观点如下。

1. 人格与素质要求

基于高中学生对教师发展期望的问卷调查表明,学生较为关注的教师素质和能力包括职业道德、课堂教学能力、教育管理能力、教育态度和教育方式、教师风度五个维度。

教师职业道德是教师在教育教学工作中行为规范的总和,涉及热爱和了解学生、循循善诱和诲人不倦的职业精神、与家长共同教育学生等内容。

课堂教学能力是教师在教学活动中所表现出来的能力,涉及学科知识储备、教学内容设计、教学方式选择、教学技能水平、教学质量等因素。

教育管理能力指教师对学生校内外学习和活动进行管理的能力,涉及管理方式、学生评价、作业管理、活动组织等内容。

教育态度和教育方式主要指教师在教育工作中处理师生关系时所表现出来的情感倾向和行为方式,涉及工作态度和教育、说服、表扬、指导等多种教育方法。

教师风度是指教师精神气质、道德修养与文化素养的外在表现,涉及言行举止得体、和蔼、耐心、宽容、谅解等个人魅力要素。②

---

① 章庆庆:《"90 后"高中生心理健康问题与对策》,载《心理教育》,2011(7) 下;刘毅、叶连生、邓忠鹏:《农村薄弱高中困生心理健康问题及对策》,载《现代教育科学·普教研究》,2011(3);张鹏飞:《高中生心理健康问题分析及解决措施》,载《基础教育》,2011(12)。
② 邢利红:《当前高中生对教师素质需求调查分析》,载《中国教育学刊》,2011(12);蒋灵慧:《高中政治教师的个性特质及激励措施》,载《现代教育科学·普教研究》,2011(2)。

2. 专业发展问题与对策

当前高中教师在专业发展上存在着诸多问题，主要表现为：

第一，知识素质与能力素质不容乐观。较多地关注自身对所任学科知识以及教学技能的熟练程度，无暇顾及对本学科深层次前沿理论的学习。

第二，现代教育观念践行遭遇困境。青年教师认为实施素质教育很难做到，影响素质教育实施的因素广泛存在，还有部分教师不知道如何进行创新教育。

第三，教育科研能力不够。教师缺少基本的教科研方法和经验，对在科研方面主动充实提高自我也无暇顾及。

第四，教师的教学与管理能力不同步。高中教师普遍有较好的教学技能，但缺乏管理教学与学生的能力，教师缺乏提高教育中管理能力的方法和思路。

第五，青年教师校本培训缺乏激励机制。学校对教师培训硬性要求多，思想疏导少，致使部分青年教师出现与学校要求相悖的逆反心理。[①]

促进普通高中教师的专业发展，可以选择以下发展途径：

第一，建立教师专业发展的系统性机制，构建全面的培训体系。

在新课程改革背景下，要建立高中教师专业发展的系统性机制，立足于教师课堂教学实践，通过课堂教学的改变与学生学习行为的改变，促进教师信念和态度的转变，最终实现教师的自主发展。

第二，创造有利于高中教师专业发展的学校环境。

在学校组织的发展中，不能忽视每个教师个体的生涯发展，不能以牺牲教师个体的生涯发展来换取所谓的学校发展。

第三，制定符合教师专业发展的评价标准体系，突出高中教师评价制度的科学性和可操作性。

教师考核评价标准体系的建立，要符合教师专业发展的要求；在此前提之下，根据学校教学和管理的需要，可考虑将高考绩效纳入教师考核评价标准体系，这样可实现在促进教师专业发展的过程中，对基于高考绩效的教师评价方式予以适当的约束与控制。[②]

---

① 蔡金发、毛耀南：《农村高中青年教师校本培训策略构建》，载《现代教育科学·普教研究》，2011(5)。

② 程淑贞、任桂萍：《新课程实施中山西省高中教师专业发展的现状与对策》，载《教育理论与实践》，2011(12)；康廷虎、黎进萍：《新课改背景下高中教师面临的压力与专业发展》，载《教育科学研究》，2011(3)。

3. 职业倦怠表现与应对

教师的职业倦怠是影响教师专业发展和教师工作状态的重要因素之一。当前,高中教师职业倦怠的行为表现主要有:

第一,精力枯竭。

处于职业倦怠状态的中学教师常常表现出疲劳感,经常因压力过大而导致失眠、恶心等亚健康状态。在情绪上,易怒,容忍度低,缺乏热情与活力,有一种衰竭、无助感,并对生活冷漠、悲观。

第二,去个性化。

去个性化是指长期处于情绪衰竭状态下个体所表现出的一些消极、冷漠的行为。比如,对待学生就像对待没有生命的物体一样,对学生越来越铁石心肠,漠不关心,对成绩落后或行为有问题的学生耐心和爱心不足,认为"那些学生根本就是无药可救"了。

第三,成就感不足。

教师工作强度与压力过大,自我感觉成就感低或缺少成就感。许多中学教师的自我评价与自我感知社会对他们的评价都过低,教师的成就感下降,同时,教师职业所带来的回报如收入、社会认可度等又不尽如人意,使很多教师产生较强的自卑感。当较低的成就感与情绪衰竭和去个性化相混合时,它们就会大大减少教师工作的驱动力,进而在生活方面体现出了失败感,社会心理学家将之称为"学者型的无力感"。

必须正视高中教师的职业倦怠问题,必须采取有效的策略予以应对,以有效地提升教师职业的参与度和幸福感。

第一,要营造良好的社会支持氛围,为教师排忧解难。

首先,国家应该切实保障教师工资与福利的良好水平,减少教师因为付出与得到之间的差距而产生工作倦怠的可能性。其次,社会应该专门为教师提供必要的心理健康辅导,使教师能够及时地缓解精神压力,加强自我心理调适,降低工作倦怠。

第二,学校应更新管理理念,完善管理制度,营造良好的工作环境。

学校各级管理人员应为教师创设一个良好的工作与生活环境,尽可能满足全体教师在物质和精神方面的不同需要,真正做到待遇留人、感情留人、事业留人,使教师保持积极的工作动力,并由此获得成就感。

　　第三,教师要注意个人心理调控,预防职业倦怠。

　　教师要树立正确的职业信念,要规划好自己的职业生涯,要关注自身心理健康,学会预防和克服职业倦怠的方法。

　　第四,建立心理辅导机制,开展教师心理辅导和自我调节。

　　教育行政机构有必要建立各省或者各市的教师心理咨询或辅导机构。学校管理者要从政策、管理等方面尽可能地为教师创造宽松、愉快的工作环境和生活环境,引导教师的自我疏导和自我调节。

　　第五,建立社会支持网络,确立教师职业的合理期望。

　　建立社会支持网络,在教师职业的认识上,形成良好的公共信任氛围;在这种公共信任的氛围中,教师与学校将会表现出信心与干劲,从而产生高度的自尊感、成就感和满足感。①

---

　　① 赵兴民:《谈高中教师职业倦怠问题的归因及对策》,载《教育探索》,2011(1);马宵梅:《中学教师职业倦怠研究综述》,载《上海教育科研》,2011(6);邢利红:《当前高中生对教师素质需求调查分析》,载《中国教育学刊》,2011(6)。

第四章
高中学生发展指导的现状与实践

■ **本章要点**

当前普通高中学校开展学业指导较好,而生涯指导相对较弱,但学生在学业发展、生涯发展和生活发展三方面有更强的指导需求,教师为学生提供发展指导的意愿很高,但他们实施学生发展指导的能力与意愿之间存在差距。

在建立校本学生发展指导体系上,上海中光高中取得了进展:强化指导机构建设,注重提高教师指导能力;明确学生发展指导要求,落实指导内容;从资源建设等入手,全面实施指导工作。

在学科教学渗透学生发展指导方面,陕西长安一中开展了探索:在学科教学目标中体现指导要求,学科教学资源中包含指导资源,学科课堂中渗透指导工作和开设学科指导课,并开展相应的评价活动。

在发展学生的自我教育与自我指导方面,各学校都开展了有益的探索。福建福州一中努力创建确保学生自主参与、自我教育与指导的社团机制,辽宁实验中学注重在社团活动中强化学生的自我教育与自我指导,广东华南师大附中开发了学生自我学习的网络平台,北京理工大学附中开发了学生手绘图片的自我指导方式。

在实施学生生活发展指导上,寄宿制学校取得了显著成效。上海延安中学建立了面向城市学生的生活教育与指导体系,而宁夏育才中学探索了面向农村学生的生活教育与指导体系。

2010 年初,华东师范大学普通高中教育研究所启动了"普通高中学生发展指导研究",并得到了教育部基础教育二司的支持。由此,课题组与全国 13 个省市自治区 37 所普通高中学校合作开展学生发展指导实践研究。这里呈现 2010 年底我们实施的问卷调查结果,描述当前我国普通高中学校中开展学生发展指导工作的现状、需求及其特点。同时,基于普通高中学生发展指导制度建设的视角,分别介绍当前一些普通高中学校在探索实施学生发展指导方面的成功实践,以展示我国高中学校在建立学生发展指导制度与实施学生发展指导活动方面的进展及其面临的挑战。

一、普通高中学生发展指导调查

(一) 问卷调查的基本情况

华东师范大学"普通高中学生发展指导研究"课题组基于对学生发展指导的理论研究,参考香港学校辅导所使用的学生效能量表与美国学校咨商国家标准,设计开发了高中学生发展指导的理论框架(表 4.1)。

表 4.1　普通高中学生发展指导调查问卷结构框架表

领域(维度)	标准(量度)		指标(项目)
一、学业发展	(一) 形成正确的学习目的和态度		1、19、37、55
	(二) 学会订立学习目标、制定学习计划、有效管理时间的技能		2、20、38、56
	(三) 获得学习和考试技巧		3、21、39、57
	(四) 发展兴趣和特长据此选科和选课		4、22、40、58
二、生涯发展	(一) 学会生涯规划		5、23、41、59
	(二) 职业定向和就业准备		6、24、42、60
	(三) 升学定向和升学准备		7、25、43、61
三、生活发展(个性/群性发展)	个性发展	(一) 发展自我概念	8、26、44、62
		(二) 发展兴趣与扬长避短	9、27、45、63
		(三) 获得应对困难的态度和技能	10、28、46、64

（续表）

领域（维度）	标准（量度）	指标（项目）
三、生活发展（个性/群性发展）	个性发展 （四）获得自我反省的意识和方法	11、29、47、65
	（五）适应学校生活	12、30、48、66
	（六）获得维护身体健康的方法和习惯	13、31、49、67
	（七）获得心理调适的方法	14、32、50、68
	群性发展 （一）获得人际技能	15、33、51、69
	（二）获得沟通技能	16、34、52、70
	（三）获得合作的态度和方法	17、35、53、71
	（四）获得领导和组织活动的技能	18、36、54、72

　　框架中将学生发展分为三个领域（维度）：学业发展、生涯发展与生活发展（即个性/群性发展）；在每个领域下用若干条标准（量度）予以界定，合计有 18 个标准；用各 4 项指标（项目）来测量每个标准，合计产生 72 个指标。围绕这些具体指标，用问卷的形式实施了调查。在问卷内容的编排上，72 个指标按照 18 个标准循环编排。

　　调查问卷分学生问卷和教师问卷两种，内容与指标相同，但调查角度不同。学生问卷调查学生获得指导的现状与需求，教师问卷调查教师对学生发展进行指导的意愿和能力，均采用利克特五级量表形式选择答案。

　　2010 年底，课题组向全国 37 所普通高中发出调查邀请，有 30 所中学接受了调查。其中，两所中学未按要求进行调查和输入数据。这些学校分布于全国 13 个省市自治区，多数属于城市学校；每所学校的高一、高二和高三年级各两个班级学生参与回答问卷，尽可能要求这些学校的每个教师都参与回答问卷。本文描述和分析的是最终获得的 28 所中学 8 085 名学生和 29 所学校 2 247 名教师的有效问卷的统计结果。

　　在数据处理上，课题组采用社会统计软件 SPSS 17.0 版进行问卷数据处理和分析。数据处理中，去除了有缺损值的答卷和测谎题识别出的答卷，以确保问卷调查的效度和信度。

　　数据处理中，计算各指标（项目）五个选项的百分比，以及各指标（项目）、标准

(量度)、领域(维度)的平均得分,显示普通高中学生发展指导的现状、需求、意愿和能力的调查结构,平均得分的解释规范参见表4.2。

表4.2 调查结果解释规范表

	1.0～1.8分	1.8～2.6分	1.6～3.4分	3.4～4.2分	4.2～5.0分
现状	学生感到老师根本没有帮助和指导他们	学生感到老师几乎没有帮助和指导他们	学生感到老师偶尔帮助和指导过他们	学生感到老师经常帮助和指导他们	学生感到老师一直在帮助和指导他们
需求	学生完全不需要老师的帮助和指导	学生基本不需要老师的帮助和指导	学生对老师的帮助和指导无所谓	学生比较需要老师的帮助和指导	学生迫切需要老师的帮助和指导
意愿	教师根本不愿意帮助和指导学生	教师不大愿意帮助和指导学生	教师对帮助和指导学生无所谓	教师比较愿意帮助和指导学生	教师极其愿意帮助和指导学生
能力	教师对自己帮助和指导学生的能力极不自信	教师对自己帮助和指导学生的能力较不自信	教师对自己帮助和指导学生的能力心中没底	教师对自己帮助和指导学生的能力比较自信	教师对自己帮助和指导学生的能力极其自信

(二) 学生获得指导的现状

尽管国家提出了要在普通高中建立学生发展指导制度,但并不意味着目前我国普通高中学校中不存在学生指导的活动。事实上,这种制度的产生与发展必须依据于当前高中学校已经开展了的学生指导实践及其基础。

表4.3的数据显示,在总体上,目前普通高中学校中都有开展学生发展指导的实践活动,而且在一些方面表现良好。

在学生学业指导领域上,各指标得分均高于3.4分,尤其是学生在"形成正确的学习目的和态度"这个项目上得分最高,说明普通高中学生学业指导现状较为乐观,学生感到老师经常帮助和指导他们。这一方面表明接受调查的学校做得比较好;另一方面可能因为在当前高考的大背景下,学业学习指导得到优先关注和重视。从标准差看,在"选科和选课"项目上的标准差稍高,显示学生在这方面获得指导的差异性较大,即各学校提供的学业指导的程度不尽一致。

表 4.3　学生发展指导现状得分统计表

领域（维度）	标准（量度）		平均分	标准差	领域平均分
	内　　容		平均分	标准差	
一、学业发展	形成正确的学习目的和态度		3.72	0.746	3.58
	学会订立学习目标、制定学习计划、有效管理时间的技能		3.46	0.793	
	获得学习和考试技巧		3.63	0.771	
	选科和选课		3.48	0.853	
二、生涯发展	学会生涯规划		3.14	0.991	3
	职业定向和就业准备		2.93	1.013	
	升学定向和升学准备		2.93	1.015	
三、生活发展	个性发展	发展自我概念	3.5	0.880	3.51
		发展兴趣与扬长避短	3.51	0.835	
		获得应对困难的态度和技能	3.61	0.820	
		获得自我反省的意识和方法	3.62	0.831	
		适应学校生活	3.43	0.863	
		获得维护身体健康的方法和习惯	3.47	0.880	
		获得心理调适的方法	3.47	0.889	
	群性发展	获得人际技能	3.51	0.904	
		获得沟通技能	3.49	0.858	
		获得合作的态度和方法	3.51	0.858	
		获得领导和组织活动的技能	3.41	0.886	

　　在学生生涯指导领域上，领域平均分只有 3 分，而且"职业定向和就业准备"与"升学定向和升学准备"两个项目得分均低于 3.0 分，显示这方面的指导明显不够。同时，这两项指标的标准差均较大，显示出学生获得指导的差异大，反映出学校之间的差异。很显然，当前普通高中学校对学生生涯指导明显欠缺，重视程度不及学业指导，各校之间存在较大差异。

　　在生活指导领域上，各项目得分均高于 3.4，领域平均分达到 3.51，低于学业指导，但高于生涯指导。

（三）学生获得指导的需求

上面学生发展指导的现状统计结果似乎并不差,但是,学生对获得自身发展指导的需求又怎样呢? 了解学生获得指导的需求,是建立学生发展指导制度和实施指导工作的前提和基础。表4.4 显示出了学生发展指导的需求得分,这为我们讨论如何加强学生发展指导工作及其工作重点提供了依据。

数据显示,几乎所有项目的平均分都集中在3.4～4.2分之间,但有两个项目例外。它们分别是"老师帮助和指导学生掌握测验和考试的答题技巧"项目和"老师帮助和指导学生解决学习上的困难,弥补学习上的缺陷"项目,平均分分别为4.24分和4.23分。这显示出学生对学习策略和考试技巧方面的需求最为强烈,这与当前"应试"的教育与学习需求相吻合。在整体上,学生对学业指导、生涯指导和生活指导的需求平均分均高于之前的现状平均分。这一结果显示出当前普通高中开展学生发展指导的迫切性程度。

在学业指导需求上,学生对于"获得学习和考试技巧"和"发展兴趣和特长据此选科和选课"的需求要比"形成正确的学习目的和态度"和"学会订立学习目标、制定学习计划、有效管理时间的技能"更强烈。这一结果符合高中生的身心发展水平。

表4.4　学生发展指导的需求分数统计表

领域 （维度）	标准（量度）			平均分 （维度）
	内　　　容	平均分	标准差	
一、学业 指导	形成正确的学习目的和态度	3.90	0.784	4.03
	学会订立学习目标、制定学习计划、有效管理时间的技能	3.99	0.779	
	获得学习和考试技巧	4.18	0.755	
	发展兴趣和特长据此选科和选课	4.06	0.765	
二、生涯 指导	学会生涯规划	4.04	0.798	4.04
	职业定向和就业准备	4.04	0.797	
	升学定向和升学准备	4.05	0.795	

（续表）

领域 （维度）	标准（量度）				平均分 （维度）
		内　　容	平均分	标准差	
三、生活 指导	个性 指导	发展自我概念	4.03	0.813	3.95
		发展兴趣与扬长避短	4.06	0.776	
		获得应对困难的态度和技能	4.12	0.795	
		获得自我反省的意识和方法	4.02	0.800	
		适应学校生活	3.96	0.818	
		获得维护身体健康的方法和习惯	3.81	0.882	
		获得心理调适的方法	3.98	0.857	
	群性 指导	获得人际技能	3.87	0.876	
		获得沟通技能	3.93	0.812	
		获得合作的态度和方法	3.90	0.815	
		获得领导和组织活动的技能	3.84	0.821	

在生涯指导需求上，学生在"学会生涯规划"、"职业定向和就业准备"和"升学定向和升学准备"指标上的平均分和标准差均接近，显示出在这三项指标的需求程度及其需求差异均相类似。

在生活指导需求方面，"获得应对困难的态度和技能"项目的平均分最高，为4.12，为最大的需求。

显然，高中生希望学校和教师能为自己提供更多更全面的指导。在学业发展、生涯发展和生活发展三方面，高中生都表现出了较强的获得有效指导的需求，这对学校与教师显然提出了高要求。

（四）教师提供指导的意愿

实施学生发展指导的关键在于教师，教师必须有参与和实施学生发展指导的动机和愿望，只有这样，才能使指导工作落实下来，并切实有效地开展，而不是流于形式。表4.5展示了教师提供指导的意愿情况统计，显示出了一些明显的特征。

表 4.5　教师提供指导的意愿分数统计表

领域 (维度)	标准(量度)			平均分 (维度)
		平均分	标准差	
一、学业 指导	学习目的和态度	4.69	0.521	4.65
	学习计划与时间管理	4.60	0.554	
	学习和考试技巧	4.68	0.525	
	选科和选课	4.63	0.553	
二、生涯 指导	生涯规划	4.53	0.638	4.47
	职业定向和就业准备	4.42	0.679	
	升学定向和升学准备	4.47	0.650	
三、生活 指导	个性 指导 自我概念发展	4.67	0.533	4.64
	兴趣与特长发展	4.61	0.549	
	问题解决	4.66	0.538	
	自我反省	4.67	0.534	
	学校生活适应	4.63	0.553	
	身体保健	4.66	0.544	
	心理调适	4.67	0.542	
	群性 指导 人际技能	4.67	0.539	
	沟通技能	4.66	0.552	
	学生团队合作	4.67	0.544	
	学生领导和组织活动	4.60	0.576	

首先,教师在每个领域的每项指标得分上,平均分数都超过4.2,而且标准差数值均在0.7以上,其中在学业发展和生活发展两领域,标准差还都小于0.6。按照调查确立的分数解释规范,这说明教师对为学生发展提供指导有强烈的愿望,而且意愿的差异不大。这反映出当前高中教师在学生发展问题上的统一认识,即教师意识到了促进学生全面发展的重要性。

其次,不同领域的统计数据显示,教师对促进学生学业发展指导的意愿相对说来最为突出,其领域平均分达到 4.65,这反映出教师还是坚持认为学业发展是高中学生发展的重点。这或许与当前高中学生升入大学的考试制度有关联。其实,不论考试与招生制度与方法如何改变,学业确实是高中学生发展的重要基础。如何没有良好的学业发展,则无论生涯发展还是生活发展,都可能是缺少根基的。对此,在建立学生发展指导制度中必须对此予以足够的关注和体现。

第三,在学生发展指导的三个领域上,生涯发展指导方面的数据分数相对低一些。这可能与教师对生涯发展的认识不够有关。毕竟高中学校中提出生涯规划还是一个新概念;同时,普通高中学校中往往是不大关注学生职业定向和就业准备的。

(五) 教师提供指导的能力

有效实施学生发展指导,不仅需要教师有参与动机,关键还要教师具有实施指导的能力。需要说明的是,本次调查教师提供学生发展指导能力状况,并非指教师的实际能力水平,而是教师对自己实施发展指导能力的自我估计。表 4.6 显示了这次调查数据结果。

除了"职业定向和就业准备"内容平均分低于 4 分外,在其他各个方面,教师们自认为具有比较高的指导能力,平均得分都超过 4 分。

在学业指导方面,平均得分达到 4.35,显示出了教师们的足够信心。相对说来,教师对指导学生生涯方面的得分较低一些,但也达到了 4.06。总体看来,教师对在三方面指导学生发展都比较有信心。这在一定程度上表明,当前教师对实施学生发展指导的能力还是自信的。

但是,显而易见的是,教师对自己实施学生发展指导的能力评价显然与他们提供指导的意愿之间有一定的差距。这充分地显示进一步培训与提高教师实施学生发展指导的能力的必要性和重要性。

数据分析还发现,随着教龄的增长,教师对于自己帮助和指导学生的能力越来越自信。其中,10 年教龄在学业指导与生活指导能力上是一个分水岭;5 年教龄则是生涯指导能力上的分水岭。

表 4.6　教师提供指导的能力分数统计表

领域 (维度)	标准(量度)			平均分 (维度)
	内　　容	平均分	标准差	
一、学业 发展	学习目的和态度	4.40	0.530	4.35
	学习计划与时间管理	4.30	0.573	
	学习和考试技巧	4.38	0.539	
	选科和选课	4.31	0.574	
二、生涯 发展	生涯规划	4.14	0.675	4.06
	职业定向和就业准备	3.99	0.727	
	升学定向和升学准备	4.04	0.698	
三、生活 发展	个性 指导　自我概念发展	4.36	0.560	4.33
	兴趣与特长发展	4.29	0.579	
	问题解决	4.35	0.559	
	自我反省	4.38	0.558	
	学校生活适应	4.28	0.586	
	身体保健	4.28	0.599	
	心理调适	4.31	0.581	
	群性 指导 能力　人际技能	4.35	0.571	
	沟通技能	4.35	0.555	
	学生团队合作	4.36	0.562	
	学生领导和组织活动	4.33	0.582	

　　以上内容只是课题研究中的一些调查数据,本文没有深入地分析和讨论,只是呈现出了当前我国普通高中学校中学生获得指导的基本现状与教师参与指导的意愿程度,显示了实施学生发展指导中教师的认识与能力状况。这些结果将有助于为制订学生发展指导政策与制度提供依据。

二、构建校本学生发展指导体系

　　上海市嘉定区中光高级中学自 2010 年 4 月起,依托华东师范大学教育学、心理学、社会学和职业教育学等专业研究者的指导,开展了构建学生发展指导制度的校本实践与研究,旨在探索适合本校学生的学生发展指导体系和模式。经过两年多的努力,已经取得了一些成果和经验。

(一) 强化机构建设与培养骨干教师

明确的组织机构及有效运行的工作机制是学生发展指导制度校本实践与研究工作得以持续推进和有效实施的保障。为此,学校成立学生发展指导中心,其中,校长担任学生发展指导中心领导小组组长,学校中层干部担任中心各专项指导小组组长,学校内区校级骨干教师、年级主任等为学校发展指导小组的成员。中心成员的职责与分工明确,通过行政例会开展学生发展指导课题知识的学习、规划的统筹、阶段性检查等活动,持续推进学生发展指导制度的校本实践与研究工作。2011年1月,学校颁发的第一号文件就是《推进"普通高中学生发展指导制度"实施意见》,明确以学生发展指导制度的校本实践与研究工作为学校工作重点,以此整体推进学校"十二五"改革与发展。

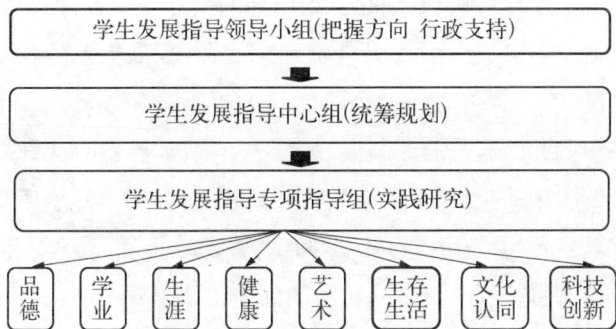

图 4.1　上海市中光中学学生发展指导中心结构图

指导区别于传统的管理与教学。增强教师的指导意识、提高教师的指导能力是学生发展指导研究工作得以有效实施的必要条件。为此,学校注重对教师的专项培训,充分利用相关专家资源,开展校内的专题研讨与学习,促进教职员工对学生发展指导制度的认识和理解。同时,与其他中学结成友好学校,通过定期的交流互访,实现相互学习与共同提高。

学校充分关注到班主任(与学生接触多)与青年教师(与学生年龄接近)的优势,培养他们成为学生发展指导及其研究工作的主力军,为他们开展系列的专题培训。如2011年8月,学校邀请专门从事咨询与辅导工作的"台湾张老师基金会"张德聪博士和黄正旭博士来校开展专题培训。学校还通过技能比拼提升教师的指导能力。例如,健康指导专项小组与品德指导专项小组每月组织一期由班主任或青年教师执教的心理主题班会,举办心理辅导活动课大赛,通过以赛促训的方式增强教师的指导意识,提高教师的指导能力。

(二)明确指导思路并分解指导内容

生源主要来自城镇的学校,相对说来,学生的整体能力不高,学业水平在全区中等偏下,高考升学率中等,就业竞争力较弱。为此,学校提出"适合教育"行动纲领,以适合学生实际的教育目标、内容和途径,搭建适合学生发展的平台,增强自我学习实践的能力,丰富学习生活阅历,促进学生全面和谐发展。这也成为了学校开展学生发展指导工作的基本思路。

基于以往在学业指导和生涯指导方面的工作基础,学校将生活技能指导拓宽为生存生活技能指导,增加健康、品德、文化认同、艺术、科技创新等五个新的指导领域,形成八大专项指导板块,并细化专项指导的目标和内容,再整合学校现有的教育教学资源,制定学年工作计划,开展全方位的学生发展指导校本实践活动。

(1)学业指导

通过学籍管理制度、选科选课制度、优秀学习案例、学习方法、时间管理、兴趣特长、应试技巧等主题的指导,帮助学生明确高中学习的目标,形成正确的学习目的和态度,明确学习目标、制定学习计划和有效管理时间,获得学习和考试技巧,发展兴趣和特长并据此选科和选课,对自己的高中生活以及高考能够进行客观的自我分析和定位。

(2)生涯指导

开设职业导航系列课程,培养学生观察和认识身边的现实世界、生活及工作的习惯,了解时代进步和国家发展对人的要求的变化,指导学生能够客观地分析自我,明确自己的人生目标与追求,增强学生学会选择与决策的意识和能力。

(3)生存生活技能指导

实施日常生活常识、突发事件的防护与自救技能、人际交往与团队合作等四方面的指导活动,帮助学生学习生活中的一些常用、基本的常识,学习换位思考和交流沟通的方法以提高人际交往能力;学会主动学习、思考和解决生活中所面临的问题。

（4）健康指导

开展健康行为与生活方式、疾病预防、心理健康、青春期保健等主题性指导,培养学生珍爱生命、健康生活的意识,掌握必要的保健知识和技能,提高学生自我保健能力,促使学生能自觉地采纳和保持有益于健康的行为和生活方式,促进学生身心健康和谐发展。

（5）品德指导

确立以"国家文化、生命文化"为主线的"文化德育"品德指导体系,充分把握校园文化节日、主题教育等活动契机,分年级实施品德指导目标,即,高一以行为养成指导为主,培养自律感;高二以实践体验指导为主,培养责任感;高三以理想信念指导为主,培养使命感。品德指导的核心是将传统德育与指导结合在一起,运用指导促进德育工作,增强德育的实效性。

（6）文化认同指导

开展文化认同指导,是以活动为载体、以课程为抓手、以课堂为渠道、以社团为切入口、以班级管理为突破口,培养学生对学校文化、地区文化以及国家文化的认同感和传承意识,增强学生的民族意识和爱国主义情感,增强学生理解与尊重不同文化的意识,提高鉴别与鉴赏异国文化的能力,培养学生跨文化交际能力。

（7）艺术指导

在音乐、美术课程的基础上,创建一门具有综合性质的基础课程,丰富学生艺术审美经验、提升人文素养、开发多元智能、激发创造思维、增强爱国主义精神、完善人格品质。

（8）科技创新指导

通过研究性课程、拓展型课程、生态科技类社团等载体,培养学生的创新意识,指导学生了解并运用科学方法开展研究性学习和创新活动,培养学生多样思维与独立人格,奠定创新思维的基础。

（三）全面实施指导和挖掘指导资源

学校确立的办学特色是"自主发展、人文见长",提出"宽基础、厚体验、重技能"的改革思路,设立"拓展课程、多元发展、人文特色、通识指导"的课程优化目标。由此,学校将学生发展指导工作与学校常规教育教学工作紧密结合,通过基础型课程、研究型课程、拓展型课程、主题教育活动、社团活动、个别指导等各种形式,全面实施学生发展指导工作。同时,重视教师全员参与,充分挖掘和整合校外资源,调动家长和社区等教育资源,优化学生发展指导的师资队伍,拓宽学生发展指导的思路,丰富学生发展指导的内容。

1. 营造指导氛围的校园环境

学校大门内设有"传文化"的墙:宣传中国文化与人文历史、民族文化与人文艺术、建筑文化与现代文明等主题文化。教学楼前有"承精神"的物:寓意"桃李满天下"的果树,寓意师生素养应与学校文化相匹配的"门当户对",激励师生们只争朝夕的雕塑《日晷》。教学楼中有"述历史"的宝:以石碑、石狮、石牌坊、石门楼等组成的"石文化",以石雕、砖雕、木雕、竹雕为代表的中国民间"四雕"。此外,还有"传技能"的室:根据学生发展指导的专项内容,建立了生命关爱中心、茶艺室、陶艺室、咖吧、汽车驾驶模拟室、工具识别室、演播室等可供指导使用的场所,以便于开展指导活动。

学校坚持打造充满人文气息的"博物馆式校园",在净化、绿化、美化学校环境的基础上,挖掘优秀的传统文化精髓和现代文明典范等教育资源,使多元文化在校园共存共融,在注重熏陶、净化学生心灵,提升师生文化积淀时,为学生创设了一种良好、浓郁的人文育人环境。

2. 在课程实施中体现指导

学校要求在各个学科教学中融入学生发展指导内容,注重发挥不同学科对学生发展指导的"显性"、"隐性"的教育作用。如通过生涯导航、音乐、美术、体育与健身、心理健康等显性学科开展生涯指导、艺术指导、健康指导;通过政治课探索指导学生运用政治经济学相关知识经营咖吧的模式,开展生存生活技能指导;在各学科教学中注重各专项指导内容的渗透,通过数学、物理、化学、生物等学科,引导学生学习古今中外科学家求真务实、勇攀科学高峰的献身精神和创新精神,渗透品德指导和科技创新指导等内容。

学校在拓展型课程开发中,充分关注学生自主选择的特点,在语言技能、艺术技能、生存生活实用技能、社会交际技能培养等20多门课程实施中,注重指导的方式和指导的思想。

在研究型课程的实施中,指导教师充分注意到研究性学习的特点,注重抓住各种契机开展研究方法、情绪调控、团队合作、从多角度分析思考问题等方面的指导,让学生学会判断知识信息价值,分享研究、创意与成果,形成乐于探究的心理品质与勇于创新的精神,培养善于质疑、自主设计、刻苦钻研的学习态度,在合作中培育学生具有良好的心理素质、团结合作精神、高尚的审美情操,能够正确认识自我,形成文明健康、积极向上的生活方式,促进学生全面可持续发展。

3. 强化社团的指导功能

学生社团是校园文化活动的核心力量,尤其是当学生社团从自发的课余兴趣小组成长为学校课程中不可或缺的重要组成部分时,日益显示出其独特的活力和魅力。社团活动培养学生健康积极的兴趣爱好,催生新的认知活动,产生新的内在动机,促使学生不断努力去实现自己的目标。

2012 年 4 月,学校团委制定了《中光高级中学学生社团推进方案》,通过"学生申请——校级审核——自主活动——校级考核"的方式运行学生社团的自主管理模式。在原有 11 个学校限定社团的基础上,新增了 20 个学生自主社团,并确保每周一小时的社团活动时间,让社团活动成为学生寻找归属感、尝试改变自我、展示自我、体验成功、增强自信、进一步挖掘自身潜能的重要平台,同时也注重学生自我组织、自我管理、自我学习、互助成长等能力的培养。

4. 个别辅导逐步跟进

学校成立班主任工作室,制定了《班主任工作手册》,明确要求班主任在个别指导时详细记录辅导过程,以便辅导工作的有效开展以及对辅导过程的督导;生命关爱中心全天开放,寒暑假定期开放,开设了心理热线、QQ 咨询、邮件咨询等咨询平台,制定《个案跟踪辅导手册》,详细记录个案咨询情况。

5. 整合资源开展指导

学校将社区和家庭纳入到学校管理框架中,在常规家委会工作、家长会等基础上,积极推行"家长督学制度"、"家校共建论坛制度"以及"社区、家校共建制度",通过与家长、社区代表的相互平等沟通、资源共享、教育共建等方式创设和谐、民主的办学氛围,建立学校、社区和家庭三方共同沟通与服务的机制。学校先后举办了"沟通是家庭教育成功的关键"、"家有逆反孩子"、"怎样面对孩子的青春期恋爱"、"如何对待高考孩子"等共建论坛。实践证明,共建论坛不仅可以提高家长在道德文化方面的育人素养,改进家庭教育方法,将学生发展指导的思想与方法传递给了家长,也促进了家长参与学校的指导活动。

学校还通过与上海大学团委共建,聘请该校研究生担任学生自主社团专业指导教师;邀请嘉定博物馆优秀讲解员定期到学校为学生开设嘉定人文历史讲座;嘉定消防队每年义务为学校训练国旗班、讲解消防安全、组织安全演练;嘉定环保局环境监测站和嘉定区土地规划局与学校签约挂牌,建立教育创新基地,为学校提供创新教育设备;嘉定学联公司、欧尚超市等单位为高三毕业生提供暑期社会实践岗位等等。

综上所述,中光高中在开展校本学生发展指导制度方面取得了显著进展,校本学生发展指导体系初步呈现,当然,也遇到了一些困惑和困难。例如,学校设立的8项指导内容是否合理,需要时间和实践的不断检验。而在努力实施这些指导方面,学校及其教师的能力明显有待于提高,需要得到更多的专业引领、帮助与培训。

三、学科教学渗透学生发展指导

在当前普通高中教育的现实状况下,学校很难安排专门的用于学生发展指导课程的课时;只是依靠专职的或者专业的指导/辅导教师开设学生发展指导课程,也很难对学生进行全方位的指导,这些教师与学生的日常接触少,容易使指导流于形式。

事实上,与学生接触更多,更深入到学生学习、生活中去的是学科教师。但是当前学科教学以学科思想、学科知识和技能为主,缺乏结合学科特点的生涯、学业、生活指导要求,显然不利于学生的全面发展。学科教师在常规教学过程中,针对学生的个性特点、兴趣、特长开展的指导不仅是必要的,而且也是可能的。这对传统的学科教学也是有力支持。

陕西省西安市长安一中结合学校校情,将高中学生发展指导工作渗透到学校主要工作的四个方面:课程体系建设、咨询体系建设、教师培训体系建设、设备配套体系建设。旨在促进学生发展的指导课程包括通识型课程、渗透型课程和活动型课程。经过一段时间的探索,学校发现,由专职的学生发展指导教师承担通识型课程与由班主任主导的活动型课程,对学生发展的指导力度并不突出,甚至有些欠缺,而由学科教师承担的在学科教学中渗透学生发展指导的思想与方法的渗透型课程及其教学,则更具实效性和针对性。

长安一中经过近3年的努力,已经探索出了在学科教学中渗透学生发展指导思想与实施学生发展指导工作的实践体系及其方法,并取得了比较良好的效果。

(一)明确学科指导目标

长安一中认为,学科教师指导是结合学科特点对学生进行的生涯与学业指导,是对学校中专业指导教师通过通识课程而指导的一种补充。

就生涯发展领域而言,学科指导的目标定位是:结合学科知识和学科特点,对学生进行生涯教育,培养学生尽早规划未来的意识,指导学生了解与学科相关职业的类型、特点和要求,为其未来的职业生涯做准备。

就学业发展领域而言,学科指导的目标则是:结合教学内容和学科特点,指导学生领会学科文化的魅力,增强学习兴趣和求知欲;指导和训练学生掌握学习方法和学习策略,养成良好的学习习惯;使学生具有自主学习能力,为其自主发展和适应社会奠定基础;具有探究学习能力,为其能够创造出更多的新思维产品奠定基础;具有合作学习能力,为其在社会性群体中的适应和发展做准备。

(二)整理学科指导资源

学科教师要从教材、网络、生活等多方面挖掘整理适用于学科指导的资源,并将这些资源逐渐整理成为学科指导的课程内容。整理学科指导资源的方法,可从生涯和学业两个领域着手进行。

在生涯发展指导领域,整理指导资源包括:① 挖掘和整理教材中可用于生涯发展指导的课程资源。例如学科发展过程中出现的名人及科研成果、教材中与现实生活相关的内容,如长安一中化学校本教材中介绍的"香水制造"。② 收集和整理职业咨询中的职业信息作为指导资源。③ 选择来自现实生活中的典型职业案例作为指导资源,如教师职业。

在学业发展指导领域,可以从以下方面整理指导资源:① 充分利用《普通高中课程方案》和"普通高中各学科课程标准",整理出高中学业的内容、结构和要求,作为认识学科文化和增强求知欲的指导内容。② 充分利用教材,开发和整理出用于教学过程中进行学法指导的内容资源,包括教师总结、收集和整理的学科学习方法,以及来自优秀学生的学习经验,如《化蛹为蝶——如何思考着学习》。③ 围绕自主、探究、合作的学习方式,从学科特点出发,开发和整理出培养学生自主、探究、合作学习能力的指导资源。

（三）开展学科指导课

长安一中已将生涯发展和学业发展指导渗透到学科教学中，利用课堂进行渗透指导或专题指导。在课堂中渗透学生发展指导的方法主要有两种：课堂渗透指导课和课堂专题指导课。这两种课有别于传统学科授课，以下以具体教学指导过程为例，介绍学科指导课程的开展方法。

1. 课堂渗透指导课

课堂渗透指导课是教师结合学科的课堂教学，对学生进行生涯或学业指导，指导与教学相融合。这种课有两种主要类型，下面分别介绍。

第一，生涯渗透指导课。

生涯渗透指导课是教师在一节课的教学设计中，包含一个生涯指导的教学环节，在课堂教学过程中渗透职业生涯方面的指导，培养学生的职业态度、情感、价值观，以及帮助学生认知某种职业。

例如，以一节英语课为例。教师选取了一篇以"一位中国留学生的国外留学经历"为主题的课文。在第一教学环节，教师通过播放国外景点及国外知名大学的照片，引起学生对未来、对理想的思考，启发学生"只有敢想，才能实现梦想"。在第二教学环节中，又与课文内容联系起来，让学生讨论国外留学的利与弊，这又是一次对未来人生的思考，尤其是那些有志于出国留学的学生。同学们在讨论中可以进一步客观地认识自己的理想。在第三教学环节，教师还向学生介绍一个与课文有关的专业，如外国语言、对外汉语等专业，开阔学生的眼界，扩大他们对专业与职业的见识。

第二，学业渗透指导课。

学业渗透指导课需要渗透的指导内容包括对高中学科学业内容的认知、学习方法及策略的认知以及自主、探究、合作学习方式的认知。针对不同的认知内容，学业渗透指导的方法也有所不同，例如，课堂教学中渗透学法指导的课，就是指学科教师在课堂教学中选用合适的教法，巧妙地渗透学习方法的指导，通过"渗"使学法融入并运行在学知识的过程中，通过"透"使学生明确并掌握学知识所用的学法，使学生既学习了知识和技能又掌握了学习方法。

以一节地理课为例。地理教师在进行大陆漂移学说的教学中，既让学生掌握关于大陆漂移学说的地理知识，又指导学生掌握利用图像学习地理知识的图像学习方法,提高了学生的学习能力。地理教师的教学指导环节有以下四步:第一步举例示范,了解图像学习方法;第二步尝试运用,理解图像学习方法;第三步练习巩固,掌握图像学习方法;第四步总结提高,创新学习方法。为了使学生熟练掌握图像法,采用层层深入的指导方法。整个指导过程如下图所示。

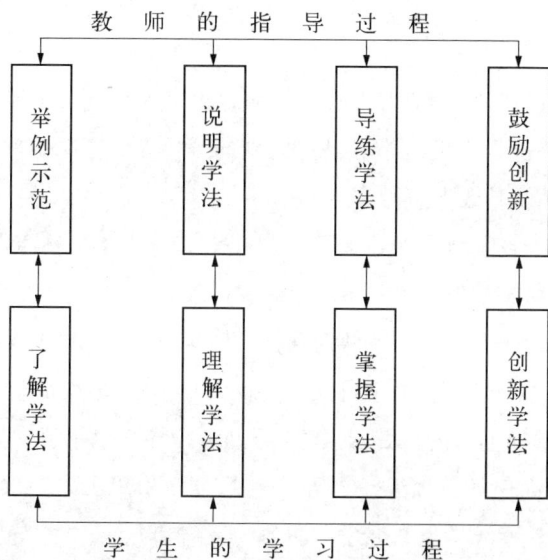

图4.2　陕西省西安市长安一中学科教学渗透指导过程图

2. 课堂专题指导课

课堂专题指导课是学科教师利用专门的课时对学生进行指导。学科教师可以开设生涯专题指导课,即学科教师研究和整理本学科所涉及的相关职业、相关大学和专业,以专题课的形式向学生介绍本学科所涉及到的职业及职业对应的专业、高校、就业等信息,指导学生形成本学科相关的职业树,促进学生对职业和专业的认识和理解。

以语文学科为例。语文教师可以开设"生涯与语文"之类的专题课,通过举例和学生讨论,引导学生认识和思考学习语文的意义和重要性,了解语文对其未来职业生涯产生的影响,由此激发学生学习语文的兴趣和提升学生对未来自身职业发展的思考。

学科教师也可以以专题形式,结合本学科特点及其具体内容,在课堂上系统地对学生进行本学科学业发展方面的指导和训练。例如,就"预习"习惯及其方法而言,教师首先要引导学生完成思想上的转变,让学生认识到预习的重要性;其次,教师要结合学科特点,指导学生掌握预习的具体方法和步骤,尤其是要注意因人而异。在实际教学的过程中,教师还要对学生的"预习"效果进行适当的评论,尤其是要提出改进的建议和意见,由此引导学生形成良好的预习习惯与方法。

(四) 实施学科指导评价

学科指导是否科学、有效,需要有科学的评价。评价同样需要有明确的标准。评价学科指导与评价学生发展指导是有区别的。长安一中依据实际校情,确定了评价学科指导活动及其效果的标准。

在生涯学科指导上,评价标准是: ① 帮助和指导学生进行生涯规划的意识和技术。② 帮助和指导学生了解与本学科相关的职业信息。③ 帮助和指导学生了解与本学科相关的升学信息。④ 帮助和指导学生进行文、理分科选择和高考志愿填报。⑤ 帮助和指导学生明确学科知识的价值和作用,激发成就未来的动力。

在学业学科指导上,评价标准是: ① 帮助和指导学生了解初高中学科知识的过渡和衔接,适应高中学习生活。② 帮助和指导学生思考学习的意义,明确学习的目的。③ 帮助和指导学生掌握学科学习的策略和方法,并指导学生寻找更适合自己的学习方法,改进学习技巧,养成良好的学习习惯。④ 帮助和指导学生确立合理的学科学习目标,制定、实施学科学习计划,进行科学的时间管理,及时对学科学习进行自我评估和反馈,调整学科学习的策略和方法,增强学生的自主学习能力。⑤ 帮助和指导学生掌握探究与合作学习的技术和方法。⑥ 帮助和指导学生掌握学科考试的策略和技巧。⑦ 帮助和指导学生在学习中发展自己的兴趣和特长。

将学生发展指导渗透到学科教学中,具有创新性和相当的难度,所以很容易让学科老师产生畏难情绪,或使这种指导流于形式而无法发挥其应有价值。为此,长安一中对学科教师在学科教学中实施指导的情况开展专门的评估。

长安一中采用的评估途径有: 学生评价是否从学科教师的指导中获得应有的益处;学科教师自我评价指导的水平;其他教师的同伴评价,即通过听课与评课等教研活动,来评判学科教师在教学中的指导水平。学校对以上三方的反馈进行评估,对学科教师在学科教学中渗透指导的状况及其能力进行综合评判,并为教师提供改进建议。

上述内容就是长安一中将学生发展指导渗透到学科教学中的实践探索。在实践过程中,长安一中也遇到了一些问题和阻力。

在学科教学中开展学生发展指导工作,主力军就是学科教师。但是,在传统学科教学中,学科教师的任务主要就是知识传授与技能训练的教学任务,现在要求他们将教学与指导相结合,实现"育人"的新理念,这对于一些学科教师而言,显然是一种挑战,包括观念与能力两方面。学科教师缺乏从现行教材中挖掘与整理适合学科指导的资源的经验和技术,尤其是生涯发展指导方面,以致于认为"无内容可用以指导"。

在学科教学中开展指导,这是一项崭新的、开创性的工作,目前大多数学科教师还缺乏开展渗透课、专题课的指导技术,部分教师有畏难情绪。事实上,学科教师教学经验丰富,他们与学生接触时间较多,对学生的学习与生活、心理与思想、习惯与行为等状况还是比较了解,他们在学科教学中渗透学生发展指导还是可行的、有效的。为此,学校需要加强教师对学生发展指导思想的学习和提供必要的支持和引导,以充分利用学科教师这一优势。

四、发展学生的自主教育与指导

学校和教师在实施学生发展指导方面具有重要作用,但是,就指导本身的要求来看,学生的自我指导或者说自我教育,或许在学校发展指导制度体系中应该发挥更重要的作用;学生自我教育与指导能够更好体现以学生为中心的现代教育思想,也是以人为本科学发展的重要表现。本部分以学生自我参与为主线,介绍一些学校是如何基于学生的自我参与而实施学生发展指导工作的。

(一)学生社团的机制保障

1921年4月20日,美国著名哲学家、教育家和心理学家约翰·杜威应福建省立第一中学(即现在的福州第一中学,简称"福州一中")的邀请,到校做了题为"自动与自治"的讲演。可以认为,杜威的教育思想一直影响着福州一中的发展。福州一中始终注重学生"自动力"的培养,将"自力自治"列为学校育人宗旨的八大支柱之一。目前,学校将"形成'自信'、'自动'、'自在'的精神素养"写入了未来六年学校发展规划(2012—2018年)。

福州一中正是基于这种学生"自动力"培养的办学思想,探索了依托社团活动的学生发展指导实践。学校希望通过学生社团这个平台,基于学生参与的社团活动,引导学生更好地发现和培养自己的兴趣、挖掘潜能、树立自信、锻炼能力,实现自我发展。

1. 促进社团管理的系统化

第一,树立社团工作的指导思想。

福州一中社团工作必须高举中国特色社会主义伟大旗帜,以邓小平理论和"三个代表"重要思想为指导,深入贯彻落实科学发展观。坚持以人为本,遵循教育规律和学生身心发展规律,以学生为主体、教师为主导,充分发挥学生的主体作用,激发学生内在的发展潜能,让学生积极、主动、快乐地学习、发展。

第二,明确社团组织的性质定位。

社团是学生自己的组织。学生社团突出学生的主体性,强调学生的自我组织、自我管理和自我发展。这个组织已不再是简单组合的学生群体,而是越来越趋近于校园文化中心;它也不再是校园文化的附属品,而是校园文化建设的主力军,在这个舞台上,学生是主人。

第三,形成社团运行的管理模式。

校团委老师负责协调、统筹指导工作。校学生会下设社团部,是学生社团的主管机构,负责各社团的日常管理、规范社团发展、"泰禾奖学金"评比和后勤服务工作。社团部制定了一系列的规章制度,包括社团的成立与解散、招新、日常活动、成果展示、奖学金评比等,使各个社团的活动做到有章可循。在实际工作中,发挥其规范化运作、有效性沟通和信息发布平台等三大优势,规范管理和引导着社团的良性发展。

第四,保障社团活动的学校支持。

学校为社团活动提供场地支持,如心语社、话剧社、天文社、希望英语俱乐部、尘心棋社和七户机器人俱乐部等都已有了固定的活动教室。学校的阶梯教室、报告厅和体育馆随时可提供给学生社团开展活动。

学校设立"泰禾奖学金",这是用于奖励学生社团活动的专项资金。每年设团体奖 8 个,奖励金额为每个团体 10 000 元/年;个人奖 100 名,奖励金额从 1 000 元至 1 500 元不等。

此外,成熟的优秀社团活动形式成为学校课程,这样既可以提高师生活动学习的积极性,又确保了社团活动的固定化开展。目前,发展成熟的 5 个社团已通过学校的审核成为校本课程。

2. 扩大社团规模与影响

目前,福州一中学生会社团部注册在案的学生社团共有 40 个,涵盖艺术、体育、学科、科技、实践等多种类型,详细情况参见表 4.7。

表 4.7　2012 年福州一中学生社团统计表

类　　别	社　　　　　　团
艺术类 (共 8 个)	牧岩话剧社、静之书画社、电影社、街舞社、音乐社、摄影社、动漫社、曲艺社
体育类 (共 10 个)	跆拳道社、乒乓球社、排球社、篮球社、足球社、网球社、羽毛球社、武术社、坐心棋社、桥牌社
学科类 (共 10 个)	青藤地理社、口语社、希望英语俱乐部、日语社、欧洲第二外语社、时新社、三牧书社、三牧文社、天文社、历史文化社
科技类 (共 4 个)	Scan 计算机社、科技创新社、七户机器人社、地理信息技术工作室
实践类 (共 8 个)	环保社、模拟联合国社、商业模拟社、海外留学俱乐部、手工社、志愿者服务队、银领社、心语社

在社团数量与规模发展的过程中,社团的影响力也不断提升。社团活动成为校园文化的重要核心,各大社团在校园文化舞台上争相亮相。例如,每年的迎新生晚会和元旦晚会,话剧社、音乐社、街舞社和民乐社都会献上精彩的节目。话剧社每学年末还会贡献一台年度大戏,音乐社的期末音乐会也成为了一种惯例。还有循着不同节日举办的不同主题的音乐会,例如新年音乐会、感恩节音乐会、周年庆典音乐会等等。体育类社团参与组织各类比赛,而学校每年的环保周和心理周,都是由环保社和心语社独立承担,为师生们普及环保及心理知识。

同时,社团及其成员在各种比赛中屡次获奖,吸引了更多的学生参与其中。例如,2009 年商模社首次组队参加加拿大西安大略大学国王大学学院"商业模拟竞赛",就获得中国区第二、第三及最佳进步奖等好成绩,并获得"亚军校"称号。经过一年的社团活动锻炼,2010 年福州一中在这项赛事中荣登中国区冠军校宝座。再如天文社,社团除了传播天文知识、组织社员观星之外,还组织社员们参加天文奥林匹克竞赛。2010 年 9 月,福州一中高三社员董辰兴在第四届国际天文学和天体物理学奥林匹克竞赛(简称 IOAA)中勇摘金牌。2012 年 5 月,高一社员黎旭翔获得全国中学生天文奥林匹克竞赛决赛第四名。

学校社团还走出了校门,与其他学校之间开展合作与交流。例如模拟联合国社每年组织社员参加国内外相关会议,与来自不同学校的选手交流和学习。2010年 2 月,校模联社举办了首届校际模拟联合国大会,吸引了福州市多所兄弟校学生代表参加。2011 年 7 月,校模联社还成功承办了北京大学全国中学生模拟联合国大会·东南地区分会,来自省内外 20 所学校的 165 名代表和来自福州地区优秀学校的 61 名志愿者参加了此次会议。

3. 确立教师的参与角色

学校德育处与团委学生会负责对学生社团进行管理,相关的指导老师则直接负责指导学生社团活动,与社员直接接触。学校规定每个社团必须配备至少一名指导老师(由社员自行邀请),指导老师须与社团性质相关,并且关注社团活动,起到指导支持作用。但指导老师不能代替学生组织、开展社团活动,社团的主体必须是学生。

实践表明,随着社团活动平台建设的推进,指导教师的作用日益显现。指导老师比较用心、给予社员指导比较多的社团大都发展得比较好,社团的凝聚力强,影响力大。在这样的社团中,社员的兴趣和特长得到了较好的培养,组织、沟通和协调能力得到加强。反之,社团生命力不强,发展前途堪忧,社员没有归属感、活动参与积极性差、退社现象频频出现。

很显然,学生社团不是不需要教师的参与。即使学生能力较强、智商较高,但由于受到年龄、知识或经验的限制,他们在参与或组织社团活动时还是会遇到很多挫折和无法解决的难题。以心语社为例,第一任社长凭借自己的口才和心理学功底为社员们带来了一场场精彩的演讲,可是后来接任的社长并不具备那样深的心理学功底及超群的口才,于是社团的运行便面临困难,不少社员抱着遗憾陆续退出了社团。第三任社长向心理老师求助,在心理老师的引导下,社团活动不断推陈出新,促进了社团的新发展。在活动中,社员们不仅收获了心理学知识,还收获了组织、创新和发展的能力。

同时,学校也认识到目前教师对学生在社团活动方面的指导存在明显不足。这些不足体现在以下两个方面:第一,指导时间不足。社团指导老师对社员的指导多局限于社团活动时间。而部分指导老师因为时间上的冲突,无法直接参与到社团活动现场,只能通过指导个别社员(例如社长和骨干社员)来间接指导全体社员,这样经常会导致指导不到位、不深入。第二,指导内容太狭隘。教师对学生在社团活动方面的指导主要由社团指导老师完成。而大部分社团指导老师对社员学生的指导主要集中在专业知识与技能的传授上。社团指导老师多是因为有相关专业背景才被邀请成为指导老师,却也因为这个原因,很多指导老师被限制了手脚,只注重了专业方面的指导,只发挥了社团"培养兴趣,挖掘潜能"的作用,而忽略了社团还有"树立自信,培养沟通能力、团队协作能力、自我规划能力、自我发展能力"等功能。因此,学生参与社团活动所能获得的发展受到了限制。

针对上述问题,学校正计划从以下几个方面去改进社团活动中的学生发展指导工作。

第一,增加指导时间。建议指导老师与社员们加强联系,在社团活动时间之外灵活机动地对学生给予指导。学校将从制度上对教师的指导时间提出一定要求,例如每学期指导老师必须指导或参与社团活动5次以上等。

第二,拓展指导内容。指导内容应该更加系统化、多维化,更"贴近学生实际,努力解决学生成长与成才的问题和实际困难,激发学生参与的自觉性与主动性"。指导内容需要包括多个方面,即专业发展指导、生涯发展指导、生活技能指导等等。

第三,加强指导师资队伍的建设。学校将组织社团指导老师、班主任进行生涯指导和生活指导的培训,普及相关的知识与技能。建立奖励机制,分类评选优秀指导老师,适当奖励,提高教师指导的积极性,并以此杜绝在其位不谋其事现象的出现。

(二) 基于社团的自主教育

与福州一中相似的是,辽宁省实验中学充分利用学生社团开展学生发展指导工作,在社团活动中实现学生的自主教育与自我指导,由此实现促进学生发展指导工作的开展。该实验中学开展基于社团的自主教育,主要从以下这些方面入手。

1. 学生社团的定位

中学生社团是中学生根据自己的要求,以共同的理想、积极的兴趣为动机,为了实现自身的需要或目的而自由结合的青少年群众性团体。社团活动都是由学生从自己的兴趣、爱好出发,结合学习、生活的实际,自愿选择的对象性活动;是学生认识世界、改造世界以及探索人生的重要实践活动。

以社团为载体的学生发展指导工作的自主教育方式,具有非常重要的地位。在学习的同时,适时有效地开展丰富多彩的社团活动,使学生的压力得以释放,让学生在活动中学到课堂上学习不到的东西,不仅丰富了校园生活,更在这些实践中得到了历练,培养了多种能力和提高自身综合素质。为学生创造自我提供空间,使社团活动真正以人为本,尊重学生个体差异,使学生的兴趣、个性与能力在社团中得以充分发展,不仅一定能让学生的生活更加丰富多彩,更让学生认识自我、完善自我、提高自我、成就自我,为一生的幸福做好准备。

为了充分发挥学生的个性特长,丰富校园文化,让学生的学习生活多彩起来,学校提出了"培养学生兴趣爱好,丰富学生求知和实践途径,挖掘学生内在潜力,发挥学生自身特长"的特色社团文化发展目标。建立了布局合理、门类众多的学生社团,鼓励学生根据自己的兴趣爱好、特长、发展目标,自主选择确定加入自己喜欢的社团,满足了广大同学多层次、立体化、高质量的文化需求。

目前,该校的学生社团包括校园电视台、校园广播站、学生《风华》杂志社、学生《语意》报社、心理社团、金话筒学社、学生尘微志愿者服务社团、学生礼仪学社、学生绿荫环境保护学社和模拟联合国及学生艺术团 11 个传统类校级社团和 20 个非校级社团。

2. 学生社团的管理

该实验中学在学生社团的管理上采用了以下两种途径:

第一,广泛发动学生自由创建社团组织,并由社团发起人向学校的学生发展指导中心提交包括有五名以上筹备人员及一名指导教师在内的名单、书面申请、社团章程等相关材料。社团经学生发展指导中心审核批准后方可正式组建。

第二,为了使社团组织管理规范化、制度化,学校成立了学生社团联合管理中心,并将所有社团组织分为 A、B 两类。

将学校成立的社团组织定为 A 类,其他为 B 类。学生发展指导中心根据社团的作为和社团的影响对 B 类社团进行学期考核评比,并根据考核结果确定年度考核等级(可分为五星到一星五个等级),学校将对四星及其以上社团进行表彰,五星级社团可晋升为 A 类社团。清晰的奖励机制增强了学生们的成就动机和责任感。

3. 社团活动的特点

第一,"从兴趣爱好出发,发挥学生特长"赋予传统社团新定位。

将社团功能从单一的丰富校园文化生活功能延伸到促进学生的自我塑造和自

我发展上。例如,作为学校传统社团的学生电视台与校园广播站,不再只是简单地播放节目,而是根据学生的意愿、特长、能力将学生分散到台长、副台长之下的制作中心、主播部、业务中心、人才交流中心,使参与电视台的每个同学分担起从栏目策划到收集画面、从采访到撰稿、从编辑到主持等等系列活动中,教师只提供适时的点拨与引导,如后期制作需要专业指导时,教师"雪中送炭"。学生在参与校园电视台和校园广播站的活动中,不仅锻炼了能力,还培养出了专业与职业的兴趣,少数同学还由此选择了中国传媒大学等高校的表演和编导专业,为未来的个人发展做好了铺垫。

第二,促进学生与外界的接触,发展多方面的潜力。

社团活动不仅要满足了学生的兴趣爱好,激发表演欲、求知欲,也要锻炼他们的观察力、思维力、表达能力、表演能力、组织能力、协调交往能力以及创新能力。学生自主创办的《风华》杂志社与学生《语意》报社就是其中的典型代表。2009年辽宁省文科状元李维佳同学就曾是学校《风华》杂志社第五任副社长。为了使杂志的制作更加精美,她带领杂志社业务部的成员利用业余时间,游说于各个赞助企业之间,率先引入了数千元资金,不仅使社团得到了经费来源,也使同学们得到了课堂上得不到的锻炼,加强了与外界的交流。在签订赞助协议时,她与同学们还请学校的法律顾问协助社团审理条约内容,明确权利和义务,使大家增强了合约意识和责任心。

第三,开展具有国际性的社团活动,为学生的发展寻求新道路。

学校发展的建设目标是"国内著名、国际知名的一流名校"。要实现这一目标,增进与国内、国际名校的联系,加强交流,完善自我尤为必要。为此,学校也创设了模拟联合国。在实施模拟联合国的活动中,同学们扮演各个国家的外交官,通过阐述观点、政策辩论、投票表决、做出决议等经历,熟悉联合国的运作方式,了解人类所面临的共同问题,思考自身可以发挥的作用。它增强了同学们对于联合国组织的结构、程序和功能的认识,激发了对当前国际局势的独立思考,有效提高同学们的理解力、决策力、执行力、沟通力,更可以促进同学们的英语学习。

第四,关注学生心灵成长,实现由他助变成自助。

学校的心理社团发挥其独特的优势,关注学生自身的心理问题,关注青春期的热点问题,并与其他社团联手打造校园心理健康信息传递的亮点。心理社团联合校园广播站开设了"心灵之声"专栏,除了介绍必要的心理学方面的常识外,还集体回答学生提出的一些带有普遍性的心理问题；心理社团联合实验电视台开设"心灵聚集广场"，与学生共同探讨他们关心的一些热点话题，并邀请学校心理教师走进直播间，现场解答学生们提出的问题，多渠道地交流与沟通，有效地解决了学生们在入学适应、学习方法、人际交往、青春期情感及考试焦虑等方面存在的问题。

每年 10 月，心理社团承办全校性的心理剧大赛。心理剧是针对学生中存在的普遍问题，采取角色扮演的策略，通过戏剧表演的形式，让学生在自编、自导、自演的过程中真实地体验自己的感受，使心灵得到成长，并找到解决实际问题的有效方法，使学生由他助变为自助。

总之，心理社团的工作使心理健康教育与辅导打破了以往由上至下的方式，促使更多学生能够主动关注自己的心灵成长，从内心主动地去感悟生活，实现了对学生个性指导、心理教育的自主教育。

综上所述，学生社团及其活动是实施学生发展指导尤其是促进学生自我发展指导的重要途径之一。以社团为主要载体的学生发展指导工作，有助于学生通过丰富的课外活动不断成长，促进学生个人的参与、体验、感悟、接受和启迪。学校需要尽可能为学生创造开展社团活动的条件。完善学生社团及其活动无疑是一种具有自主性、实效性和针对性的学生发展指导之路。

(三) 基于网络的自我学习

广东省华南师范大学附属中学(简称"华师附中")在实施高中学生发展指导的实践中，创设了自主学习网络平台，以推进学生发展指导工作的实施，将信息技术有机地融合到普通高中学生发展指导实践中，并已成为有效的形式。

1. 自主学习网络平台的基本思路

普通高中学生要适应社会发展，必须及早了解自我，了解社会，了解职业信息，了解社会对人才素质的要求，必须发展多种智能，具备综合素质，并且合理选择专业、职业发展的方向，为将来的职业成功、人生幸福打下坚实的素质基础。

从实践上看，学生发展指导的主要障碍在于观念落后。中学普遍重智轻德，没有"指导"意识，一些开始开展学生指导的学校，也可能只侧重于学业指导，甚至有偏离指导的本质去追求升学率的味道。观念落后有着很深的社会根源：包括领导、家长在内的整个社会普遍只关注升学率。当前中学师生绝大部分时间、精力都在追求学生学业发展，而生涯发展、生活技能发展方面普遍不被重视，想重视也力不从心，或挤不出时间。在这种环境下，不能奢望短期内学生发展指导有充足的师资、课时、教材等，只能在有限的时间内推进指导工作，只能多利用学生的课余时间来学习。网络可以提供自主、灵活学习的便利。

基于上述情况以及网络的快捷及即时性，可以充分利用网络，因为从理论上讲，学生是发展的主体，教育必须以人为本，适应学生个体发展的需要，尊重学生主体，因材施教。成功的教育，应当是有效激发学生自主发展的意识，调动学生积极、主动地学习，达到"教是为了不教"的教育目的。学校引导学生参与课程构建，自主学习，并进行个别化、个性化教育指导，无疑有利于追求最大的教育效果。

从技术上讲，现代信息技术和网络具有资源丰富、互动性强、直观便捷等优势，可让学生自主选择学习的时间、方式与学习课程，是课程的一种补充和延伸，为新的教与学提供了良好的基础。

为此，华师附中创办了名为"华附在线学习中心"的自主学习平台。它既有丰富的现成课程，也能让学生自主构建在线课程，以此引导学生在理想、学业、生活、生涯等方面健康成长。

图 4.3　华南师大附属中学在线学习平台网页

2. 自主学习网络平台的课程内容

自主学习网络平台包括网络课程建设和网络技术平台建设两个方面，其中，技术平台依附在网络教育平台"爱学网"（内含华附在线学习中心）上，所以，平台建设的关键是网络课程建设，即在线课程。

为此，华师附中开发了理想指导课程、学业指导课程、生涯指导课程、生活指导课程。其中，学业指导课程包括学法指导课程、学科教学课程、校本选修课程等；生涯指导课程包括生涯规划指导课程、职业发展指导课程等;生活指导课程包括个性心理健康指导课程、品行养成指导课程、体育卫生安全常识等。

在高中新生录取后不久,学校给新生的录取通知书里,即提供了华附在线学习中心(爱学网)的注册方式与密码,并要求新生在入学前的暑假,登录学生发展指导自主学习平台,进行初、高中衔接学科课程及理想、生涯、生活指导课程学习。一般情况下,新生出于对学校的好奇,会非常认真地学习。此后三年,在校学生均可免费享用爱学网的全部资源。在后续的学习中,需要不断激发学生学习的自主性。

学生发展指导自主学习平台中最主要、最具特色的课程,就是理想指导、生涯指导、生活指导方面的课程,总计有几十门课程,包括大量的精彩视频片断,目标在于引导学生树立理想、学会做人做事、健全人格、健康生活,为职业成功和人生幸福奠定素质基础。

自主学习平台上的理想与生活指导类课程内容有:《中国革命与中国共产党》、《天下兴亡 匹夫有责》、《让生命充满爱》、《回望中国民族企业家》、《高品质沟通》、《点亮心灯》、《人生成功的开始——品行管理》、《入学与人生》、《EQ 与情绪管理》、《如何成为世界 500 强欢迎的人才》等等。许多课程内容有好几集。要求学生利用假期学习自主学习平台的视频课程,并在新学年注册日之前在网上提交学习感想,利用现代信息技术引领学生自主发展。通过课程引领,激发学生生涯规划与自主发展的意识,让学生初步掌握完善自我、发展学业、选择专业发展方向与职业的能力。

在网络平台上,本校学生可以通过上网免费观看非任课教师的所有优质学科教学辅导课程,按照自己的需求进行学习科目、学习重点的个性化课程选择,进而完成自我学习的过程,充分实现自主学习的理念和要求。网上学习平台学科课程的学习与指导都有规范的流程,即:自主或在老师指导下选定课程→制定学习计划(学习科目、时间)→在线学习(屏蔽干扰)→课后测试、反馈报告→指导调整→总结反思。网上学习平台能够向学生和老师反馈如下信息:听课情况(科目、计划时间、实际时间)、课后检测情况;老师参照学生在校表现及最近测验与考试的成绩,对学生进行指导。

华师附中在实施基于网络的自主学习实践中,也坚持和鼓励教师参与,注意到了网上自主学习自我指导与网下教师帮助、教师指导相结合的学生发展指导要求。例如,注意利用社会教育资源参与学生发展指导,注意开展面对面的心理健康辅导与人际关系辅导，着力引导学生奋发向上、端正学习态度和学习做人做事。

（四）手绘图片的自我指导

自我教育与指导是一种有效的学生发展指导方式。近年来，北京理工大学附属中学（简称"北京理工附中"）探索以学生手绘图片为切入点，开展了学生自我教育和自我指导活动，并取得了积极成效，积累了开展自我教育和自我指导的经验，形成了具有校本特色的学生发展指导方式。

自我教育和自我指导有多种具体的实施途径。学校以学生手绘图片为切入点，是基于尊重学生特长、顺应学习心理特点的选择。学生的手绘图片主要包括以日常行为习惯、学科学习、心理健康等为创作主题的漫画、连环画、照片、简笔画、电脑绘图等。这种自我教育和自我指导形式经历了初步尝试、班级推广、全校行动等三个阶段，实现了由零星的点到连点成线再到连线成面的逐级扩展深入，内容由文明素养拓展到生活、学业和心理成长等多个方面，使学生的自我教育和自我指导逐步规范，体现整体系统。

1. 手绘图片活动的由来

2011年，教育部颁布了《中小学文明礼仪教育指导纲要》。在落实该纲要精神的工作中，学校发现，绘画是传递信息、交流情感的一种重要手段，以此为教育方式可达到文字或语言无法实现的效果。不仅如此，图片亦是学生喜闻乐见的表现形式，他们对颇具幽默感的平面文艺作品不仅很感兴趣，而且创作热情高。学校由此认为，如果能将绘画与学生的自我教育与指导结合起来，就既能发挥莘莘学子的集体智慧，满足其创作表现欲，又能以一种丰富多彩的方式教育学生，减少教师乏味的说教，从而激发学生的自主性，发挥自我精神的力量，形成自我教育与指导的模式。

基于以上思考，学校推出了"用漫画描绘你对文明礼仪的理解"精品推介主题活动。活动初始，通过美术课在学生中广泛宣传，征集以文明礼仪为主题的漫画作品。此举受到学生的热烈响应，先后有数百名学生参与。漫画作品幽默诙谐，具有启发性，其内容丰富多彩，如呈现公交车上给老幼病残孕群体让座、食堂与车站有序排队、不乱扔垃圾、珍惜粮食与水资源、遵守交通规则、感恩父母、帮助盲人过马路、在校内整齐着装、对老师和长辈使用文明用语等等。

在征集完学生的漫画作品之后，作品在班级中进行展示，并请学生选出优秀作品。在活动的最后,制成优秀作品展板,在学校食堂外的宣传栏内展示,并以班级为单位投票选出符合主题、最有创意、独具内涵的漫画作品,并及时给予奖励。

自展板展出,学生的漫画作品吸引了来来往往的师生,在通往食堂的路上,随处可见他们围着展板欣赏作品的身影。学生们富有创意的构思及其对文明礼仪的独到见解得到了大家的一致褒奖。

活动之后,学校与教师对部分学生进行了访谈。学生们坦言,自己积极参与、认真思考并完成绘画作品的过程本身就是对自我的文明礼仪教育。因为这种教育方式结合个人的积极参与,饱含自身的创意与努力,因此对自己的思想认识产生了很深、很真实的影响,使自己对文明礼仪的认识更加贴近生活,贴近自己,在以后的生活中更愿意身体力行。

这些漫画作品从学生的独特视角全面、深刻地体现了当代中学生对文明礼仪的理解以及对中华传统文明的热爱,适时而又适当地提醒了其他学生,增强了他们遵守文明礼仪的意识,扩大了文明礼仪教育的范围。通过这一活动,学校不文明的现象明显减少了。校园变得干净整齐,学生变得更懂礼貌、更节约,师生关系也更和谐了。学校教师也纷纷表示赞同和支持此类活动,并期望继续开展。

这次学生手绘图片的活动,开阔了学校实施学生发展指导的视野,更加注意到学生自我参与、自我教育和自我指导的重要性和可能性。为了进一步巩固前一阶段的活动成果,尤其是关注学生的自我教育和自我指导,学校开始积极鼓励并逐步推广学生以手绘图片为载体的自我教育和自我指导。

基于前一阶段的活动成果,学校决定在班级教室的内外都安设较大面积的展板,为学生提供广阔的空间,让更多学生以手绘图片表达心声和实现自我教育。由此,一段时间以后,教室内外的展板上出现了丰富多彩的图片,主题更加多样。例如,教师节感恩海报、人生励志名言警句、成长目标、情绪调节等。老师们感叹道,"孩子们太有创意了,有些话、有些理比老师说得都透彻。多好的自我教育素材啊!"

有班主任以"自我"为主题,鼓励同学们积极参与、用心描绘,在图文并茂中充分展示自我的优势和风采。通过此次活动,同学们认真审视自身,加深了自我认识。此后,宣传小报中的"自我"如同一个榜样,形成了一种无形的力量,提醒、约束、激励、指导学生。许多曾对自己要求不严格的学生因担心他人失望或嘲笑自己自卖自夸而努力维持优势,表现良好,进步明显。大部分学生看到他人的作品后,发现别人能做到的自己也能做好,于是,积极学习别人优点,摒弃自身的缺点。学生在互动中发现自我,反思自我,完善自我,较好地践行了自我教育和自我指导。

学生手绘图片的行为不只是局限在教师要求下或者展板上,现在也有学生自发的表现。有一班级中常常有同学将方便面的包装塑料薄膜或面渣等随意扔在班级门外饮水机的水槽里,这既影响美观又影响了使用。即使有人多次写提示语也未见改观,此问题一直没有很好地解决。该班里的"小画家"对此现象看在眼里,记在心中,利用自己擅长画加菲猫的优势,创作了连环漫画,贴在饮水机上方的窗玻璃上,以幽默的故事向大家传递爱护环境卫生的信息。一开始,一些同学只是觉得有趣,漫画的趣味性大于教育性。但一段时间后,加菲猫的"宣传"明显奏效,水槽里的垃圾变少了,窗台上也少有调料渣、调料袋了,班级卫生工作改善许多。受此启发,有同学制作了一个可爱的垃圾盒,样子如同一个吃不饱的小动物,微张着"大嘴",旁边两句幽默的提示语让大家自觉地把垃圾放进它的"肚子"里。这种学生自创漫画所产生的自我教育和自我指导的力量,远大于一句生硬的说教或者一行警示性标语。

学生对手绘图片活动表现出极大的热情及其在学生群体中产生的广泛影响和积极作用,超出学校及其教师们的预期。在这种手绘图片的活动中,学生找到了一种自由、自主地表达自己,展示自己的有效途径,在亲身参与、体验和互动的过程中认识自己、发现自己、教育自己和发展自己。

2. 手绘图片活动及其形式的提升

学校充分认识到利用学生手绘图片开展自我教育和自我指导的价值意义。好的手绘作品不仅娱乐性强,更有修身养性之功效。只要教师用心,就能发掘学生的现实需求及其所偏爱的教育与指导形式,从而避免教师一味地说教而引起的诸多弊端,学生手绘图片无疑是一条可以实施学生自我教育和自我指导的途径。手绘图片的内容可以扩大到心理指导和生活指导等其他方面,呈现的形式也可以不再拘泥于漫画,也可以是图片、简笔画、连环画等。

为促进这种基于学生手绘图片的自我教育和自我指导体系及方法的形成,学校在学习了有关自我教育和自我指导的理论基础上,仍以手绘图片为依托,在年级和全校层面上开展了一系列活动。

在进一步扩大利用手绘图片进行自我教育的活动时,学校不仅鼓励学生个人创作,也提倡以年级为单位共同创作,从而实现集体的自我教育,提升学生的集体荣誉感,增强凝聚力。其中,"班徽"、"级徽"设计就是精彩活动之一。

在一个新高一班级里,班主任开学第一天就提出共绘班级蓝图(班徽)的设想,此后,有绘画特长的学生负责图案设计,其他学生用文字写出班徽中元素的设想。以高一(5)班为例。全班有 45 人,共收上 41 幅作品及设计说明。最终提炼出的共同元素有"梦想、翱翔、攀登、远航、坚韧、务实、乐观、脚踏实地、志存高远","火焰、航船、翅膀、利剑、盾牌、飞鸟……"是设计初稿中多次出现的图案。在各种班徽设计的展示说明基础上,全班投票通过方案,最终确立班徽。在该班的班徽中,有盾牌代表抵御诱惑,有盾后利剑代表宝剑出鞘前的内敛,有翅膀代表梦想,盾前的"S"即和 5 相似,代表 5 班,也代表 super(超级)、surpass(超越),宝剑剑柄上的"吾"字正是源于学生们的意见"5 班,吾的班,吾们的班"。此后,班级成长都围绕着这一班级精神,这次班徽设计让大家体会了班级的团结奋进。后来该班被评为校先进班集体,学生的梦想结出了果实。

手绘图片延伸到了学业学习与学业指导之中。学生尝试着用五彩的颜色、丰富的图案和有趣的图画故事画出知识,画出学习之过程与乐趣。

例如,高二年级学生设计、创作了"愤怒的化学"系列展板。"愤怒的化学"以化学学科知识为依托,以深受学生们喜爱的游戏"愤怒的小鸟"为设计蓝本,包含"全面早餐"、"美好午餐"、"清淡晚餐"、"膳食宝塔"、"感冒药你会吃了吗?"和"小心呼吸"六大板块的内容。学生们结合所学的化学知识,将有害身体健康的物质喻为"健康贼",赋予生动的形象。整套展板集知识性和趣味性于一体,活灵活现地表达了学生对健康饮食和生活的科学认识,将化学学习与现实生活紧密地结合起来,使化学不再枯燥,学起来更容易。

在地理教学中,绿色地图选修课让学生画出自己的绿色地图,学生从作品选题、调查到绘图阶段都需要自主规划和实施。通过这一过程的努力,学生的地图能力、美术能力、组织规划能力有所提高,学生对绿色地图已不再感到陌生,而是将自身生活表现在图上。这时,学习动机得到了激发,学生在后来的课程中持久地保持着对学习的兴趣,遇到困难时及时进行自我教育和调控,最终达到学习目标。同时,这一课程对学生"学习管理策略"的培养也有很大帮助,主要体现在时间管理和学习求助等方面。

政治老师在教学中也积极采纳手绘图片的方式。根据课程内容,老师们启发学生以"生命的感悟"、"生活与法"、"北京精神"等为主题创作小报。学生的作品内容形象贴切,形式上还融入了电脑绘画、贴纸等新的图片形式。赏心悦目的版面和质朴的话语显现出学生们对一些问题的深入思考和认识。组织活动的教师们深切地感受到,从简单的摘抄到有感而发,学生们对于问题的认识和理解越发清晰。比起无味的说教,这样的学生自我教育来得更真切、更实在。

此外,同学们还创作数学画,加深自己对数学问题的理解;围绕着语文实践活动创作绘画,展现校园、家庭和城市文化。总之,这种手绘图片形式在学校教育与教学活动中得到了推广和深化,发挥了实现自我教育与自我指导的功能。

3. 成效与思考

目前,学校开展的学生手绘图片的自我教育和自我指导活动,已经具有了比较扎实的理论基础,在活动设计方面显示出更具科学性、计划性和针对性的高中学生发展指导要求与思想。手绘图片的内容包含了生活、心理和学业发展的多个领域;在形式上,新出现了电脑绘图、贴画、剪纸等,吸引了更多学生的参与;在活动方式上,不仅有个人独立创作,也有年级单位的集体创作。

总之,通过实践探索,基于学生手绘图片的学生发展指导形式呈现出了良好的发展局面,并提出了进一步发展的思考。

首先,自我教育和自我指导不等同于"自由"教育和指导。自我教育和指导要尊重学生的主体作用,要充分发挥学生潜能,但绝不能放任学生,使其随性而行。因此,在实践中,学校和教师要发挥引领作用,把握好教育的方向,掌握好教育的尺度。

其次,学校要带领教师转变观念,增强对学生自我教育的指导力。面对教师习惯于说教的现状,学校应通过培训,提升教师对于学生自我教育重要性的认识,加强教师对有关自我教育和自我指导理论以及具体实施方法的学习,增强其指导能力。

第三,自我教育和指导的成效评价是一项科学、细致的工作。要有系统的学生发展指导工作评价体系,活动评价不能停留于个别学生或活动的外显效果,需要深度访谈和跟踪研究。

第四,鉴于目前学生群体的差异性和学生知行并不统一的现象,在实施手绘图片的活动中,要有针对性地设计活动内容,要真正通过手绘活动形式促进学生心理、思想和行为的积极变化,真正实现学生的自我教育和自我指导。

五、面向寄宿制学生的生活指导

在加快评价高中阶段教育的过程中,尤其是在发展普通高中教育的过程中,寄宿制学校成为了很多地方的选择,寄宿制高中学校数量有增多的趋势。面对新形势下的寄宿制学生,如何为他们提供生活指导,包括目前的住校集体生活指导与未来个人生活指导,显得尤为重要和迫切。

这里选择城市学生为主的寄宿制学校上海市延安中学与农村学生为主的寄宿制学校宁夏自治区育才中学为例,展示它们在为寄宿制学生提供生活指导方面进行的实践和探索。

(一) 城市学生的生活指导

上海市延安中学创建于 1946 年 10 月,早在 1960 年就被定为上海市重点中学。1979 年邓小平同志亲笔为该校题写了校名。1998 年该校迁址新建为上海中心城区规模最大、设施最新的现代化寄宿制高级中学之一,2005 年成为上海市首批实验性示范性高中。现有学生近 2 000 名,有 40 个班级,这些学生基本上都来自上海市区。

面对这些住校的城市学生,延安中学结合"四会"校训,即"会做人、会求知、会办事、会健身",开展了校园生活教育与指导工作,努力全面提高学生的综合素质。

1. 校园日常生活指导

日常生活指导的目标在于,发扬中华民族的传统美德,规范学生的衣、食、住、行,养成整齐清洁的习惯,追求简单朴素的生活,培养学生独立生活的能力。

(1) 设置并实施寄宿制生活系列指导

针对学生在高中起始阶段对寄宿制度下的集体生活缺少思想、生活上的必要准备的实际情况,确立以常规教育为主的教育内容,让学生初步了解集体生活中的一些规范要求,培养自己的自理能力,尽快适应寄宿集体生活。

表 4.8　上海市延安中学学生生活指导内容一览表

序　号	课　程　内　容
1	给高一新生的一封信
2	你准备好了吗?——与高一新生谈谈高中学习
3	迈好高中第一步——新生入学教育
4	导生制服务项目
5	如何过好延安中学寄宿制的一天生活(视频指导)

（续表）

序　号	课　程　内　容
6	宿舍管理解读
7	听学长谈寄宿那点事——学长专题讲座
8	如何把握精彩的校园生活——团学联干部介绍校园文化生活
9	逃生知识学习——宿舍逃生及教学区逃生演练
10	自律与自省——学习学生手册，践行行为规范要求
11	走进盲校——了解并学习盲童学校同学的自理、自立生活；爱心接力
12	我的寄宿生活——主题教育课、主题班会展示

（2）以导生制方式开展学生同伴互助

高一与新高二年级配合展开教育，在各班配有新高二的导生即志愿者学生，从军训期间开始进班辅导，帮助高一新生熟悉校园环境、了解学校生活，指导学习《延安中学学生常规》手册，进寝室手把手辅导新生如何整理打扫寝室，并且交流自己在延安中学学习的经验，分享自己初高中衔接阶段的心得体会，教育同学尽早立志、高效学习。此外，还利用校友资源，请已毕业学生和高二升高三的优秀学生利用开学前军训期间，介绍在延安中学学习的生活与学习经验，注重介绍在学校学习的时间分配和立志问题，帮助学生更快地了解高中生活，树立远大志向，尽快投入开学后的学习。

（3）宿舍生活主题教育课

宿舍生活是一个学生学校生活的重要部分。如何提高学生的自我管理意识、自主管理能力、人际交往能力、集体凝聚力，需要生活指导老师、班主任的认真指导与教育。

特别是班主任，必须通过主题活动对学生进行生活指导，以把宿舍管理制度的强制执行内化为学生的自觉行为。在新生入学的起点阶段，把学生在宿舍生活中遇到的事、不会处理的问题、平时生活中忽视的细节等内容，在班会课上提出来，让学生一起讨论与解决，增强学生遵守宿舍集体生活制度的意识与技能，由此增强学生的人际交往能力、文明礼仪素养、自主管理意识和集体协作精神等。

（4）开展寝室自我管理的教育与指导

以自主劳动的形式，组织学生打扫宿舍和寝室楼内的公共区域，让学生们在开展自主劳动的同时锻炼自己,服务他人,营造良好的公共精神氛围。在寄宿制学校创办14年以来,学生寝室生活设备至今无重大更换、重大维修,一直沿用至今。

学校每年举办一次宿舍文化节活动,表彰文明寝室宿舍、优秀室长、优秀楼长、优秀宿务委员等,集中展示宿舍及学生才艺,引领学生建设文明、健康、丰富的宿舍文化。

(5) 开展健康生活教育

学校利用寄宿制学生的清晨时间,开展卫生知识宣讲,为同学普及营养学和保健常识,组织在校生校内红十字救护培训,引导学生清晨锻炼、清晨校园朗读、课余通过体育锻炼活动和健身社团的活动,培养学生健康的生活方式。采取"活动促提高"的方法,将体育与健身融入到学生的日常活动中,培养学生体育意识和运动习惯。

2. 学生生活指导

学生生活指导主要是培养学生专心听讲、积极回答、善于思考、勤于练习、自主探究、与人合作的良好习惯,使学生成为一个会学习、具有良好学习能力的人。

学校以"提升学生的学习能力"为目标,通过各类研究型学习以及课题的实施,引导学生明确学习目的,养成勤奋好学的精神,发展创新意识和实践能力,并鞭策他们把具备社会所要求的思想品德作为自己的首要任务。

学校组织学生以寝室为单位,形成学习互助小组,利用各学生在自己所擅长学科上的兴趣与优势,互相学习与帮助,共同探讨,形成自己寝室的学习特色。

3. 校园文化生活指导

校园文化生活指导是指引导学生合理安排课余时间,积极参加有益身心的闲暇活动,培养正当的娱乐习惯,养成个人优美情操,提高业余生活质量。

寄宿制学生在下午放学之后,即在每天下午4点到6点半之间是自由活动。在这段时间内,学校及其学生社团组织各种文化活动。这些活动多数是由学校团学联组织的,最大限度地满足和适应学生的需求和兴趣,由此丰富学生的学习生活和住校生活。校园文化活动主要有:周三广场音乐会、校园广播台和学生电视台、"义拍义卖"、寝室文化节、"延安杯"篮球赛和足球赛、体育节、秋季运动会、英语节、语文节、"金秋"文艺汇演等。

4. 社会生活指导

社会生活指导是旨在培养学生诚实、有责任心、勇敢、坚韧等良好品德,做一个有礼仪、有信仰、有追求的品格高尚的人。

为此,学校长期并定期开展学生团校党校活动,通过革命圣地考察等主题教育,指导学生继承优良传统,坚定信仰,追求理想。通过南京生存训练促进学生近距离了解社会,挑战自我;通过农村社会实践活动,让学生接触大自然,磨练意志;以军训、素质拓展等专题活动让学生们提升素养,增强保家卫国的意识;开展见习居委会干部、参与社区建设等活动,了解国情,锻炼能力;以义工志愿服务活动,关爱他人,奉献社会。

实践表明,开展的生活教育与指导使学生认识到了生活的意义,提高了独立生活与集体生活的能力,逐步形成了良好品德和行为习惯,学会了正确的生活比较与生活选择等。

延安中学认为,生活教育与指导就是帮助学生获得生活常识、掌握生活技能、确立生活目标、实践生活过程、获得生活体验、树立正确生活观念、追求幸福生活的教育。在实践中需要面对学生个体差异的问题,生活教育与指导不可能"工厂化"、"标准化"、"均衡化"。

面对这些大城市的学生,延安中学还在思考着,究竟设计什么样的生活教育内容与指导方式对学生发展更有实效性? 什么样的校园生活过程体验更有教育价值? 什么样的具有德育意义的生活指导对学生发展更有帮助? 在经济全球化、网络文化的浪潮、多元价值的冲击、道德相对主义的转型社会背景下,学校如何找到学校生活指导与家庭生活指导相结合的平衡点?

总之,当前城市学生的生活教育与指导,对于全面提高高中学生综合素质具有非常重要的现实价值和长远意义。

(二) 农村学生的"第二父母"

宁夏育才中学是宁夏自治区党委、政府为加快宁南山区脱贫致富步伐、提高贫困地区人口素质而实施的一项重大教育扶贫项目,是一所集扶贫、民族、优质性为一体的全寄宿制普通高中。学校设在宁夏自治区首府银川,占地面积760亩,现有学生近7 000人,全部免收学费、住宿费,并为每位学生每年提供1 500元的生活补助。学生90%来源于宁夏南部山区的西海固;近68%的学生家庭贫困;大部分学生是首次离开家乡到异地求学,许多学生一学期只能回一两次家。高中三年,育才既是他们的校园,也是他们的家园。

与宁夏同类高中相比,他们进校时的学业处于中等水平,面对都市的生活、陌生的环境、高中的学业等等,大多同学都出现不同程度的不适应。同时,由于大部分学生来自农村家庭,父母文化程度相对较低,加之生活环境与生存条件的不同,本应由父母、家庭完成的许多生活和生涯指导的内容必须由学校承担。

面对这样的办学背景和现实,宁夏育才中学建校伊始就倡导"以生为本"的理念,提出"培育生命智慧"的德育工作模式,开展了"第二父母"行动。

1. "第二父母"行动的定位

2006年8月,宁夏育才中学处在边建设边招生的状态,为了使来自山里的孩子尽快地适应城市生活、寄宿生活、集体生活,养成良好的文明生活习惯,学校领导提出了"第二父母"行动这个理念,要求教师用爱呵护着这些远离父母独自求学的孩子们,帮助他们度过都市生活的适应期,减少对家、对父母的思念,教师要做学生的"第二父母"。但是,随着学校基本建设的完工与教学任务的繁重,学校"第二父母"行动逐渐淡化,甚至出现了流于形式的情况。

自2010年学校启动实施学生发展指导工作以后,学校领导认识到学校的"第二父母"行动与学生发展指导工作之间有很多契合。学校以学生发展指导的视角重新审视"第二父母"行动的意义和价值。学校认为,这种行动不应简单定位于对学生的问寒问暖、对学生的几句鼓励、对学生物质上的一点资助、对学生学习中困惑的解答,而应是立足于学生生涯发展的指导,切实关注每个学生的成长、成人与成才,重视全体学生的品德性发展、学业性发展与社会性发展,必须聚焦于更加有效地促进每个学生的个性形成和自主发展,必须破除"师道尊严"的传统观念,帮助学生度过成长的青春期,必须摒弃"严管、服从"的教育思想,寻求从理想、心理、思想和行为等多方面指导、帮助、发展学生的各种途径与方法,以促进这些高中学生的全面和谐发展。

在综合分析寄宿制高中特点、学生发展需求,以及学校开展"第二父母"行动的基础上,学校认为"第二父母"行动是开展学生发展指导的一种有效途径,也可能是学校开展学生发展指导的最佳选择。

"第二父母"行动中,承担"第二父母"责任的教师具有双重身份,首先是老师,需尽导师的责任和义务;其次是"第二父母",需承担本应由父母指导完成的一些生活和生涯方面的指导工作。因此,学校将学生发展指导和"第二父母"行动相结合,借助"第二父母"行动实施学生发展指导工作,通过学生发展指导推进和完善"第二父母"行动。比如,在生涯指导中,高一年级"第二父母"教师一对一与学生交流、沟通,引导学生通过"自己眼中的我"、"同学眼中的我"、"老师眼中的我"、"父母亲戚朋友眼中的我"等多角度的认识与评价,使学生对自我有了更深层次、更全面、更客观的了解与认识;高二年级"第二父母"教师依据学校课题组的安排,带领各自的"子女"以研究性学习的方式进行了"高校科系及专业设置"调查,并制作成课件进行展示交流,帮助学生了解了全国各大高校的科系种类、优势学科、专业设置、专业学习要求和专业发展方向。学校课题组把学生的调研结果汇编成册,提供给现在的高三年级,作为高三学生填报志愿时的参考资料。

于是,学校在原有的"第二父母"行动的基础上,完善各项工作的具体要求,要求每个教师承担10至15名学生的指导工作,定期与学生交流,可以通过书面方式,也可以单独或多人交谈。同时,将原来每周的周反思调整为高一、高二每两周一次,高三每三周一次,让学生能有更好的反思并与"第二父母"老师交流,让教师能有更多的时间与精力来认真批阅学生的反思、解决学生出现的问题,让学校"第二父母"行动得到进一步的规范与完善。

2. "第二父母"行动的体系

基于对学生发展指导的认识和理解,以及对"第二父母"行动的反思,学校尝试从行动组织构架、行动内容、行动形式、行动评价四个方面建构"第二父母"行动的体系,开展学生发展指导。

(1) 行动的组织构架

"第二父母"行动由副校长负责的学校教育中心总负责,负责制定"第二父母"行动的具体方案,检查"第二父母"行动的落实情况。政教处负责落实相关活动,定期检查每一位任课教师"第二父母"行动的执行情况,并予以考核。

班主任负责本班"第二父母"行动的常规活动,并按科任教师进行名额划分。每一位科任教师担当学生在校时的父母角色,即"第二父母",并连续三年负责指导10至15名学生。具体负责和开展对"子女"生活、生涯、学习、安全等方面的指导,要用心呵护学生,用行动感染学生,真正建立起"父(子)母(子)情",让爱的情感温暖学生的心灵,使学生在学校能感受到家的温馨,快乐、健康地成长。

(2) 行动主要内容

"第二父母"行动立足学生生涯和生活指导,以"适应城市生活"为开始,引导学生认识自我,帮助学生规划高中生活、制定初步的人生规划。

行动内容紧扣学生发展指导的内容,分年级安排:高一是生涯认知阶段,指导学生适应城市生活,认识自我,主要开展"打开心窗,认识自我——我的自画像"活动;高二是生涯探索阶段,指导学生规划高中生活,制定成长计划,主要开展"高校科系专业设置调查"活动、"我的高中生活规划"和"我的个人成长计划"活动;高三是生涯选择阶段,指导学生畅想未来生活,初步规划人生,主要开展"职业兴趣调查"活动。

(3)行动具体形式

"第二父母"行动采取化整为零法,突出个体指导。具体说,就是将整个班级的学生分成若干组,指定给具体的科任教师——"第二父母",要求"第二父母"进行"一对一"、"面对面"指导,适当进行小团体指导。

"第二父母"行动的形式随着学生发展指导工作的推进不断丰富和完善,目前有三种形式:周反思、师生心语、"第二父母"活动课。为了适应学生发展指导的需要,学校将单周班会课设为学生常规管理,双周班会课时间调整为"第二父母"的活动时间,使"第二父母"行动及学生发展指导活动有了时间上的保障。

"学生周反思"要求学生将自己一周或两周的学习、生活中出现的问题、想法,以及各项活动中的困惑、疑问、矛盾等通过笔记的形式写出来,并上交给"第二父母"老师,老师对学生的反思要认真批阅,对学生提出的问题要及时解决,对学生的心理困惑要尽早疏导。

"师生心语"每两周进行一次,要求"第二父母"和学生以填写表格的形式完成,分三步走,先由学生向"第二父母"诉说心事、困惑,接下来"第二父母"对学生的知心话予以答复,最后学生依据"第二父母"的指导意见表达自己内心的想法或收获。

"第二父母"活动课每两周一次,为每逢双周周一下午第八节课。活动范围不固定,可以按照学生的建议,把活动地点放在操场上、科技楼、教师办公室等地方。每次活动都要有主题,主题主要根据年级、学生的需要从行动内容中选取。

"第二父母"活动课一般分四个环节,第一个环节是"我要给学生说的",即活动课要解决哪些问题;第二个环节是"学生告诉我的",即学生解决和完成问题的情况;第三个环节是"我发现了",指"第二父母"从前两个环节中寻找学生存在的问题;第四个是"我给他们的一些建议",即"第二父母"对学生存在的问题的解答。

3. 行动的管理与评价

"第二父母"行动和学生发展指导得到了学校老师们的大力支持,但是,一些年轻教师，或小学科教师对学生发展指导认识还不是很清晰，在具体活动中还不能充分发挥指导作用。

为了更有效地开展好这项工作，调动指导老师的积极性，让更多的老师参与其中，分享学生发展指导的乐趣，学校印发了"第二父母"行动教师手册，作为每项活动的评价指南。学校通过"学生反馈"、"学生问卷"等形式，让老师及时了解学生的发展变化，改进行动中的不足。

"第二父母"行动教师手册中包括三方面内容：① 学生基本信息栏，看教师是否记录和全面掌握了学生的基本信息；② 指导交流记录栏，看教师是否记录"第二父母"活动课或与学生单独交流的情况，要求每次对活动的时间、地点、主题、活动过程等情况如实记录，同时要求将师生的心里话、学生的想法等信息记录在"沟通，让我们的心贴得更近"表格中；③ 教师随笔栏，主要看是否记录每学期中老师们开展指导活动的感受和心得体会，要求每位老师每学期至少写三篇随笔，把自己指导的经验、感想和快乐同大家一起分享。手册于每学期开学初下发，学期末收回，并由学校进行量化评比。重点关注教师指导数量与学生的变化情况。

学生反馈采用不定期方式，让学生以书面的形式对"第二父母"活动谈看法、感受、评论和建议。例如，针对周反思的形式，学生很喜爱，但觉得学校的反思设计有点严肃，学生更喜欢类似 QQ 聊天的形式来表达。同时，学校定期发放学生问卷，了解学生对"第二父母"行动实施情况的意见，并据此继续坚持好的做法，不断调整和完善不切合实际的一些方式方法。学校的调查显示，绝大多数学生对"第二父母"行动还是认可的，尤其是"第二父母"行动开展的意义、对成长的帮助、对行动形式的适应性。

"第二父母"活动的开展起初是在寄宿制学校的背景下，为了呵护和关爱远离家乡的农村学生，但现在它的意义远远超越了当初。学校将"第二父母"行动当成了一种具有校本特色的学生发展指导模式而加以探索和实践，这是具有重要意义的。

第五章
学校改革与发展的实践探索

■ 本章要点

　　普通高中学校的改革与发展是实现普通高中多样化的关键和基础。新形势下,各类普通高中学校发展都面临着新的机遇和挑战,并着力加大学校改革,以促进学校发展。

　　上海育才中学着力创造新形势下名校的示范引领价值。作为一所传统的历史名校,它秉承学校发展的优良传统,以课程改革为抓手,着力探索适合于每个学生需求的教育教学体系。

　　四川成都七中致力于实现自身优质教育资源的传播与共享。学校积极利用现代信息技术,主动传播与辐射自身优质教育资源,带动农村学校快速发展,创建与农村普通高中学校共同发展的合作之路。

　　山西中阳一中大力发展普及农村高中教育的实践之路。学校立足本地实际,主动与地方企业合作,并为企业提供服务,通过校企合作探索了农村高中实现普通教育与职业教育相结合的有效途径。

　　陕西西安高新一中努力探索民办学校的快速成长模式。充分利用办学体制的优势,发挥办学自主性,以明确的学校发展目标为引领,建设高质量的教师队伍,探索国际化办学方向,实现了学校的高速成长。

　　必须正视影响高中学校发展的政策性或者制度性问题与障碍。尽管四所学校都取得了一定的改革成效,但它们的可持续发展仍面临着诸多制约和困难。

　　普通高中教育的改革与发展，不仅需要完善政策体系，更需要学校付出积极的实践行动。只有高中学校的改革与发展，才能促进高中教育的科学发展。本报告研究团队选择了全国不同地区、不同类型的四所普通高中学校，并开展了实地调查研究，这里分别介绍这些学校通过改革探索而取得的成就。

一、传统名校的改革创新

　　上海育才中学的前身是 1901 年 1 月英籍犹太人埃丽斯·嘉道理（Ellis Kadoorie）创办的"育才书社"。1912 年，该社更名为"育才公学"。1945 年，学校正式更名为"上海市立育才中学"。"育才"之名，既契合中国传统文化"乐育英才"之精神，也蕴含了教育"因材施教"之本意。早期的育才中学曾以"中英并包、汉英兼采"的办学特色享誉上海，育才学子的英语水平在当时的上海学校无出其右。育才创办者的一系列教育教学规划、构想与举措，不仅在当年曾开教育风气之先，即使在今天也仍具合理性。

　　1953 年，育才中学被上海市人民政府命名为首批"市重点中学"。著名教育家段力佩先生出任校长后，始终坚持教育改革，以其高质量的教学水平在上海产生重大影响，而且逐步蜚声海内外。

　　回顾历史，育才中学始终是"教育改革的促进派"。早在 1958 年，学校就开垦下了"教改试验田"，而且始终坚持改革：从 60 年代的"紧扣教材，边讲边练，新旧联系，因材施教"16 字教改经验，到 80 年代的"读读、议议、讲讲、练练"，再到 90 年代"有领导的茶馆式教学"等生动有效的课堂教学经验，至今仍为基础教育界所津津乐道。可以说，从 20 世纪 50 年代到 80 年代的三十年间，育才中学从整体教学经验的总结推广走向了关注学科教学的差异性。90 年代，育才中学基于坚持"一切因为学生、一切为了学生"的教改目标，又提出了学生"自治自理，自学自创，自觉体锻"的"三自"理念，体现出当时学校注重学生个性化发展的时代意识。

　　1998 年，育才高中部整体搬迁到嘉定区，成为上海市第一所现代化寄宿制高中。办学条件的改善为学校发展带来契机，但更为这所传统名校带来了巨大的挑战和困难。因为新校址地处当年的上海郊县，导致了生源的流失和教师的流失，直接影响到学校的办学理念和办学质量。进入新世纪，育才中学的发展遇到了新课题：如何传承百年育才教育的文化精髓和办学传统，如何在新的发展平台上创生出新的学校特色，实现学校在新时代下的新发展？

过去十多年的实践显示，育才中学的办学水平和教师队伍质量依然保持了很高的水准，同时，也继续保持了实施教育教学改革的良好传统。目前，该校共有三个年级25个班级，学生800余人。在115位专任教师中，具备高级职称的教师有49位（占全体教师比例为42.6%），具有硕士、博士学位的教师37位（占全体教师比例为32.2%，还有一些教师硕博在读）。正是这支高素质、创新进取的教师队伍，自2010年起，结合国家和上海市高中课程改革的要求，在全校正式实施具有本校特色的新课程体系，旨在为学校发展和学生发展带来新活力。

（一）基础型课程入手：理念与框架

多年来，上海的许多高中在"优质、特色、多样发展"方面进行了不懈探索，育才中学也同样如此。学校领导层敏锐地意识到，不论教育如何发展与变化，学校首先也依然必须把改革重点放在"课程"上，这是学校最基础也最重要的领域。

1. 确立学校课程改革的定位

学校认为，随着课程改革的逐步深化和发展，在"国家、地方、学校"三级课程管理体制下，学校获得了前所未有的课程权力，但与此同时，也应承担起相应的课程责任。因此，提升学校的课程领导力，是深化课程改革、促进学校内涵发展的关键。为此，育才中学从四个层面梳理了本校的课程改革定位。

第一，学校层面：从应对高考走向服务于每一位学生的终身发展、实现创新人才培养以及学校特色化与优质提升的高位发展。

第二，课程层面：在保证基础课程质量的基础上，切实提供课程选择空间与平台，真正扩大学生的课程选择权利，培育其自主决策、自我负责的学习精神。

第三，教师层面：致力于为学生提供多元而有效的教学，课程设计考虑学生的长远发展，让因材施教从"高悬"到"落地"，使得优质教学体现在每一位教师的每一堂课上。

第四，学生层面：要求学生在高中学习阶段，学会利用寄宿制高中的时空优势，发展自我认知，关注自己的兴趣、个性与特长，学会规划高中阶段的学习以及更长远的人生目标，在掌握知识与技能的同时，实现最适合自己的发展。

2. 遵循新课程改革的理念

育才中学认为,新课程改革有两大支持理论,一是多元智能理论,二是建构主义。多元智能理论认为,每个人都明显或潜在地拥有 8—9 种智能,教育的价值在于有效地促进学生实现准确有效的自我认知,发现并发展各自不同的个人智能长项,并积极尝试和寻求个人发展的最佳方向以及未来工作定位。建构主义则强调学习材料对于个体的意义,注重学习过程中学习主体基于学习内容的生成与创造,这种生成与创造比掌握已有的现成知识更为紧迫和重要。因此,"生成式"教学理念与学习方法是建构主义教学中不可或缺的。

育才中学的课程改革关注到了上述两大理论,但同时也意识到了这些支持理论的本土化要求。所以,学校在改革中十分注重促进教学方式改进、师生共同发展和学生个性化发展的实践尝试。

3. 构建学校课程框架

自 2010 年起,育才中学在《上海市提升中小学(幼儿园)课程领导力三年行动计划》的指导下,把课程改革的重点放在了基础型课程这一通常很难真正触及的领域,在课程规划、建设、决策、引领、实施、管理和评价等方面进行了改革实践,选择以学习时段和学习进度为突破口,通过学程设置,力求使课程能适应并推动每一位学生的发展。育才中学构建出了富有本校特色,又吻合国家与上海市改革设想的课程框架,构建出了具有"完整、丰富和创新"的课程框架,如图 5.1 所示。这个课程框架显示:

第一,基础型课程是高中学生知识、技能和身心可持续发展的共同基石,由国家规定的学科课程组成,是全体学生必修的课程。

第二,拓展型课程由限定拓展课程和自主拓展课程两部分组成。

限定拓展课程主要由教养课程、各类综合实践活动(如学校主题活动、社团活动等)以及各类专题教育组成,是全体学生限定选择修习的课程。其中,"教养课程"是帮助学生养成公民素养的课程,主要内容包括成人仪式、人际规范教育、志愿者活动、文明寝室和温馨教室的创建、爱心基金募捐活动等,旨在使学生养成良好的礼仪习惯,懂得关心和感恩,成为有教养和富于责任感的公民。

自主拓展课程主要由学科拓展课程、特色课程和荣誉课程组成,是学生自主选择修习的课程。

"学科拓展课程"以基础型课程延伸的学科课程内容为主,主要是各科基础知

```
                        ┌──────────┐  ┌──────────┐  ┌──────────┐
                        │ 基础型课程 │  │ 拓展型课程 │  │ 研究型课程 │
                        └──────────┘  └──────────┘  └──────────┘
```

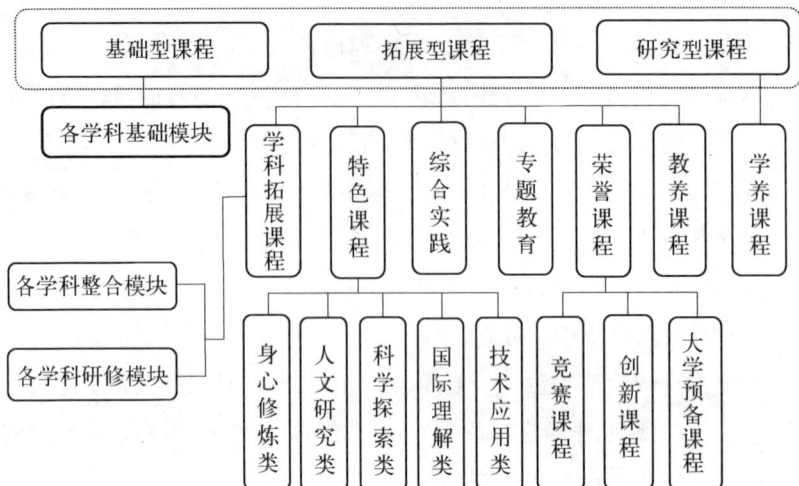

图 5.1　上海市育才中学课程框架

识、基本技能的融会贯通和综合运用,或新情境下的问题解决。

"特色课程"则专指学校开发的五大校本课程群(身心修炼、人文研究、科学探索、国际理解、技术应用)中的各类课程(共计 23 门),在为学生提供丰富课程选择的同时,也充分激励和发展了各科教师的教学特长和个人兴趣。具体课程内容参见表 5.1。

"荣誉课程"则由大学预备课程、学科竞赛课程和创新课程组成,是为学有余力的学生和部分资优生提供更高层次的学习平台。

第三,研究型课程是帮助学生形成学习素养和创新意识的课程,主要内容包括经典阅读、真知育才讲座、问题探讨、课题研究、项目策划与实施等,旨在培养学生的阅读习惯、学习兴趣和思考能力,引导学生形成自主寻师问道的良好习惯、创新思维方式和实践能力,不断挖掘其自身潜能。

表 5.1　上海市育才中学特色课程分类及目标定位

课程群	目　标　定　位	课程列举
身心修炼	养成健全人格和健康体魄,培养积极向上的生活态度; 学会悦纳自己的身份和社会地位; 善于控制自己的情绪,学会自我认识与评价; 塑造健康的个人形象; 学会规划自己的人生; 勇于面对挫折和困难。	超越 IQ 个人生涯规划 预备心理师 演讲辩论与口才 社交与礼仪

（续表）

课程群	目 标 定 位	课程列举
人文研究	树立正确的世界观、人生观和价值观,确立正确的道德认知与政治立场; 养成良好的伦理道德、社会责任、公民素养和民主素养; 学会协调、沟通和合作,积极主动地参与集体和公共事务; 增强对国家、民族认同感、归属感; 培养同情心、责任感、人文素养和忧患意识,懂得关怀弱势群体和人类自身命运。	人文社会研究 西方哲学史 中国古代神话研究 历史文化之谜 汉字探秘 企业管理入门
科学探索	培养学生的科学素养和信息素养; 掌握科学实验的方法,培养信息搜集、筛选、整理和概括的能力; 培养清晰的逻辑思维和准确的书面、口头表达能力; 善于发现问题、分析问题和解决问题; 培养学生敢于质疑,独立思考和探究的能力,形成健康的怀疑批判态度。	植物组织培养 机器人实验 化学与环境 天文观测 城市轨道交通概论
国际理解	具有良好的国民心态和涵养,具备全球视野和世界眼光; 主动关注国际社会和世界事务,关注全球社会未来的发展前途和状况; 能公正客观地对待和尊重世界各国、各地区、各民族的文化传统,主动汲取人类创造的优秀文明成果; 积极、平和、理性参与国际活动和国际竞争,懂得尊重、理解与宽容。	跨文化交流 英语国家文化 文化的冲突与融合 日语与日本文化
技术应用	掌握终身受用的学习和生活技能; 学会多种计算机应用软件,熟练运用各类网络资源; 养成良好的网络道德。	数字影视制作 网络实用技术与故障排除实验

上述整个课程体系显示,它既完整又有层次,既丰富又深入;点面兼顾,可分可合,选择多元,是一个充分考虑了国家(基本课程框架)、地方(上海教材特点与要求)和学校(选修拓展提升)三级课程要求的体系,在保障全体学生接受共同教育的基础上,尽力满足学力有别、兴趣不同的学生的需求。

（二）课程改革的实践：操作与实施

经过 2009 学年的试运行,从 2010 年秋季起,育才中学在高一新生中正式实施以"学程、模块"为特征的新课程体系,努力把新课程体系的选择性和个性化落到实处。这一改革挑战了传统的学校课程设置与授课方式,旨在为学生的课程学习提供最大的自由选择空间,实现真正的自主学习,从而把高中教育单一的知识学习与升学功能,拓展为综合的人生发展企划过程。对此,上海《文汇报》的评论是,"既有保证学生高中学业水平出色达标的'底线支撑',也有提升现有教育质量基础的'维系保障',更有因材施教个性化教育的'深度拓展'。"①

1. 学程与模块的安排

通常,一个学年分成两个学期,一个班级共用一张课程表,这是所有中小学的常态。但显而易见,这样的课表对学生而言几乎没有任何选择的可能性,很少考虑也很难满足不同学生的不同需求。而育才中学在实践新课程体系的过程中,实施了面向学生、提供选择的"学程"与"模块"教学改革。

(1) 设置学程

育才中学根据上海市教委统一颁布的课程设置及课时安排,结合学生学习规律与学科内在结构的特点,对高一、高二年级的各类课程重新进行了设置:将每学期划分成若干个学习阶段,称之为"学程"。每学年6个学程,每学期3个学程,高一、高二两个学年,共计12个学程。一个学程的教学时间为5周,在一个学程内完成若干门学科各一个模块的学习;不同的学科设计出不同的学程数;若干不同学科在同一学程中的课时数相同②。

"学程"的设置提高了课程内容的适切性,也保障了课程组织的灵活性。学校按照"在稳妥中寻求积极变革"和"与上海高中阶段课时安排基本保持一致"的原则,学生可以自主选择思想政治、历史、地理、生命科学、信息科技等学科的学习时段。

与原来各科平均分配学时相比,学科门类从原来每学期必修12门减少到现在每学程选修9门,有利于学生集中学习某些科目,提高学习效率,培养学科兴趣。学习进度也可以由每个学生根据自己的情况自主掌控。由此,在学校中实现了每个学生"人手一张不同课表"的状况,将因材施教的个别化教育落到了实处。

---

① 参见《因材施教:改变"被学习"状态 拓展"我学习"空间 为高中生全面持续发展提供"学程引擎",上海市育才中学精心推出今秋课改"2010版"》,载《文汇报》,2010-5-21。

② 比如,在其他学校中各学期都有但周学时较少的历史、地理、生物等学科,在育才中学被集中在数个连续的学程中,一周安排四学时,集中学习这些课程。然后,这门课的程度又分成低、中、高三个层次,即"基础、整合、研修"模块,每个学生在一个学程中选择一个模块来完成其他学校需要一学期才能上完的内容。

表 5.2 上海市育才中学学程设置安排表

学　　科	学程数	开 设 年 级	学习时间
语文（含阅读与写作）	12	高一、高二	固定
数学（含思维训练）	12	高一、高二	固定
英语（含听力和口语训练）	12	高一、高二	固定
物理（含实验技能）	12	高一、高二	固定
化学（含实验技能）	12	高一、高二	固定
体育与健身/专项选修	12	高一、高二	固定
艺术欣赏	12	高一、高二	固定
心　理	12	高一、高二	固定
特色课程	12	高一、高二	固定
地　理	3	高一	自选
信息科技	2	高一	自选
生命科学	3	高一、高二	自选
历史	4	高一、高二	自选
思想政治	4	高一、高二	自选
艺术（专项选修）	1	高一、高二	自选
（各学科）研修模块	3	高二	固定
荣誉课程/自主学习	2	高一、高二	固定
综合复习	2	高一、高二	固定
（各学科）整合模块	每学期末的2—3周		

需要补充说明的是：

第一，不同课程有不同的课时规定。

语文、数学、英语、物理、化学、体育与健身、艺术欣赏、心理等8门学科在每个学程都开设，但周课时数不一。

思想政治、历史、地理、生命科学和信息科技等学科，学生可以自主选择学习的时段，安排自己在高一、高二两个学年中的学习进度。同一学程内，学生可以选择其中两门不同的学科，每门学科每周均为4课时。

体育与健身（专项）课程包括网球、羽毛球、兵乓球、篮球、瑜珈、健美操、游泳等；艺术（专项）课程则包括街舞、版画、油画、素描、合唱、音乐剧、话剧、打击乐、管乐和弦乐等。学生完全可以根据兴趣与需求，选择自己想要学习的课程内容。

第二，每个学期在三个学程结束后，都有一个整合阶段。

主要针对该学期教学的实际状况和学生的学习水平进行补缺或复习，语文、数学、英语、物理、化学、生命科学、信息科技、思想政治、历史、地理等学科均采用了分类或分层教学，在各科教师提供充分帮助的情况下，确保学生学习的针对性和有效性。而没有意愿或能力选择荣誉课程学习的学生，则可以在老师的指导下，开展自主学习。

第三，各科课程上课时间以及各学程时间的安排。

全校各科课程均实行大小课安排，大课每节 50 分钟，小课每节 30 分钟，以适应不同学科课堂教学的需求，切实促进学生学习方式的改善。

每学程的教学时间为 5 周，不受节假日、考试和学校其他活动的影响。

第四，"人手一份"的学程课程表。

课改正式实施后，2010 级全校高一学生共 298 人，却产生了 285 种课表，几乎是人手一份不同的课表！这是一般学校很难看到的情景，能够更好地满足学生的选择可能性与个别化需求，有利于促进学生的个性发展及其自我责任感。学校和教师鼓励每个学生制定个人的专用课表，体现出学校对学生个性特点的理解与尊重。育才中学为学生提供的所有课程，一方面能够确保学生掌握国家课程所规定的基本知识、素养与技能；另一方面，也能够确保学生按照自己的实际情况个性化、差异化地实现学习目标及个人发展。同时，"我选择，我负责"的学习过程，也在客观上提升了学生的思考、选择能力和责任意识。

（2）构建"模块"

"教学模块"是配合"学程"的教学分层设计。普通高中的学科教学通常只按照既定教材安排进度，但育才中学在每门学科中，都对原有教材内容进行了重组，即把原有教材内容切分为相对独立且具内在逻辑关系的"模块"，以便分层推进教学。各模块的学习要求分为"基础、整合和研修"三个由低到高的难度级别；在一个学程内，对应的是一个模块的教学，而每位学生都可以选择不同学科中适合自己学习进度/学习可能性的模块完成学业，且不必每门学科都达到最高的"研修"难度。这样的设计，旨在在各学科内部完成"分层教学"的目标，力图满足学力不同、兴趣有别的学生的需求。

2. 课程实施的教学要求

做好教师投入与教学准备乃是"重中之重",因为教师是实施学校新课程的关键之一。为了使教师充分理解并积极介入课改,并把课改构想切实转化为课堂教学实践,育才中学要求各科教师编制所在学科的《学程指导手册》,同时,各教研组都开展重组"知识模块"的工作,以实现模块教学的针对性和适切性,其实质是对课程标准进行校本化的研读与阐释,使教师们深刻把握课程标准核心、本质,进而实现课程标准的校本化落实。

学校针对各学科中知识模块的组建及其教学,对各科教师提出了以下要求:

(1)重组教学内容,优化知识结构

在实施"模块教学"的过程中,教师要在认真研读课程标准与教材内在逻辑体系的基础上,尝试针对教材内容开展一定程度的重组,以期更好地体现课程标准,并满足学生在一个学程中实际的学习需求。

(2)细化教学要求,明确学习结果

在国家和地方的课程标准中,对于具体教学目标的表述通常较为空泛和简单,不利于实际教学活动的有效开展。学校要求学科组长在各科学程手册编制过程中,认真研讨每个学程的教学目标,并细化之,使之更贴近学生的实际水平。

(3)提供教学建议,倡导问题教学

学校在梳理出本校教改传统与成功的课堂教学案例的基础上,提出了开展"问题中心教学"的新教改要求。即,将问题置于课堂教学的中心,用问题激活学生原有知识,激发学生学习兴趣,激起学生认知冲突;用问题引导学生质疑反思,合作探究,整合运用知识,最终实现课堂教学行为的优化。教师在《学程指导手册》的使用与实践过程中,对不同学科中问题的设计和使用提供了许多极富创意的设计。

(4)探索差异评价,实现分层递进

教学评价是教学中反馈教学信息、检验教学效果的重要组成部分。为了评价教学目标达成度,各科《学程指导手册》都必须提供一份有指导意义的样卷,这份样卷除了试卷和答案外,还要附上双向细目表,将教学要求(结合课程标准等制定)、水平层次和评价检测试题相对应,使试题及难度分布与教学目标相对应,使评价对于学生而言更显现适切性和实效性。

3. 课程实施的技术保障

课改的主阵地是课堂,课程实施需要一个保障课程有序且有效运行的操作平

台,为此,学校建立了"育才中学课程管理系统",这个基于网络的课程管理系统包括了以下内容:

(1) 选课系统

选课系统中包括了学校编制的《育才中学课程指南》。学生可以在网络上阅读这个指南,系统了解学校课程的设置、学习要求、课程或模块的基本内容,修习年限、管理规章等等,在入学之初、开学之前就能全面、完整地了解高中三年学校所开设的各类课程具体目标,由此确立自己的学习规划和适切目标。

每个学生都在网上选择自己每个学程的所学学科模块,学校根据学生选修的情况而开设课程模块。选课系统每学期及时更新课程(学程)信息,同时,完善学生选课的技术管理,确保每位学生能在每学期开学前就完成远程选课操作。

(2) 学业管理系统

学业管理系统为每个学生建立学生电子档案袋,系统而有效地跟踪每一位学生在各学程中的学习情况,包括选课情况、学分和学业成就积点统计、出勤率、各科学习情况追踪分析和个性化诊断等等,保证每位学生的发展历程都有效纳入学校的学业管理系统。同时,学校管理中尝试建立金字塔型的预防、干预机制,从面向全体学生的早期预防,发展为针对个别学业不良学生的强干预,为所有学生提供可持续的支持,以保证每一位学生学有所成。

在学业管理系统中,要求各科教师组织规范有序的命题与阅卷,为科学、准确的质量分析提供真实全面的数据,及时反馈教学和命题质量,并通过大量数据的积累和分析,提高命题的信度和效度,实现走班制教学的有效质量监控。

学业管理系统中的学生评价包括了过程性评价和结果性评价,既关注学生的学习经历和态度,也关注学生的发展态势。建立学生学业成就积点制度,鼓励学生通过免修某门学科和修习荣誉课程获得更高的学业成就。建立育才中学"才能认证制度",认可并鼓励学生在个性发展、社会实践和社会服务等方面的特殊才能与杰出表现。

(三) 改革探索的困难:策略与应对

育才中学的课程改革并非易事,期间遇到了来自学校外部与内部的各种困难。为此,育才中学采用了有效策略,通过各种努力,比较成功地应对了这些阻碍改革的困难。

1. 寻求外部支持

2008 年育才中学提出课改构想之初,并未得到区级教育主管部门的支持,甚至还引发了很大的争议。尤其是按"学程"设计教学,客观上产生了与其他学校教学不同步的现象,这直接影响到上级有关部门组织的学区学段测试与评价等活动。换句话说,课程改革并不只是学校内的事情,它直接影响甚至挑战到了教育管理体制方面的问题。

学校校长及其教师们认为,学校的课程改革符合国家教育改革与发展的宗旨,也符合、满足学生的需求,要"办人民需要的教育",就必须勇于尝试、积极探索,必须寻求政府和社会的支持。

为此,学校主动邀请各级教育领导和各学科教研员来学校参观、访问和调查、研究,耐心介绍学校课程改革的设想、具体实施工作及其进展情况。同时,学校投入人力物力,着力开发了网络选课和评价平台,确保课程改革的技术保障条件。经过一段时间的"游说",学校的改革方案逐步得到了各级领导、专家和研究者的普遍认可与支持。

正是由于得到了所有这些外部支持,尤其是教育行政部门的大力支持,学校课程改革才得以顺利实施。

2. 形成校内共识

学校改革在本质上并不是校长的个人行为,尤其是作为传统历史名校的育才中学,学校有着比较深厚的文化积淀,学校改革必须具备校内共识。但育才中学课程改革在得到政府支持之后,育才中学内部却仍存在异议,课程改革进入校内"紧张"状况。

面临课程改革,学校内质疑声不断,从选课到教学,从管理到评价,方方面面问题似乎层出不穷。即使在学校管理层内部,关于课程改革的不同意见也声势强大:课程乃"学校之本",如此大动干戈,万一出了问题该如何收场,又如何对得起学生?!这可是学校声誉攸关的大事啊!

为此,学校多次组织召开会议,共同研讨课程改革背景、学校发展的校情、学校的改革传统与基础、教师团队的改革意愿等等,讨论现行课程改革在育才中学的必要性和可能性,由此,统一和提高大家对改革的认识,尤其是在学校管理层达成共识以形成实施改革的管理合力。

校内的改革动员也促成了学科教师在课改上的积极投入。教师们结合个人所长努力开设新的选修课程,探究"学程、模块"的课程教学设计,认真做好日常的教学改进工作。

而学生们则自豪于本校与众不同、选择性强、阵容强大的课程设置,访谈中有学生说,即使是我们的体育课也与其他学校不同,一是内容丰富,二是选择性强,三是上课有趣。

3. 在解决问题中前行

课程改革实施的真正难度并不是观念认识的问题,而是来自于教师和学生在改革中所体会到的"阵痛"。

例如,"学程"概念的提出,意味着以往约定俗成的教学学段划分发生了重大变化,教学设计、考试和评价都随之而变。随之而来的几个突出问题就是:

第一,教学进度与学区统测进度的不匹配,也即,常规的一学期分上下两段与育才中学一个学期分三个学程的差异。

第二,学程个别化选择与高中会考进度的不匹配。比如,很多学生在高一学程就集中学完了《高中生物》,但会考在高二结束时才进行,不免会产生知识遗忘问题而影响考试成绩。

第三,有些学科课程在学程及其教学设计上困难较多,如语文课程,无论是以教学主题设学程还是以知识内容设学程,都有一定的缺陷或难度。

第四,学生可能会因粗心而遗漏基础课程的选择学习,容易造成毕业困难(如,学科漏选的问题)等等。

当然,最为直接的问题是在学生选课中出现的。虽然选课系统在设计之初已经尽量考虑了各种可能的情况,但在实际操作过程中还是出现了不少问题。例如,学生选课情况不均衡。由于网上选课的主动权完全在学生手中,学校和教师基本不干涉,因此出现有些课程很难选上(如出色的任课教师或丰富生动的课程内容),而有些课程却没人选的情况(同样因教师或课程内容因素)。又如,学校最初编制的《学程指导手册》和《育才中学课程指南》,在实践了一段时间以后发现,它们的目标、定位及实际操作都有一些问题。

为此,学校加强了选课指导,注重对学科教师和课程内容的介绍,引导学生更恰当地选择课程。同时,将《学程指导手册》修改为《模块教学指导手册》,突出指导功能;将《育才中学课程指南》修订为《学程学习指导手册》,更加突出学程的价值意义。

总之,面对改革实践中遇到的各种问题和困难,育才中学采用了长期关注、不断协调、持续改进的方式,以积极应对的方法合理处理困难和问题。正是在这种不断的合理处理过程中,育才中学课程改革实施才能够持续前行。

(四) 育才改革的特征:传承与示范

在历史上,上海市育才中学是一所在国内外声誉斐然的传统历史名校,在当今新的教育形势下,它的发展同样需要改革。纵观当前育才中学的课程改革,不难发现它所具有的鲜明特征。

1. 秉承学校发展的改革传统

育才中学的段力佩老校长为育才中学留下了"敢为天下先"的教育改革勇气和强烈的社会责任感。长期以来,育才中学具有尊重教育规律、尊重学生身心发展规律和尊重学生个性的优良传统。这些精神内涵,在当前育才中学的课程改革中得到了非常好的体现——建立在全体师生的强烈共识和改革意愿之上的课程改革,体现出学校传承教改精神的文化自觉。

其实,这种学校传统在 2008 年 1 月学校制定的以"践行文化自觉、提升课程效能,建设有特色的优质学校"为宗旨的《上海市育才中学 2009—2014 年学校发展规划》中就反映了出来。该规划直接把课程领域的改革作为育才中学新一轮发展的突破口,进一步完善丰富学校课程体系,提高课程的多样性、选择性和针对性,设置凸现学校特色的课程并创造性地实施,继而培养出有育才特质的学生。正是在这个规划的指导下,《育才中学课程改革方案》才得以产生。

育才中学的课程改革秉承了段力佩老校长一贯强调的思想,即"教育的侧重点在于育,教学的侧重点在于学"。无论是"育"还是"学",其着眼点都落在学生上,尤其关注学生个体的全面成长过程及其日常的课堂学习过程,并以所有学生的共性为基础,充分发展不同学生的个性,为各类人才的成长持续创造丰富的条件、提供宽松的空间和可能性。

在新形势下,育才中学意识到作为名校的社会责任,相信育才师生自主发展的内在动力,相信真正为学生未来考虑的课程体系的潜在能量,把切实解决教育教学的实际问题作为改革前提。所以,正如现任校长陈青云所言,"育才中学的这次课程改革,完全是从'为每一位学生的终身发展'和'为每一位学生有能力面对未来挑战'这两个维度来筹划的,有着深刻的'学生背景'和'时代背景'"。

现今的育才中学课程改革,不只是简单的校本课程开发,而是国家课程与地方课程的校本化探索,是具有开创性的改革实践。这正是一个名校在当今改革的时代所需要的勇气,是新时期名校发挥示范引领作用的表现之一。

2. 展现攻坚性的改革探索

课程改革必须切实关注到每个学生的发展与成长,落实在每一位学生每一天的学校教育生活中。育才中学意识到,任何一种教育理念或一项新的教育改革,要在学校教育实践中得以贯彻实施,就必须实现课程与教学的本质性变革。因此,这种学校课程与教学的改革具有攻坚性,是学校中全面实施素质教育的难点所在。

尽管多年来育才中学主张学生"自治自理,自学自创,自觉体锻"(著名的"三自"精神),但不可回避的一个现实是,这些有着良好愿望的"三自",更多地是在地位最重、容量最大的教学之外的"体外循环",没有到达课程与教学的核心地带。只有当"三自"在课程、教学中得到"体内循环",才有可能做到真正意义上的"三自"。育才中学选择"基础型课程改革"这一块最困难领域,也就意味着进入了一个攻坚性改革时期。

长期以来,我国高中生学业负担之重堪称世界之首,在一切围着高考转的应试环境下,高中学校的改革有些类似"戴着枷锁跳舞",难以使学生"舞"得自觉而快乐。为此,育才中学的课程与教学改革明确了以学生为中心的三项预期目标:

第一,让学生从"被动学习"走向规划学习。学生高一入学,就要规划自己高中三年的学习,制定自己独特的课程表——"我选择,我负责",从而激发他们的自主发展意识、学习主动性和责任感。

第二,让学生从"面对考试"走向面对未来。课程尽可能摆脱单纯应试的局限与束缚,提供更宽阔的学习空间,挖掘并加强学生身上积极、健康的因素,建立一种满足学生基本需求的环境和文化,建立以归属感、学习能力感、成就感、责任感为心理基点的学习共同体的基本框架,形成育才学生气质、修养、风范要求和人际交往规范,并落实到教育活动的各个环节。

第三,让因材施教落实到每一位学生。真正实现每位学生一张课表,使改革不再是作秀,而是深层次的实施。学生有差异,也各有特长;国家对未来人才的需求也是多层次、多种类的;借助课程与教学的多样性和选择性,促进每个学生的最佳发展。尽管真正课程实施产生了教学工作与教学管理的复杂性与艰苦性,但它真正能够体现满足学生个性化发展的需求及结果。

毫无疑问,要实现这三种改革预期,对于育才中学而言,显然是一种攻坚性的长期而艰巨的任务。这对于传统名校育才中学而言,既是学校自觉的改革探索,也是社会对它的新期待所在。

3. 发挥示范引领的名校价值

在当前强调高中教育内涵发展、优质发展的背景下,传统历史名校或者各种重点中学,都承担着推动整个高中教育改革与发展的时代重任。名校办分校与名校带弱校,不失为一种改革选择。其实,在新形势下名校自身的改革与创新,或许对于促进普通高中教育发展和改革,也能产生重大影响。时代需要名校在改革中发挥引领性角色。很显然,育才中学的改革在当前具有相当大的示范价值。

第一,育才中学的课程与教学改革是内因与外因相互作用的结果。

育才改革实践中最根本的动因与内驱力来自学校内部,来自于学校领导层与全体师生的共识。育才中学保持了一所传统名校的改革动力,在当今新的时代背景下,勇于走入课程与教学改革的深水区。这种改革的勇气、思路与实践,对于全国的高中而言,具有重要的启示意义。

学校发展必须依托改革,学校改革不能只是按照上级部门的要求进行,不能只是在现有的政策框架下开展。学校改革要探索出有利于发展的新政策,创造出学校发展的新条件。改革需要政府、政策和社会支持,但这种支持更需要学校及其改革者的努力和创造。当前支持学校改革的社会环境与教育政策并不令人满意。育才中学在改革启动之前的各种"游说",是值得有志于改革的学校学习和借鉴的。

第二,育才中学的课程改革改变了对校本课程的既有认识。

当前,普通高中教育同质化严重,这种同质化主要表现在课程、教材、教法及其评价的高度相同,即围绕高考的应试模式。在高中课程改革的过程中,校本课程与基础课程基本上是分离的,校本课程在学校课程体系中只是为了丰富课程形式,往往并不具有实质价值。

很显然,育才中学的改革实践,推进了校本课程的发展,使校本课程与核心课程、基础课程结合为一体,校本课程不只是选修课或者课外活动。这样与基础课程、核心课程相关联的校本课程,使学校管理者、学科教师和学生都重新思考各自在管理、教学与学习中的要求、内容与行动计划,真正改变了学校中"千人一面"与"千课一面"的状况。课程与教学系统的全面改革,超越了传统的学校课程体系,有助于更好地实现面向每个学生、促进每个学生全面发展的素质教育要求。可见,育才中学的改革实践对于引领全国高中课程改革具有突破性价值。

第三,育才中学的课程改革符合当代普通高中教育发展要求。

在加快普及高中阶段教育的过程中,普通高中教育的规模也已经达到一个很大的数量。在终身教育和学习化社会的背景下,普通高中教育的使命正在超越传统的为高等教育培养人才的单一的"升学"功能。在以人为本的科学发展观指导下,普通高中教育必须遵循学生成长与发展的新需求。

育才中学在课程设计方面,没有过于关注升学考试所需要的少数学科,而是面向了学生的生活内涵,关注了学生的全面成长,考虑了学生未来的人生发展。这种理念完全符合倡导全人教育的世界普通高中教育发展趋势。育才中学的课程体系中融合了国际上倡导的生涯教育与指导的课程内容,即对学生的学业、生涯、生活、个性与社会性发展等多方面给予教育与指导。育才中学的改革突出了学生自主学习意识的培养、自我学习能力的发展、思维水平的提升以及自我管理能力的形成。而这些,恰恰是学生未来人生发展的持久动力。

育才中学的课程改革起步不久,其实施的效果还需要等待和观察。这需要育才中学始终保持对学校改革尤其是课程改革的热情和投入,需要育才中学全体教师的参与和努力,也需要教育部门的关心和支持,更需要全社会的呵护和帮助。当然,也期待更多的高中学校像育才中学一样,能够致力于推广学校内部改革,使学校走上更好的发展之路,共同创造普通高中学校改革与发展的新局面。

二、优质高中的资源共享

诞生于 1905 年的四川省成都市第七中学(简称"成都七中")是享誉巴蜀大地的一所著名高中。一百多年来,这所学校在长期的教育实践中不断改革进取,以人为本,重在发展,形成了"启迪有方,治学严谨,爱生育人"的办学传统,坚持"着眼整体发展,立足个体成才,充分发挥学生的主体作用"的"三体"教育思想,建立了一支追求卓越的优秀教师队伍。成都七中为国家和社会输送了数以万计的优秀中学毕业生,著名校友遍布国内外,学校以"优生、良师、名校"而赢得了广泛的社会赞誉。

自从 2000 年以来,伴随着我国普通高中普及的步伐,在四川省政府的大力支持下,2002 年 9 月成都七中成立了"四川成都七中东方闻道网校"(以下简称"七中网校")。学校借助现代信息技术的优势和社会力量办学的运行机制,积极参与到经济和教育相对落后的西部省份和少数民族地区的高中教育普及之中,使其优质教育资源跨越时空得到了有效的传播,切实推进了西部贫困地区普通高中教育的改革与发展。

截止到2012年,七中网校举办的"直播班"已经从省内的少数民族地区扩大到西部的邻近省份,覆盖云、贵、川、渝、陇等省市,拥有合作学校150余所,网校的直播在校生近3.5万,直播扩大受益学生近10万人,使成都七中成了全国乃至全世界最大的高中。

在当前加快普及高中阶段教育的背景下,成都七中基于现代教育技术促进学校优质资源共享并带动其他学校共同发展的实践及其经验,对于切实推进全国尤其是西部地区普通高中教育的发展,具有非常重要的价值。

(一)七中网校的产生背景

成都七中位于四川省成都市,那里虽被称为"天府之国",但整个四川省因受地区资源、条件差异、经济发展、历史积淀、产业结构等因素的影响,省内经济发展的差异性十分明显。

以成都为中心的成都平原经济圈是全省政治、经济、文化的中心。区域内工业基础雄厚,支柱产业较为突出,产业结构层次相对较高,第三产业较为发达,科研技术力量较强,科技和生产力布局的相对优势明显。其中仅"成德绵"地区就集中了全省约80%的高新技术企业及高新技术产品、2个国家级高新技术产业开发区和1个省级高科技产业园区,是四川省乃至西部地区区域经济增长和高新技术产业培育和发展的基础。而包括甘孜州、阿坝州及雅安部分地区在内的川西藏区,虽然拥有林果业、畜牧业、中药材、水能资源、矿产、旅游业等资源优势,但因自然地理和气候条件恶劣,川西藏区整体经济落后,川西地区主要居住藏族的28个县中,有16个属于国家和省级贫困县,占川西藏区县的57%。

表5.3　2010年四川省少数民族地区人口及受教育情况统计表

指　　标	少数民族地区	甘　孜	阿　坝	凉　山
土地面积(平方公里)	302 403	153 002	84 200	60 423
总人口(万人)	660.38	99.91	89.93	438.35
人口密度(人/平方公里)	21.83	6.52	10.68	72.54

（续表）

指　　标		少数民族地区	甘　孜	阿　坝	凉　山
高中	学校数（所）	77	23	18	36
	在校生（人）	78 608	8 665	14 022	55 921
	专任教师（人）	4 466	601	1 034	2 831
初中	学校数（所）	235	23	40	172
	在校生（人）	267 219	34 379	38 762	194 078
	专任教师（人）	18 370	2 674	3 453	12 243
小学	学校数（所）	2 742	657	312	1 773
	在校生（人）	736 580	105 955	82 292	548 333
	专任教师（人）	35 108	6 128	5 963	23 017

与经济发展不平衡同步的是教育也存在巨大差距。2000年,全国每万人口小学、初中、高中的在校学生比例平均为11∶5∶1,基础教育较为发达的浙江省为6∶4∶1,上海市则为3∶2∶1,四川省平均为14∶6∶1,而四川民族地区则为26∶5∶1,即川西少数民族地区26名小学生中只有5人能升入初中,只有1人继续读到高中,远远低于四川省和东部发达地区的平均水平。

进入21世纪以后,"适度发展普通高中教育规模"成为高中教育改革和发展的主旋律,西部地区也不例外。作为全国知名的示范性高中,成都七中在面临学校自身发展任务的同时,也承载了促进地区高中教育发展尤其是质量提高的社会重任。

"名校扩建",如易地新建、集资办学、贷款办学、寄宿制等等,是十多年前我国普通高中教育发展的一种常见基本思路。但是,四川少数民族地区独特的地理状况、低效的经济发展水平、严酷的自然条件、频发的自然灾害、严重不均衡的人口分布等等,使得其他地区用以发展普通高中的各种举措在这里都不适用。

更为关键的是,少数民族地区教育落后的一个最大制约因素通常和师资相关。受经济和教育发展水平的限制,这里的师资队伍呈现出内地教师进不去留不住、乡村教师想进城、外地教师想下山、本地教师盼改行的不稳定态势。一些县市代课教师接近教师总数的50%,近一半的高中教师学历不合格,学科不配套,化学、物理、数学、英语教师严重缺乏,现有教师整体素质亟待提高。同时,这里地形崎岖,群峰林立,河谷幽深,交通不便,那些在其他地区常态化的在职教师学习方式,如集中培训、支教、走出去请进来等,在这里显然成本太高,难以实施。如何找到一种"多、快、好、省"地实现高质量普及高中和大面积提高教师素质的办法变得迫在眉睫。

2000年12月,四川省委省政府正式颁布《四川省民族地区教育发展十年行动计划》,将"初步建立民族地区远程教育体系"作为行动计划的五项重点工作之一。根据四川省委省政府的意见,在四川省教育厅的大力支持下,成都七中率先用"政府＋学校＋企业"的模式,和成都东方闻道科技发展有限公司联手在校内设立"四川成都七中东方闻道网校",于2002年9月2日向民族地区第一批四所学校开始进行"全日制远程直播教学",由此走上了一条依靠现代教育技术来帮助西部经济欠发达地区普及和发展普通高中教育的新路。

(二) 七中网校的运作实践

"全日制远程直播教学"是七中网校对其教育教学模式的一种概括。具体来说,即以现代通信技术为媒介,以远端学校全程、异地、实时、共享成都七中课堂教学为主要手段,通过成都七中和远端学校在关键教学环节上的分工协作,共同完成对学生的普适性和个性化教学活动。

1. 设备系统

"全日制远程直播教学"离不开现代通信技术的支撑,有赖于高质量的信息传输物理通道。四川民族地区人居分散、地理条件差、气候恶劣、地质灾害多,利用有线光缆架构骨干通信网络,其铺设费用非常高昂,同时在地质灾害和气候灾害中易受破坏并难以抢修和维护。

鉴于这些实际情况,经过反复论证,网校决定采用对空间距离不敏感、受地理条件限制小、抗灾能力强、工程周期短、综合成本低、信息利用率高、下载速度稳定、设备和资源利用率高、组网灵活快捷的现代卫星VSAT通信技术。

整个教育网络由教学前端网络、卫星主站、卫星、卫星地面接收站、远端教学点计算机网络及显示设备组成,内容包括远程直播教学和同步教学资源库应用两个部分。采用网络、资源库、直播式教学设备同步到位的方式,当网络建成并安装调试好直播式教学设备后,远在千里之外的学校即可同时听取成都七中的课堂授课,接收由七中网校提供的多媒体全套资源。同时,这一远程教育网还与互联网联结,以保证民族地区学校在非直播教学时间的互联网访问。

全日制远程直播教学通过构建实时双向在线的卫星网络系统,将成都七中校

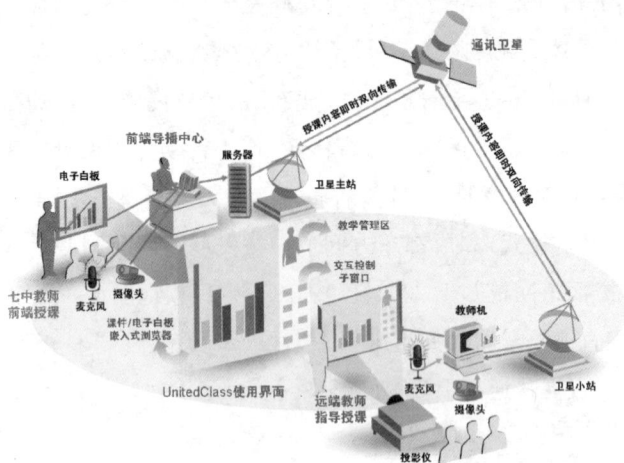

图 5.2　四川省成都七中网校技术结构图

本部课堂教学中教师授课时的图像、声音、电子板书、图片、多媒体动画、视频材料等,同一时间在成都七中校本部教室和远端学校呈现,远端学校的学生实时参与成都七中的听课活动,同时通过摄像头和麦克风与七中授课教师进行实时双向交流。在卫星直播的基础上,系统还辅以网络平台、电话等多种交互手段,以实现成都七中任课教师与远端师生多渠道、多层面的充分交流。

2. 教学模式

七中网校全日制远程直播教学模式主要体现在四个"四"上,即教学"四个同时"、教师"四位一体"、课堂"四种交互"和协同"四种服务"。

(1) 教学的"四个同时"

"四个同时"是全日制远程直播教学的实现模式,具体可分解为同时授课、同时备课、同时作业、同时考试。远端合作学校的学生要与成都七中的学生使用同一作息时间表、同一课程表、相同的学习资料和试题。除此之外,直播各科每周一次同时备课,授课老师与远端老师共同进行教法与学法的探讨。直播教学通过"四个同时"将成都七中的课堂教学及相应的管理要求原汁原味地贯彻到每一所学校,在课堂教学的关键环节上实现了一体化要求。

"四个同时"使远端合作学校的教师实时参与到和七中教师的协同教学之中,使学生真切地享用成都七中原汁原味的课堂教学。就这样,相隔千里的远端学校与成都七中借助现代技术,真正实现了"异地同堂"。

（2）教师的"四位一体"

"四位一体"的教师队伍是教学质量的基本保证。七中网校在全日制远程直播教学的不同位置上,根据需要设置了授课教师、把关教师、远端教师、技术教师等四种不同角色和职能的岗位。

授课教师负责完成直播科目的普适性多媒体课堂讲授任务;把关教师负责对授课教师进行业务指导,以保证教学源头的教学质量;远端教师全程随堂上课,负责教学活动的组织,创设教学情景,利用异地条件做好对学生的个性化教学与辅导等工作;技术教师则保证技术设备的正常运行。

在这四类教师中,授课教师由成都七中的中青年教学骨干担任,把关教师由成都七中的资深教师担任,远端教师由不同地区的当地教师担任,技术教师则由网校的技术工程师和远端学校的计算机教师担任。

所以,"四位一体"就是指上述四类教师要按照教学的需要和岗位的要求,在相同的时间和不同岗位上保质保量地完成预定的工作。

（3）课堂的"四种交互"

课程的"四种交互"是为了克服常见的远程教学中交互不足的现象,旨在创设异地同堂情景。四种交互分别是:实时交互、虚拟交互、替代交互和转移交互。

实时交互是指全日制远程直播教学采用双向卫星系统,授课教师借助卫星网络系统随时向远端学校"异地同堂"学生提问。

虚拟交互是指要求远端学校学生与成都七中学生一样,通过屏幕及时回答授课教师的提问,其目的在于确保远端学生参与七中教学,而不是被动地当观众。

替代交互是指由远端学校的"学生代表"代替具有相同观点或问题的其他学生与授课教师在屏幕上实时交互,以期在短时间内解决远端学生的共性问题。

转移交互是四位一体设计中最为重要的交互方式。由于远程教学一带多的特点,不可能经常性地开展实时交互,为此,将本应在授课教师与远端学生之间讨论的问题转移到远端学校课堂上来,由远端教师和学生之间进行交互。如前端授课老师给出一个讨论话题,要求学生讨论后给出答案,此时远端老师就组织本地学生同时展开讨论,并听取学生的讨论结果。

（4）协调的"四种服务"

"四种服务"是七中网校为保证全日制直播教学能在管理、理念、文化上不断靠近前端学校,确保大面积学生的教育教学质量而采用的一种质量保障机制。这四种服务就是：同堂服务、个体服务、学生服务和技术服务。

同堂服务，是为保证远端学校异地同堂而设定的服务内容，是对同时备课、同时授课、同时作业、同时考试的监督和服务，内容包括教务信息、课程信息、教学资料、上线监控、成绩反馈、成绩分析、教学研讨等基础性服务。

个体服务，是指根据不同学校具体情况，专职直播教学服务人员赴远端学校听课，了解教情、学情、管理等针对学校个体的专项服务，旨在帮助远端学校逐步适应直播教学、建立相应的管理机制，并通过建立学校弱项对比，实现学校的自评系统。

学生服务，是指在直播教学环境下，七中网校针对远端学校不同学生群体，在学生的适应性、励志成才、心理干预、学法指导等方面提供的专项服务。包括学生到成都七中"留学"、学生阶段性信件交流、学生集体交流、个体交流、学生奖励、参与成都七中的文化活动等，意在帮助学生做到精神融入，增强对成都七中文化的认同感。

技术服务，即为保证直播教学的顺利开展而设定的技术支持与现场服务。

3. 运行机制

七中网校的创建与发展，与四川省政府对民族地区教育扶贫行动有着密不可分的关系。直播教学从服务于民族地区起步，并一开始就形成"政府＋学校＋企业"的运营模式。遵循四川省委省政府提出的"政府导向扶持、社会参与投入、共享优质资源、推进持续发展"的原则，七中网校的办学经费，一部分来自政府对民族地区教育扶贫的教学服务采购，一部分通过企业按照市场化配置的原则，向加盟学校收取教学服务费。直播教学在开播五年后便实现了当年的收支平衡。

（1）政府采购直播服务

四川省政府为少数民族地区学校采购七中网校的直播教学服务。根据十年行动计划的要求，政府每年制定计划，为少数民族地区学校配备相关设备和支付教学服务费用，并根据少数民族地区学校远程教学措施的落实情况，开展检查与考核。在第一个《四川省民族地区教育发展十年行动计划》中，省政府每年投入的民族地区网络建设和教学服务采购总额300万元左右，十年合计约2800万元。

同时，省教育厅根据全日制远程教学特点专门颁布了《民族地区直录播教学的管理办法》等文件，重在指导少数民族地区的远程教学工作。省内非少数民族的其他地区政府则视当地经济情况，决定是否通过政府采购服务的方式为当地高中学校配备设备和支付教学服务经费。

表 5.4　四川省成都七中网校各类教师岗位职责

类别	授课教师	把关教师	远端教师	技术教师
岗位职责	制定教学计划、授课。	指导教育。	课堂教学组织,学生管理与辅导。	教学信息管理人员。
科目及日常事务	担任语文、数学、英语、物理、化学、生物、历史、地理、政治的教学主讲;负责根据学生的学习状况适当调整教学计划。	对授课老师的教学设计把关;每周2次的听课。	按文理分科配合对应高考科目的课堂协同和课后辅导,负责理化生实验室课程教学和辅导,承担设备故障时的教学任务。	前端负责教学、教务信息发送,负责远端相关信息处理。远端负责前端教学信息接收和考试成绩反馈。
备课	在成都七中集体备课之后组织远端同时备课,公告一周学科教学计划与教学要点,回答远端老师的备课提问。	参与同时备课,回答远端教师的相关问题。	参与远程备课,并就教学中的问题与前端授课老师讨论。针对本地实际备学生、备配合。	负责备课直播,并回答远端老师关于信息发布方面的问题。
上课	实施课堂教学,适时开展与远端学生的实时交互。	随堂听课。	随堂助教,组织学生提问。作业批改、考试组织、日常答疑和学生的自习组织等。	导播课堂教学,协调前远端信息,保证直播教学流畅。
课堂纪律和管理	负责课堂教学组织与纪律管理,并要求前端学生在听课习惯上为远端学生做出示范。		负责教学组织与纪律管理,对违规违纪学生按所在学校有关规定处理。	
缺课学生补课			课程录制,随后组织学生完整听讲。	
单元测试	将试题和解题说明的电子文档提前发给远端教师。		试题制作,组织检测。	
期中期末考试	学校自行命题,提前一天提供试卷给网校。		组织学生统一参加网校考试,并向网校提交学生成绩。	上传试题及答案,开展成绩分析。
作业布置	给两端学生统一布置。		负责本班学生作业批改;配合网校教师抽查学生作业。	

(续表)

类别	授课教师	把关教师	远端教师	技术教师
答疑	根据网校收集上来的共性问题在课堂上或备课中统一说明。		反映学生学习情况和疑难问题。	组织学生通过电子邮件参与疑难提问和协同答疑活动。
学生和学籍管理			由学生所在学校负责。	

（2）两端学校共同参与

成都七中作为异地同堂教学的源头端,即全日制远程教学的前端学校,负责"四个同时"的课堂教学,是备课主讲学校、教学安排学校、教学材料产生学校和试卷出题学校。薄弱地区学校作为全日制远程教学的远端学校,一般会在校内设立若干直播班级,负责在直播班教室内配合前端学校教师完成本校学生的课堂教学,包括组织听课、按前端教学要求组织活动以及开展课前预习、课中练习和课后个性化辅导等工作。

（3）运营实行企业化机制

七中网校实行企业化的公司运作。公司在设立原始投入1 500万的基础上,通过银行贷款和非少数民族地区有偿服务等收入,将资金滚动投入到直播教学上。公司投入主要用于建设远程教育网络系统及其相关系统和专用软件,负责组织全日制远程教学的系统维护和教学播送、教学规律的研究、新型教学模式的辅导与远端学校管理适应性的诊断与服务,帮助薄弱学校在管理上适应全日制远程直播教学,帮助远端学校教师做好远程直播教学的角色定位和掌握相关工作要领,帮助远端学校学生建立良好的学法和积极的态度。

（4）教学采用专业化管理

教学是七中网校的核心所在。七中网校在教学上实行与成都七中的合署办公和统一领导。由成都七中校长和副校长分别兼任网校校长和教学副校长,另聘成都七中的领衔教师出任网校教务长。

网校的日常教学管理由网校的教学管理委员会负责,其主任委员由网校校长担任,副主任委员由网校副校长、网校教务长担任。教务长全权负责网校的日常教学管理事务,每月分别组织一次把关教师研讨会、授课教师研讨会和技术教师研讨会,组织一次全体教师集体教研活动,共同研讨直播式教学开展过程中的体会、问题、效果和改进措施,推进直播式教学活动的深入开展。网校教学管理委员会的常设机构是网校教学管理部,该部的工作直接对教务长负责。

(三) 七中网校的办学成就

自 2002 年第一批直播教学学校设立迄今,七中网校走过了整整十年的办学之路。十年来,这所学校取得了令人瞩目的成绩:合作学校数量达 150 余所,覆盖云、贵、川、渝、陇等多个省市;合作的学段已经从高中下延到初中和小学,形成基础教育链。

实践显示,成都七中利用名校优质资源创办的七中网校,已经获得了政府、社会和教育界的一致好评,成为近十年西部地区基础教育改革的标志性成果。七中网校给民族地区和西部省份的教育带来了可喜的变化,切实推进了西部地区普通高中教育的改革与发展。

表 5.5　2012 年七中网校远端学校直播班学生高考成绩统计表

远 端 学 校	直播班学生数	一本上线人数	本科上线人数	本科上线率(%)
四川广安中学	55	31	55	100
四川南江长赤中学	60	17	60	100
四川夹江中学	40	12	39	97
四川遂宁六中	45	11	44	97
四川安仁中学	60	24	58	96
四川金堂淮口中学	41	5	37	96
四川成都 37 中	43	8	39	90
四川崇州蜀城中学	58	6	47	81
四川名山中学	71	——	71	100
四川剑门关高中	57	16	52	91
四川大竹观音中学	58	8	50	86
四川康定中学	103	19	103	100
四川凉山民中	68	41	68	100

（续表）

远 端 学 校	直播班学生数	一本上线人数	本科上线人数	本科上线率(%)
四川宁南中学	34	15	34	100
四川德昌中学	97	23	82	85
四川越西中学	58	8	46	79
四川冕宁中学	200	24	133	67
四川马尔康中学	50	2	31	62
四川宁县一中	56	31	49	87
四川郫县三中	50	6	30	60
重庆彭水一中	45	15	42	93
云南禄劝一中	51	38	51	100
云南宜良一中	51	29	51	100
云南玉龙一中	67	21	67	100
云南丽江一中	91	51	85	93

1. 为西部地区培养了一批高素质高中生

七中网校的教学工作主要依托的是成都七中的师资力量。成都七中作为全国知名的示范性高中，校内名师荟萃，高手云集，素质精良，教风朴实。由他们执教网校的教学工作，无疑是网校教育教学质量的最大保障。

第一，直播教学学生的学业成绩大幅度提升。

通过对远端学校高考成绩、网校统考成绩的分析，发现远端学校直播班高考成绩屡创新高，出现了大批量学生学习成绩提升的现象。以 2012 年高考为例，四川民族地区的康定中学、九寨沟中学和盐源中学均有一个学生被清华大学录取，创下了当地学校恢复高考以来的最好记录。

2010 年，七中网校组织专家对直播教学实践的社会价值与影响、质量和效果及其问题进行系统而规范的评估研究。研究发现，远端学校直播班与成都七中本部班的统考成绩差距正在逐年缩小，总分平均分平均缩小了约 20 分。直播教学的五大科目中，数学、物理两个学科的直播效果尤为显著，无论是最高分，还是平均分，都呈现明显的进步趋势。以物理为例，6 所远端学校样本校的直播班物理平均分与本部学生的差距平均缩小了 10 分，其中进步最显著的云南芒市中学与本部班平均分的差距缩小了 15.1 分。

第二,学生的自主学习能力、心理素质和学习积极性明显提高。

直播教学中,七中网校要求远端学生按照《成都七中学习方法(四十条)》开展预习、上课、作业、复习、考试、课外学习等活动,培养了学生较好的学习习惯,掌握了七中学生常用的学习方法和学习技巧,提高了学生的自主学习能力。

远端教师问卷调查显示,46.5%的教师认为,本班学生积累了很多有益的学习方法和技巧;50%的教师认为,本班学生的整体素质有所提高。学生问卷调查显示,46%的学生认为学习到新的学习方法,养成了良好的学习习惯,提高了自己的学习能力;47.6%的学生认为自己对学习充满信心,遇到问题有信心解决了。

七中网校昆明办事处的老师曾跟踪记录过学生的表现。他们发现,直播班中很多学生升入大学后表现活跃,能积极参与大学丰富的课外活动,敢于表达,善于沟通,成为同学中的佼佼者。

第三,成都七中的示范效应得到实现。

因和成都七中学生同堂上课,成都七中学生课堂表现、行为举止、知识眼界、心胸抱负等都影响着远端学校的学生。他们对七中的一些优秀学生非常佩服,视之为偶像和榜样,有了较为明确的奋斗目标和努力方向。

另一方面,七中网校也努力创造条件让远端学校的学生能融入自己的文化。学校每年会组织"留学七中"的活动,邀请远端学校的部分学生到七中插班上课一周,邀请他们参加成都七中的文化汇演和各种课外活动,安排任课教师到远端学校和师生交流答疑。

七中网校还专门增添了心理咨询教师为学生提供学业、生活和生涯等方面的指导。甘孜州还要求远端学生统一穿着印有"七中网校"字样的校服,让学生以七中学生为荣,不仅在学习方面,而且在行为举止、社会规范、道德品行上也以七中要求为标准,在心理上产生对七中文化的积极认同。这种文化认同,是七中优质教育资源的放大,成为了影响学生一生的重要力量。

很多民族地区学校从最初把直播教学应用于尖子学生转向学校中等以上学生。如凉山州盐源中学高中三个年级共组建直播教学班 13 个,有 1 560 名学生,各年级的前 200 名都在网班。2012 年 9 月,德昌中学全校初高中六个年级开设 24 个直播教学班,学生人数超过 1 400 人,接近全校学生总数的 22%。

2. 提升了西部地区教师的专业能力与素质

为保证教育教学质量,七中网校特设了教师课前共同备课制度,要求七中的任课教师和远端学校的教师每个月借助网络共同完成备课任务。这一制度,使得远端教师有机会和七中教师一起分析研究教材和设计教案,在教学观念的建立、课程内容的理解、课程知识的关联、每节课教学难点重点的把握、课堂教学步骤和环节的设计、课堂提问问题的设计与展开等这些教学基本问题上,经历了一个手拉手地互动学习过程。这种互动不仅针对性强,而且很实用。

其次,远端教师在得到七中教师的教学课件后,还要求有一个自我吸收和改造消化的过程。教师要根据远端学生的特点对教学活动方案进一步修改:包括根据远端学生的知识水平和能力水平预测前端教师的备课方案中本地学生可能会遇到困难的环节;分析导致本地学生产生困难的原因;设计支持策略(如课前预习、板书提示、所需知识补习等)来促进学生的理解;准备相应的替代问题和替代活动方案等。在这个过程中,远端教师学会了如何分析本地学生的学情以及如何解决课堂教学内容与学生之间适配的问题。

第三,由于多数远端学校明确要求直播班教师必须同时也在普通班担任教学工作,这些教师就会在完成直播班的"协同教学"任务后,将他们在这一过程中所学到的知识和技能运用到普通班教学中去。比如,他们会将直播班的课件、多媒体材料、学习资源等,根据普通班的学生情况进行模仿、借鉴、修改,然后用于普通班教学。这就是远端教师将从成都七中老师那里学到的知识转化为自己的课堂教学行为的过程,显然也是教师自我反思和自主发展的实践过程。

由此可见,从同步备课中向他人学习,到协同教学中的转化改造,再到独立教学中的借鉴与实践,这一过程对远端教师来说,实际上就是参与了一个专业培训的完整过程。这里不妨摘录一些具有代表性的案例。

贵州独山县的一位数学老师说:"在与曹杨可老师的学习和配合中,学到了很多东西,使我在教学工作经验的积累和工作方法的改进上有了较大的进步。曹老师的课上得很精彩,讲解深入浅出,条理清晰,知识面广,重难点突出,例题选择有代表性,打破常规,补充得法,很有吸引力。课前、课中、课后的要求明确,并及时进行小结和总结,这些对我都有很大的帮助和启迪。"

四川长宁县一位语文老师说:"作为远程直播班的语文辅导教师,半学期的同步备课,跟班学习,我感受颇多,收获很大。成都七中王正可老师的每一堂课都是经过精心设计、精心准备的,她的课生动、形象,不仅给学生们提供了丰富而广大的语文学习空间,而且使我领略到很多新的教育思想,学习到很多有益的教学方法。"

一些校长也敏锐地发现了直播教学对教师成长的价值。如四川都江堰中学就表示:"我校现有的教师中有近三分之一(近百名)的年轻教师(教龄不到五年),教学中急需有一个高标准、高质量的参考对象。'直播班'的开设解决了这个问题。目前,听'直播班'的课、研究'直播班'的课,已成为了我校教师校本培训的一部分。"

总之,远端学校的老师在教学任务要求的驱动下,通过观摩七中教师的课堂教学实例,阅读相关的教学资源,听专家点评和指导,在教学理念、教学技能、教学手段、教学模式等诸多方面的迁移实践,潜移默化中慢慢地提升了自己的专业素养和能力。一批优秀教师借助直播教学迅速成长起来,很快成为学校的骨干教师和当地的名师,甚至成为获奖"专业户"。

例如,云南宜良一中通过三年的直播教学,培养出了两位特级教师,其中一位就是直播班物理教师;培养出了三位市级骨干教师学科带头人,其中一位是直播班物理教师,一位是直播班语文教师。成都温江二中化学教师章惠,2001年参加工作,2005年执教直播班后,2007年即获四川省高中化学竞赛省级一等优秀指导教师,2008—2011年连续三年获学校优秀教研组长,2010年获全国高中学生化学竞赛省级一等优秀指导教师奖。九寨沟中学多位老师进入直播班教学后,教学水平有极大提高,在省赛课中连连获奖。如王森获全省化学赛课二等奖,马杰获全省数学赛课二等奖,陈杨莉获生物实验动手能力赛课二等奖。

问卷调查显示,82.1%的远端学校管理者认为,开展直播教学工作后,直播班教师的专业能力水平有明显提高;近80%的远端教师表示通过直播教学自己获得了优质的教学资源,75%认为提高了自己的教育技术能力,近60%的老师认为自己获得了更多的专业发展机会。

3. 促进了远端学校的管理改革

在七中网校的带动下,远端学校收获的不只是高考升学率的不断提升与外出生源的逐渐回流,更重要的是这些学校的管理水平也得到明显提高,学校的教育信息技术水平有了快速提升。这一切有助于远端学校提升信心与推进改革,使学校发展进入良性循环。

第一,提升教育教学管理水平。

在多年的直播协同教学中,七中网校向远端学校统一发送了《直播教学管理手册》、《直播教学教师手册》和《成都七中学习方法(四十条)》等指导性资料,这些资料是成都七中长期来教学管理经验的结晶,是成都七中的优质教育资源之一。这些优质资源"输入"远端学校并将其一一落实的过程,实际上也是远端学校教学管理水平不断提升的过程。

很多远端学校都要求教师必须按照成都七中的教学管理要求,在教学的各个环节上完全按照网校的教学进度、教学标高、教学安排、教学要求等,组织好授课、备课、试卷讲评、课后辅导等教学活动,把教学规范一一落实到位。如四川德昌中学,校内成立了以分管领导全权负责、以教导处和网管中心具体管理、技术教师和任课教师参与的网络直播班管理机构,实行部门分工协作。

四川甘孜州康定中学要求全校以成都七中教学安排为标准,其他非直播班的教师必须和直播班一样同步使用直播授课、备课资源,并根据直播教学的教学进度、教学要求完成自己的教学安排。同时,学校还在全校范围内统一使用网校试卷进行同步考试,并将考试成绩作为教师工作的考核标准和依据,以此提高学校整体管理水平。

再如,阿坝州马尔康中学建立一套有效制度,用制度来保障应用,推动应用的深入发展。学校在《远程网班教师管理及考核制度》、《网班技术服务教师管理及考核制度》、《网络教学设备维修、维护工作制度》、《网络教学设备的管理制度》的基础上制订了《直播教学管理规范》,将直播教学过程评价与终结评价有机结合。实践显示,近年来马尔康中学教学管理水平大幅度提高,2011年被评为民族地区唯一一所四川省新成长型学校;2012年被中国教师教育基金会评为全国特色学校。

第二,推动教师教育理念更新。

根据直播教学的教师分工,远端学校教师在整个直播教学中的角色定位不再是滔滔不绝的讲解者,而是课堂教学组织者、学生学习的辅导者和学生学习激情的激发者。这样一种身份的转换,有助于远端教师逐渐实现从"以教师为中心"到"以学生为中心"的助学者的转变。

同时,直播教学为前端和远端教师搭建了随时交流学习的平台,成了各远端学校开展校本培训的最实用有效的途径。

如四川德昌中学在开办网络直播教学的三年中,始终把直播教学当成培养教师的课堂,要求全体教师坚持参加集体备课,特别是直播学科的备课。网管中心坚持填写备课记载,教导处检查落实。目前,该校高中三个年级的语文、数学、英语、物理、化学及初中一、二年级语文、数学、英语、物理，全部实现了与成都七中同步备课。

又如四川马尔康中学要求教师在参与直播教学的过程中，实现以下四个方面的转变：由过去"教教材"转变为现在"用教材教"的思想；由过去"教师依赖教参"的思想转变为现在敢于"对教参进行取舍"的思想；由过去"教师被动教研"转变为现在"主动积极探究"的思想；由过去"教学手段单一"转变为现在"追求多样化"的思想。课堂教学都要凸现"直播教学"的教学方式，呈现民主、和谐、激励、竞争、互动的课堂教学氛围，教师要体现出"引导、组织、参与"的功能，各学科要形成以探究为特点的教学特色，并产生优质直播课。

第三，推动教育教研的开展。

远端学校以成都七中为榜样，以分享直播教学的优质资源为切入点，积极组织全校教师开展教学科研活动，建立学校发展的内功。德昌中学自开始参加直播教学起，每年都要举办学校层面的直播教学研讨会，有意识地组织教师开展教学研究，至今已连续举办三届。马尔康中学将直播教学研究作为学校的中心教研工作列入教研组工作计划，于2009年3月申报"民族地区远程直播教学环境下学习策略研究"课题，4月开展了为期一周的直播教学课堂教学调研活动。近年来该校发表与此课题直接相关的论文有近30篇，其中在省级和省级以上正式刊物发表的有5篇，在州级学术会上交流或获奖的有10多篇。

事实上，自2003年起，七中网校每年都会举行"直播教学研讨会"，讨论的议题涉及教师专业发展、学生培养、学校改革等内容，各相关学校的领导和老师都会提交论文参与研讨。截止到2011年，七中网校共举办了八届"直播教学研讨会"，其中最近的五届研讨会合计收到来自一线校长和教师提交的论文402篇。

4. 成都七中的再提升

应该说，受惠于七中网校的不仅是与之合作的远端学校，成都七中作为网校教学的主体力量，也在网校的发展中发展了自己。除了学校自身影响力不断扩大外，成都七中还直接收获了本部学校教师队伍的历练和成长。

直播教学的开设使成都七中成为名副其实的开门办学的公开学校。凡是承担对外直播教学的成都七中中青年教师，其课堂上的一言一行都通过卫星毫无保留地展现在公众面前，接受更为严苛的社会监督和同行审视，这对七中教师构成了极大的教学和心理挑战及压力。这些教师除了要精心设计课程，还要努力让远端学校教师了解自己的教学意图，还要和技术教师一起设计课件和挑选最适切的教学资源，还要在教学中同时兼顾前端和远端学生的学习需求，还要熟练掌握教育信息技术，还要通过教学展现成都七中的规范和魅力，等等。这些要求、挑战与压力成为了成都七中教师成长的驱动力。

与其他示范性高中一样，这些年成都七中本部招生数量不断扩大，大批年轻教师走进成都七中。然而，借助直播教学的全方位实践锻炼与培养，成都七中的教师尤其是新进的年轻教师，都得到很快的发展和进步。起初承担对外直播教学的教师现在大都已经成为学校各学科的骨干和领衔教师。赠人玫瑰，手留余香，成都七中在发展其他学校的同时，自身也得到了快速的提升。

（四）七中网校的价值意义

1. 发挥了现代技术在高中普及中的优势作用

在普及高中教育的过程中，相比较其他省份大兴土木、易地扩建、贷款盖房、名校扩张的举措，在政府支持下，成都七中通过网校辐射自身的优质教育资源，探究出了一条运用现代教育技术促进普通高中跨越式发展的新路径。这条路径的特点表现在：

第一，利用技术省钱办大事。

七中网校在短时间内将有限的教育经费集中投向现代教育技术，借助技术的优势同时解决了民族地区高中教育的普及与质量提升问题，体现了国家提出的运用现代教育技术促进教育跨越式发展的方向，避免了一些地方因大兴土木、扩建校舍所产生的政府和学校难以承受的巨额债务问题。

第二，依托技术构建发展共同体。

相比较国内其他同类网校定位于课外教学辅导、教师学生并不发生实质性关系的情况，七中网校和所有的远端学校以完成真实的教学任务为共同出发点，以共享成都七中网络直播课堂为主体内容，以远端学生与成都七中学生全日制同堂上课为主要手段，通过教学协作，达到教学理念、教学特色、学术研究、校园文化的互相融合。依托现代技术，七中网校和远端学校形成了学生成才、教师成长、学校发展的共同体。这种"美美与共"的景象，避免了其他地方常见的新开一所名校分店、原有高中学校生源流失难以维持的尴尬局面。

第三，准确定位现代教育技术的功能。

七中网校结合普通高中教育教学的特点,探索出了全日制高中网络直播课程的教学策略和实践模式,避免了其他地方将教育技术或作为装饰、或作为课外补充、或作为单纯工具和资料库的低层次使用现状。现代技术在这里搭建的不仅是资源平台或者技术硬件平台,更重要的是交流平台、教学平台和学习平台。明确的育人目标、正规的学历教育、真正的空中课堂、紧密型的教育共同体,是七中网校明显优胜于或者区别于其他远程教育项目的重要特点。这也是七中网校有资格成为目前国内唯一一所能够颁发高中学历教育毕业文凭的网络学校的原因。

2. 创造了低成本普及高中教育的发展模式

七中网校采用的是"政府+企业+学校"的模式,充分调动了政府、学校和企业等各方面积极性,在西部经济相对落后的情况下,创造了一种全新的普及高中教育的发展模式。

首先,四川省政府通过制定民族地区教育十年行动计划,充分发挥了政策的杠杆作用。政府承诺将 2 800 万元教育费用分年投入到位,主要用于采购社会化专业服务,这大大降低了政府在民族地区普及高中教育的一次性教育投入总量,减轻了政府的财政压力,产生了投入少见效快的效果。

其次,在一个市场化运作的体系中,企业是重要的组成部分。然而与政府合作,企业最怕的就是其政策的多变。四川省拟定了民族地区教育十年行动计划以后,面对政府这样一个长期的服务采购方,与之合作的企业便没有了后顾之忧,敢于把资金投向中长期受益的项目,在管理和教学上不断追求完善,把远程教育和教育扶贫当成一项事业来做;另外,由于有了稳定的来自政府的教育采购服务,大大降低了企业的运营成本,使得七中网校可以通过对民族地区学校大幅优惠的方式,减轻其他地区学校参与的经济负担,体现出了远程教育不限时空的优势,用规模效应来保持网校的有效运营和服务质量。

由此可见,七中网校是一种低成本高质量普及高中教育的新探索。以高中师资成本为例,四川民族地区高中通常一个直播教学班,政府投入服务经费每年不到一万;而按照传统的支教方式,派一位教师去民族地区从事一年支教工作,费用将超过 10 万。目前,七中网校三年普通高中全日制远程直播教学,政府用于每所学校的采购费用为 18 万元;但如果派九个学科的 18 位内地教师去一所学校执教 2 个班,其费用将高达 180 万元;两项比较,每校为国家节约成本 162 万元。按此计算,目前四川一地民族地区高中直播合作学校共 40 所,每年为政府节约资金 6 480 万元;如果将十年行动计划按一个周期计算,仅此一项就为国家降低教育成本6.48亿元。此外,如再加上薄弱地区教师派出学习费用等,七中网校在师资培养方面的成本降低幅度则更为可观。

第三,体现了政府角色的合理转变。

在七中网校的建设过程中,四川省政府除了制定规划、扶持引导外,把市场交给企业,把教学交给学校,把管理和指导交给教育行政部门,把高质量普及高中教育的选择权交给民族地区的学校,彻底改变了政府在这一问题上大包大揽的作风,形成了社会共同参与、各尽所能、共享成果的局面。

3. 探索了提升西部地区教师素质的新途径

高素质的教师队伍是高中教育普及发展的关键所在。四川特有的地理环境、教师繁重的工作任务、地方拮据的教育经费等,使得那些在其他地区常态化的在职教师学习方式在四川的民族地区难以推行。而七中网校全日制直播教学这个平台,使很多大山中的教师能够足不出户即可获得很多优质的教育教学资源,观察到名校教师是怎样上课的,还能在与七中名师相互研讨中,受到七中教师及其教学中先进的教育理念、有效的教学方法、学生学习辅导及管理艺术等各方面影响。这种低成本高效率的教师培训模式,无疑是最适合西部地区教师专业发展的有效途径。

教师是实践工作者,解读实践的能力极强,他们主要通过课堂教学来真正完成自己对教育教学理念的理解;教师是成人,带有成人学习的鲜明特点,要改变其课堂教学行为,首先要转变已有的认知结构,激发和调动其主观能动性;教师亟需提高的是专业素养和执教能力,而这一切光听报告无济于事,必须通过实践,通过相当一段时间持续地模仿、迁移和慢慢地变化。七中网校的直播教学正是为西部地区的教师提供了这样一种符合教师需要的培训模式:任务驱动、平等参与、行动研究、名师引领、持续模仿。从这个意义上说,七中网校不仅为西部地区而且为全国的教师教育贡献了一个值得研究和推广的成功案例。

从更深层的意义来说,目前客观存在的区域差异和城乡二元现状,使得西部地区要在短时间内吸引优秀教师前去安家落户比较困难。建设一支能够合格稳定、扎根西部的高素质教师队伍的任务,更多地还需要靠提升现有教师素质来完成。或许我们可以认为,七中网校的重大价值远不在于把多少学生送进了大学,而是在于有效提高民族地区、农村地区、贫困地区部分高中教师队伍的教育教学水平,成功地缩小了城乡教育差距,为西部地区高质量普及高中教育创造了示范。这种侧重"造血功能"的普及思路,可能是未来我国解决最后 10% 的高中教育普及目标时要特别关注和强调的。

4. 关注七中网校可持续发展

七中网校已经走过十年。过去十年间,政府、企业和学校构成了推动学校发展缺一不可的三种力量。但在十年后的今天,这种三驾马车并进的模式存在着一些令人担忧的变数。

首先就是政府与政策的因素。向七中网校购买教育服务的"四川省民族地区教育发展十年行动计划"即将完成,政府是否还会稳定购买七中网校的教育服务呢? 这可能是影响七中网校下一步发展的最大困惑。

其次,随着国家对学校收费问题的进一步规范,国家教育主管部门和相关物价管理部门如果不能对七中网校这样一种办学模式给予合理明确的政策界定,那么七中网校很容易被看做是"校中校"、"校中班",网校为支撑技术平台开发完善和教学服务等而收取的费用,也很容易被视为乱收费。尽管在理论上高中作为非义务教育学段,需要家庭分担一定的教育成本,但是在实际操作中为了执行和实施的方便,行政部门常常会不问缘由一概否定。

所以,作为一种西部经济不发达情况下由政府、学校和企业共同创造的促进高中教育普及的七中网校模式,亟需得到各方面的支持和重视。

当前我国高中教育毛入学率偏低的地区基本上集中在西部地区和中部人口大省。西部地区经济欠发达的现实,使得当地的高中既不可能像东部发达地区那样由政府出资办新校,也难以像中部省市学校那样靠收费政策"贷款借债"办学。四川省通过兴办七中网校的方式,借助现代技术的优势,利用远程教育,一举解决了薄弱地区学生"能上学"和"上好学"的问题,破解了教育投入不足、民族地区教师综合素质提升、名校资源放大但不稀释等难题,奠定了少数民族地区高中发展的基础。这反映了省委省政府的战略眼光和前瞻思维,是优质教育资源被有效共享和促进高中教育均衡发展的成功案例。

七中网校兴办十年以后,西部地区的一些学生能够和成都七中学生一样享受优质教育而健康成长,西部地区教师足不出户即可得到迫切需要的专业引领,薄弱地区学校找到了社会信赖和学校前进的动力,含辛茹苦的学生家长能看到自己孩子未来走出大山、走向成功的前景……实践证明,这是一条切实有效的低成本高质量普及高中教育的新路,不仅值得总结、宣传和推广,更值得社会关注和政策扶持。

三、农村中学的校企合作

在加快普及高中阶段教育的过程中,农村高中教育发展十分重要。而在农村地区,究竟如何实现高中阶段中普通教育与职业教育之间的相互融合,促进这些农村普通高中学校的健康发展,始终是一个难题。山西省中阳县第一中学在办学过程中,走出了一条校企合作的发展之路,并取得了成效。

(一) 校企合作的形成背景

1. 中阳一中现状

山西省中阳县第一中学(简称"中阳一中")成立于 1956 年,是中阳县唯一的一所普通高中学校。学校现有教学班 90 个,在校生 4 900 多名,教职工 343 名。其中中学高级教师 62 名,中学一级教师 75 名,省级学科带头人、骨干教师 18 名,市级学科带头人、骨干教师 32 名。

中阳县是国家首批贫困县之一,至今还未脱去国家级贫困县的帽子。10 年前,中阳一中只是吕梁山上 20 多所高级中学里最普通的一所,落后于平川地区的一些学校。但是,近年来,中阳一中稳步推进学校改革和发展,先后获得了"山西省文明学校"、"山西省德育示范学校"、"山西省先进传统体育项目学校"、"全国素质教育典范单位"、"山西省 2001—2010 年基础教育课程改革先进集体"等荣誉称号。

同时,学校坚持不断改善办学条件,学校的教育教学装备包括校园局域网、双向教学闭路系统、图书、实验仪器、电教设备等全部齐全,其中通用技术教室、天文台、生物长廊等达到山西省内高级中学一流水平。

学校之所以取得如此令人关注的成就,关键是学校能够从当地社会经济发展的需求出发,以"为学生终身发展服务"的思想,明确了"育人为本,全面发展,办人民满意的教育"的办学理念,采取了"校企合作,升(升学)就(就业)并重,互利双赢,造福社会"的学校发展模式,走出了一条特色鲜明的农村中学发展之路,并获得了社会和学生及其家长的认可。2011 年 12 月,山西省多样化办学经验交流会认为,"中阳一中多样化办学引领了全省,为全国提供了经验。"

2. 校企合作基础

中阳一中是全县唯一的一所普通高中,也是唯一的一所高中学校,即县内也没有职业高中。中阳一中对中阳县的文化、教育事业发展起着举足轻重的作用。但是,在上世纪末高中教育改革与发展的背景下,中阳一中在发展中遇到了诸多挑战:第一,片面追求升学率的单一教学模式,导致办学缺乏活力;第二,在普及高中教育要求下的办学规模扩大,遇到优质师资的严重匮乏;第三,在高中招生工作不规范的竞争中,又导致原有生源的外流;第四,被排斥在大学校门外的学校毕业生缺乏必要的职业技能;等等。

当时,中阳一中无法挣脱自身发展中越来越多的羁绊,更无法回应时代发展和社会需求对教育热切而焦灼的呼唤,陷入一种"脱离社会和群众需要"的困境当中。在学校发展的十字路口,中阳一中面临着新的选择。

山西中阳钢铁有限责任公司(下文简称"中钢")是中阳县最大的民营企业,也是该县最大的纳税户,其每年缴纳的税金占到全县财政收入的一半以上。目前中钢固定资产 85 亿元,年产值 85 亿元,有产业工人 11 000 名,其经济地位及社会影响在一个只有 13 万人口的国家级贫困县可想而知。

但是,中钢作为一个劳动密集型企业,长期需要大量高素质的员工。在过去,招工中遇到很大的困难:大学或者大专毕业的学生找不到,这些毕业生不屑在当地做普通工人,高中毕业生不多,而能够招到的大量初中毕业生又因文化知识的不足,难以掌握必要的生产技能。所以,中钢自建厂以后长期苦于因工人素质低下带来的一系列问题。职工素质成为制约企业发展的瓶颈,对高素质员工的需求成为中阳钢厂发展的最大需求。

正是在这些背景下,中阳一中和中钢不约而同地走到一起,彼此会商决定,开展校企合作,探索互利共赢的实践。为此,中钢将中阳一中作为"人才培训基地",中阳一中将中钢作为毕业生就业市场,积极寻求一种能够与时俱进、紧紧围绕本地经济建设和社会发展需求、面向就业市场的新型教育模式。

(二) 校企合作的主要内容

1. 企业注资的免费教育

山西省吕梁市有 13 个县市,其中平川地区四个县经济较为发达,高中名校较多;而山区九个县多为国家贫困县,高中教育发展较弱。中阳县是山区九县中不起眼的一个。中阳县全县只有 13 万人口,经济和社会事业都处于落后位置,全县经济发展以农业为主,教育及学校发展的各项指标在全地区中处于下游水平。

中阳县的高中教育发展步履艰难。1956 年中阳县才成立了全县唯一的普通高中学校：中阳一中。学校成立初期阶段,全县每年2 500多名应届初中毕业生只有200人能上高中,远远不能满足当地社会发展对知识型劳动力的需求。随着经济、教育的发展,中阳一中的办学规模逐步扩大。可是,直到2004年,学校招生才达到700人,而且其中有许多农村家庭学生由于经济贫困等原因,最终并没有报到,实际入学人数仅为600人。

面对这种状况,从2005年起,在县政府的领导和支持下,中阳一中与中钢联合,共同启动全县高中教育免费工程。当年9月1日,学校在读的2 600名高中生的学杂费、住宿费等全部免除,学生上学只需缴纳教材费即可。自此,学校无一人因家庭经济贫困而失学,确保了普通高中学校对学生入学的吸引力。

事实上,中钢对中阳一中的资金支持早在1993年就开始了。中钢董事长袁玉珠是十届全国人大代表、省政协常委,是一位"奉献社会,不求所有;造福乡土,只图所为"的优秀企业家。1993年,他就捐献30万元在全县设立"袁玉珠教育奖励基金",表现出对中阳教育独特的关注。2001年起尤其是2005年之后,中钢为中阳一中发展而提供的直接投入资金逐年加大,每年用于确保学生免费接受教育的费用基本保持在1 000万元。

表5.6 2001—2011年山西中钢集团为中阳一中投入资金统计表

2001年,中阳一中新校建设期间投入资金1 000万元。
2002年起,每年投资100万元用于教师奖励资金,连续三年累计300万元。
2003年,投资100万元建起中阳一中校园局域网。
2005年,出资500万元用于中阳一中免费教育资金。同年,出资200万元,为全校教师每人配备笔记本电脑一台。
2006年,出资800万元用于中阳一中免费高中教育。
2007年,出资1 000万元用于中阳一中免费高中教育。
2008年,出资1 000万元用于中阳一中免费高中教育。同年,出资900万元推进中阳一中校园三期工程。
2009年,出资1 000万元用于中阳一中免费高中教育,出资100万元建起学校通用技术教室,出资400万元建设学校塑胶操场。
2010年,出资1 000万元用于中阳一中免费高中教育。
2011年,出资1 000万元用于中阳一中免费高中教育。

目前,中钢公司袁玉珠董事长表示,在30年内至少以3亿元的资金资助中阳一中的教育事业,即"每年1 000万,30年不变",希望实现"30年之后中阳县的父母都

会读报纸"的教育发展目标。

中钢公司源源不断的资金注入,解决了中阳一中发展中办学经费严重不足的难题,促进了中阳一中的飞速发展。

2. 回馈企业的学校改革

这种"注资"的企业参与,是实现免费教育的基础,但并不是中阳一中与中钢合作的全部,学校与企业合作的最重要内容还是在于校企合作创造的互利共赢模式。在企业注资的同时,学校为企业发展培养了他们所需要的高素质人才,学校教育为企业"注资"学校提供了恰当的回馈。

具体说,中阳一中结合本地社会经济发展尤其是中钢集团对劳动力的要求,在学校教育中将普通教育与职业教育有机地融合在了一起,实现了升学教育和职业培训的相互融通,为学生发展和中钢发展创造了一条合适的道路。

经过近七年校企合作的探索,中阳一中成功而恰当地实现了升学或者就业的"高三分流",即,学生到高三年级时,学校进行兴趣测验、学习成绩总体分析,确定学生是参加升学教育还是职业技能培训。

对于那些准备接受职业培训的学生,学校根据企业的需求,结合学生的兴趣,让学生自愿报名参加农业、林果、化工、冶炼、采煤、铸焦、营销等七个相应的培训班。在临近高中毕业的半年时间里,给这些培训班安排每天两到三节专业技术培训课。

学校建立了教研室负责制的相应培训机构,配备了8名专职教师,要求教师提供培训计划、教案,并接受专业考核。对学生则采取学分制管理,培训成绩合格者结业时发放"专业技术合格证",并介绍到相关单位就业。

在办学过程中,学校把中钢确定为社会实践基地、校本课程培训基地。学校为适应中钢对人才的需求,不断调整教学思路。由学校专业教师带头,在中钢技术人员的指导下,研究、开发富有职教特色的《高炉制氧知识》、《工业废气利用》等几十种校本课程,并展开有效的培训。学校建立了"厂校合作纪念馆",不间断地展示校企合作的成果。这既有效地培养了学生爱校、爱厂的意识,又提高了学生毕业后的就业能力。

学校最近连续六年高考成绩大幅提升,同时,毕业生的社会就业率也达到100%,实现了学生升学与就业的双丰收。许多直接就业的学生在工作中表现出了敬业奉献、刻苦努力的精神风貌,用自己的辛勤劳动为中钢乃至本县的经济繁荣、社会发展作出了重要贡献。

目前中钢全厂约有 6 000 名员工,其中,有 80% 毕业于中阳一中,更有 80% 的厂级领导和中层领导也都是中阳一中的毕业生。中阳一中的毕业生成为了中钢发展过程中最有生机和活力的来源,中阳一中成了中钢名副其实的人才基地。

这种互利共赢的校企合作,既实现了互利双赢,又拓宽了相互的发展空间,更为彼此长远的发展奠定了坚实的基础。

(三) 基于合作的学校改革

为了更好地进行校企合作,中阳一中在课程、教学和管理等方面进行了一系列改革。

1. 课程的改革

为了与中阳钢厂进行规范化的合作,中阳一中合理调整课程,采用"分层教学"的办法,从"普及与提高,升学与就业"两方面着眼,积极地将中阳钢厂近年来积累的生产技术、管理经验和当地的特色农业知识等及时地引入课堂。

在课本知识和生产实践相结合的基础上,学校教研室下设"专业技术培训校本教材研发组",由专人牵头,通过研究、开发、使用、反馈等环节,形成富有专业特色的校本课程,使学生对未来的工作提前了解和适应。

比如,营销技能培训组的《市场营销策略》、《关于苹果的深加工》等。这些校本教材及时吸纳当地企业及各界的最新经验成果,因为有机融入了与社会需求密切相关的具体标准和内容,从而使开发的课程更有利于培养学生的岗位适应能力。至 2006 年 9 月,新开发的校本课程已全部投入使用。

中阳一中以校企合作为主要途径,拓宽教育教学资源,在现有校本课程的基础上整合与规范,形成校本课程的七大系列:

- 德育系列——心理学、礼仪类;
- 中钢系列——煤焦铁钢;
- 农业系列——现代农业;
- 非物质文化遗产系列——剪纸;
- 口语交际系列——生活英语、演讲、辩论;
- 体育运动系列——藤球为主;
- 奥赛系列——数、理、化、生、信息技术。

这七大系列共50余门课程,平均35人选一门,最大程度地满足学生个性发展的需要。其中,"剪纸艺术"前景看好,"藤球"成绩显著,"英语口语教学"与"创新教育"深受学生好评。

中阳一中的课程改革还表现在对通用技术课程的高度重视上。这类课程的目的在于培养学生的动手能力、创新能力,做到学以致用。过去,由于这类学科知识在高考中难以体现,因而教师不愿教,学生也不愿学。可是,学生毕业后在实际工作中却非常需要这些能力,校企合作也要求培养全面发展的人才。

针对这种状况,中阳一中确立了通用技术课程校长直管制,最大限度地为通用技术课创造宽松的发展空间。学校为通用技术课程的开设配备教学设施,为该课程教师购置教学资料,学校尽最大努力满足该课程开设的条件,优化配置经费的投入方向。在充分利用经费购置和更新实验所需仪器设备以确保实验教学正常进行的基础上,结合校企合作,加大通用技术的投资力度,建立通用技术实验室与中钢展室。其中,学校在与中钢合作的基础上,还进一步扩大与社会各届的合作,吸引社会各界投资。

此外,学校还设立了"走向社会"大课堂。每月两次开设"走向社会"的系列课程,以专题讲座的形式培养学生应具备的人文综合素养,包括诚信做人的原则、遵纪守法的意识、国家集体的观念、社会的责任感、社会交际的能力、风险承受的能力、敬业奉献的精神等,从而有效地提高了学生的素质,为更好地进行校企合作奠定了坚实的人才基础。

2. 师资的建设

校企合作需要一批能将基础知识和职业教育相结合的教师,中阳一中紧紧围绕校企合作的要求,以"精品教师成就精品学校,创新教师促进创新教育"为目标,将师资队伍建设作为学校发展的先导工程,致力于打造一支"与时俱进,开拓创新"的教师队伍,为提高教师素质采取了一系列措施:

第一,重视教师反思。首先让读书反思成为教师的内需,要求教师精读教育专著、各种教育期刊杂志、学科书籍三类书籍,从中不断提高自身的理论功底,了解教改动态,学习新的教育知识和方法,从而增强教学的本领。同时,开展教学反思,让老师们不断形成"工作—反思—改进"的良好习惯,通过"教师比武大赛"、"教育教学沙龙"等"同伴互助"与"专家引领"相结合方式促进教师发展。

第二,通过分层的教师培训,形成合理的师资梯队;通过集体备课加快教师的整体创优。实行集体备课和个人备课结合及二次备课制,建立多层次、全方位的集体教研制,激发了教师的合作意识和团队精神,提高了教师驾驭课堂和教材以及实施新课改的能力和水平。

第三,开展教学科研,为教师发展添翼。近年来,中阳一中针对本校实际,从促进教师发展的角度,申报通过了相关的教育规划课题,逐步形成了"以科研促教研、以教研促教学"的浓厚学术研究氛围。

值得突出说明的是,学校十分重视职教类课程的师资培养。为使技术类职教课程步入快车道,中阳一中结合课改要求,在激励机制的保证下,在全校范围内选择"懂教学、能操作、会电脑、有特长"的教师,组建成通用技术教研组与信息技术教研组,甚至从高三年级抽调有能力、有技术的教师来担任通用技术课程的教学工作,使通用技术课程的开展有了坚实的师资保证。

当然,在技术类课程开发与实施上,学校也注意到了与企业的合作。例如,由中钢技术处牵头,结合教学内容,选择既有理论又有工作经验的技术人员来学校教学;结合县域经济特点,在开设果树种植与剪纸校本课程时,聘请相关的专业农技人员来校传授果树种植、管护等相关知识。

3. 管理的改革

中阳一中结合本校实际,深化学校管理模式和运行机制改革,积极探索新的管理模式和运行机制。

在校长统领全校工作、副校长协管相关部门以及教导处和科室各司其职的管理基础上,结合"校企合作"的办学特色与学生的学情,对通用技术与"校企合作"相关事宜采用校长直管的管理模式。学校尝试建立"开放、多元、分层、分流"的评价模式,实行多元考核、分层评价、按级分流,以适应校企合作的办学模式,推进学校可持续发展。

所谓的分层评价就是使"培养英才,善待偏才,容忍怪才,乐教奇才"成为中阳一中的学生人才观,在全面评价学生学业成绩的基础上,对于在某一学科、某一领域有强烈兴趣并学有所长的学生,采取"专项专分"的评价模式,鼓励学生对学有特长的相关课程投入更多的学习时间,并安排教师对此部分学生做特别的辅导训练,并按课时计算学分。

学校学生人才观念的改变,解放了师生的思想,给在各个学科、各个领域有所特长的学生提供了广阔的发展空间,学校涌现出一批奇才、怪才,一些升学无望的学生发现了自己的闪光点，找到了发展的方向，各类学生学有所长，学生在各类比赛中各展其才，有的甚至名列前茅。不少学生毕业后以一技之长进入中钢或中阳县的相关企业，为当地经济建设服务。

按级分流是指结合学科特点与学生实际，学校在各个学段采取不同的方式分流。高一年级对体育有特长的学生进行分流；高二年级对艺术生进行分流；高三年级升学和就业分流。对考大学无望的学生，结合校企合作的办学模式与社会需求，按职业化的办学模式分流，直接为中钢或者当地社会经济建设培养良好的劳动者。

（四）中阳一中发展的思考

中阳一中与中钢公司之间长期稳定的育人与用人的校企互动关系，为中阳一中的发展奠定了基础，也为中阳一中的改革指明了方向。实践证明，中阳一中的校企合作办学模式取得了显著成效。

中阳钢厂源源不断的资金支持，使中阳一中校园基础设施建设不断有源头活水注入，为贫困县高中教育普及发展提供了财力基础。目前，中阳一中的教育教学设备始终处于吕梁市乃至山西省一流，很好地保证了中阳县高中教育普及发展。同时，合作促进了中阳一中的改革与发展，学校成功实施了普通教育与职业教育的融合，促进了学校教师队伍的发展和学校管理能力的提高，学校教育质量得到了社会的认可。

当前，我国加快普及高中阶段教育的重点地区在农村，尤其是在贫困的农村山区。通常，农村贫困地区的普通高级中学几乎是"薄弱学校"的代名词，这类学校因经费不足而办学条件差，学校教育改革常常呈现出"心有余而力不足"的状态。中阳一中改革与发展中校企合作的成功实践，能够为在农村地区加快发展高中阶段教育提供很多有价值的启示，同时带来了一些值得思考的问题。

1. 高中学校发展需要考虑当地经济与社会发展需求

长期以来，很多农村高中学校发展都以把学生送入高校、实现"离乡离土"为目标，在当前社会转型的过程中，这种办学目标受到了越来越大的挑战和质疑。中阳一中将办学方向转向立足于本地区社会和经济发展的人才需要，切实将学校教育发展作为经济和社会发展的动力之源和根本依托，由此不仅获得学校发展的资金支持，也促进学生及其家长送孩子接受高中教育的积极性。

所以，培养当地社会经济建设所需人才，是高中学校持续发展的关键，且普通高中本身就具有这样的重要使命和基本功能。在广大农村地区，高中教育的顺利发展，与当地企业及政府的沟通合作至关重要，这有助于找准学校与社会结合的着力点，带动区域经济的发展，提升区域的竞争力。

当然，学校为地方社会发展服务的过程中，需要政府为这些农村高中发展营造良好的社会基础，开辟有利于学校发展的经济通道，为教育家与企业家联手给予政策支持和行政引导，促使其更好地发展。

2. 农村高中学校需要实施普通教育与职业教育的结合与平衡发展

面对千军万马挤独木桥的高考现状，很多高级中学选择搞题海战术，片面追求知识教育，希望有高的升学率。可是并不是每个人都能考上大学或者都愿意上大学。那些没有进入高等学府大门的高中毕业生，目前普遍缺乏必要的职业技能，一时难以适应社会需要。

所以，普通高中学校特别是农村地区的高中，如果继续行走在高考独木桥上，可能会步入发展的死胡同。农村地区的高级中学要认识到社会发展形势，像中阳一中那样，找到学校发展的本土资源，促使普通教育与职业教育相融合，合理处置好两者之间的兼容与平衡，使高中毕业生能够很快适应社会与发展自我。

3. 农村高中学校更要强化心理辅导和职业生涯指导

农村中学学生成长过程中在得到家庭和社会的关爱方面，明显少于城市学校的学生，目前包括心理辅导在内的学生发展指导活动，在很多农村地区高级中学还较少，甚至空白。农村高中在高考中不占优势，可是不少学校还是把重心放在高考上，再加上缺少办学经费、各种教学设施不足等原因，使得学生和教师面临更大的压力，更容易产生心理问题。

农村高中要借鉴中阳一中的经验，例如建立心理辅导室，关注学生与教师的心理健康。并且应该结合本地经济和社会发展现状及学生的兴趣特长，加强学生职业生涯的规划、指导和服务，提升学生的人文素养和谋生技能，更好地融入当地社会建设和经济发展。

总之，农村地区的高中只有立足于当地发展的实际，适应社会、瞄准市场、服务学生，着眼于公民整体素质的提高，才会获得广阔的发展空间。

4. 高度重视中阳一中发展面临的问题

学校的改革与发展总会遇到一些问题，中阳一中正是在正视与应对、解决问题的过程中，确立学校进一步发展的方向和方法。尽管近年来中阳一中的改革和发展取得了显著成效,招生与高考逐渐走上了新的台阶,社会声誉不断提高,学校口碑越来越好,社会各界(包括教育管理行政部门和学生家长)对学校的评价也越来越高,但是,中阳一中的发展同样遇到了若干问题,必须加以足够的重视。

第一,校企合作的持续机制问题。

校企合作办学模式具有一定的局限性,其自身存在三对固有的矛盾:企业用人的相对稳定性与学校育人的阶段流动性之间的矛盾;企业用人的专业性与学校育人的综合性之间的矛盾;企业用人的功利性与学校育人的持续性之间的矛盾。

尽管中阳一中的校企合作有良好基础并取得相当的成果,得到了社会的认可,但这种合作仍只是停留在厂、校诚信基础上所达成的默契,还没有形成真正对双方具有约束力的规范合作文本,如协议、合同等。这些潜伏着的矛盾和合作基础将有可能随着各种情况的变化,如学校与企业发展中人员变动,而产生不确定性,甚至有可能由于政府层面的因素而产生某种变数。校企合作的办学模式必须具有可持续发展的机制。这将是中阳县政府、中阳一中和中钢企业都需要慎重面对和合理处置的。对于所有旨在实施校企合作的高中学校而言,这同样是不可回避的问题。

第二,免费教育的学生生源问题。

中阳一中是全县唯一的高中学校,在与中钢企业的合作中实现了全县适龄学生的免费入学。免费入学在增加学生总人数的基础上,也增加了学生的差异与分化,为教育教学带来了挑战。例如,出现学习困难学生的增多;校企合作的课程与改革导致了那些志在"高考"的生源流失;普职融合的课程与教学对于全体学生而言,并不是普遍地适用。学校在兼顾升学与就业的关系上,尤其是具体到个体学生身上,显然操作困难。

第三,学校发展的教师队伍问题。

教师是学校发展的关键性力量。对于教师队伍的建设,中阳一中采取走出去、请进来等办法做了大量卓有成效的工作,但与教学工作的实际需要相比,师资力量还有相当的差距,特别是学校缺少能传授企业所需专业知识与技能等的教师(比如技术类课程由中钢技术处牵头,结合教学内容,选择既有理论又有工作经验的技术人员来学校教学)。从学校发展的长远目标看,还是需要学校教师自身专业能力提高。培养既能胜任普通教育又能胜任职业教育的教师,是实现普职融合的普通高中学校教育的关键所在。

第四，普职融合的课程设置问题。

新课程改革实行的"国家、地方、学校"三级课程管理体制对学校课程管理提出了新的要求。中阳一中从校企合作的实际出发，将课程与学校实际相结合，进行二度开发，从学生的多元发展需求出发，利用学校课程资源，创新课程结构，自主开发学校课程，以增强学生对课程的选择性。尽管做了很多努力，学校的课程设置和企业的专业技术需求至今是不尽匹配的，专业课程的开设或渗透力度还不够，而且学校在此类校本课程的开发上缺乏成熟的经验可借鉴。农村地区高中要争取真正走出一条校企合作的特色办学之路，在课程资源整合与区域适应方面尚需深入探究。

校企合作是中阳县结合当地实际、顺应当代中国高中教育改革和发展而实行的一种新型的教育模式。新事物的发展不可能是一帆风顺的，不可避免地会出现各种各样的问题，好在中阳一中已经意识到发展的曲折性和任务的艰巨性，并坚持做各种探索和尝试，继续探索具有农村高中特点的发展道路。

目前，高中阶段教育不仅是我国教育改革与发展的主要领域之一，也是世界各国及地区教育改革与发展的热点之一。例如，面向 21 世纪的美国高中教育改革，就主张加强普通高中教育与职业教育的融合，提升学业标准，提高课程要求；20 世纪 90 年代以来英国的中等教育改革，提出建立特色学校体系，注重合作与创新；世纪之交的日本高中教育改革也呈现出面向个性化、注重多样性等特征。

中阳一中校企合作的发展模式，符合当前国家提出的加快普及高中阶段教育的要求，也与高中教育改革的国际趋势相一致，如普职融合的课程设置、升学与就业兼顾的办学模式。但是，在当前一切处于不断变革的转型社会，中阳一中的办学模式也面临着诸多的问题和挑战，需要加以认真总结和深入思考，要从农村高中学校可持续发展的高度，认识、关心、支持、指导这类农村高中学校的发展。

四、民办高中的成长之路

民办教育已经成为我国高中阶段教育的组成部分之一。加快普及高中阶段教育，必须注意到民办教育的作用发挥。在当前普通高中教育发展过程中，民办高中学校究竟应该如何发展？这里介绍陕西省西安市高新一中作为一所民办学校的发展历程、成绩及特点，同时也讨论它在发展中遇到的问题或者困难。

（一）作为民校的发展历程

1. 创办

在我国改革开放的大潮中，西安高新技术产业开发区在西安的西南角建立，这是 1991 年 3 月经国务院批准成立的首批国家级高新区之一。1992 年，高新区成立了管理委员会。建设之初，在热火朝天的场地建设背后，高新区已开始关注园区的教育问题。办好学校，解决创业者的后顾之忧，对于改善投资环境来说是必不可少的。

为此，高新区管委会决定联合企业投资办学，之后几家企业联合参与创办了高新一中。参与创办高新一中的企业主要是房地产企业，这些企业后来发展成高科集团。为了经营方便，高科集团将民办学校统一交给控股公司管理。高新一中附属于高新控股公司，高新控股公司成立民办学校理事会，作为高新一中及其他民办学校的投资与管理机构。

学校建校初期发现当时规划的房子不够用，图书阅览室、电教室等都没列在计划内，高新区建设公司以用土地抵押向银行贷款的方式筹集资金。

在陕西省教育厅和西安市教育局领导的重视和支持下，1995 年初，高新区管委会聘请了当时即将从西北工业大学附属中学退休的皎秋萍校长兼任高新一中校长。

学校自筹建起，西安市委与高新区管委为学校确立了学校发展的目标：高的起点、高的标准、高的奋斗目标，立志将高新一中办成现代化、国际化的学校。为此，要求校长和教师破除封闭思想，到国外和发达地区学习，实现高水平办学。

由此，高新一中提出了至今一直坚持的"三高三新"办学原则：高起点、新体制，实行现代化管理；高标准、新思想，组建高素质队伍；高质量、新方法，培养国际化人才。

学校教师实行公开招聘，学校给予较好的待遇，并在其他福利方面也给予充分考虑。招聘教师的广告一登出，报名的就有 1 000 余人，校长亲自参与选拔，以让学生满意为重要标准，从中选择了 50 名教师。

学校于 1995 年开始招生，但最初的高中招生并不顺利。校长在西工大附中初中升高中的招生工作完成后，从剩下的学生中挑了 200 名学生，计划从中录取 100 名高中新生，但是只有 16 名学生在学校做了很多工作之后才留了下来。之后，学校从西安市的普通中学招生剩下的学生中招生,凑够了两个班。所以,当时的高新一中的高中生源在西安市处于中下水平。1995年8月30日,高新一中正式举行开学典礼。自此,作为民办学校的高新一中在办学上正式启动。

2. 崛起

高新一中在生源不理想、社会高期望、政府高要求的挑战下,开始了创业之路。校长和全校师生认识到了"突围"的必要性,即学校要冲出其他众多民办学校和一般公立中学之围,寻找自身生存与发展的空间,首先必须重视社会各界当时评价学校实力的主要指标:高考、中考成绩和升学率,必须努力提升全校的教学与管理水平;同时,学校必须实施成功教育,厚爱差生,不放弃任何一个差生。

为此,基于建设"现代化、国际化示范学校"的办学目标,高新一中确定了"以人为本,以学生为中心,面向世界,面向未来,培养国际化的合格人才"的办学理念,并结合国际国内基础教育的发展趋势及省市教育改革的政策,从实际出发制定了《高新一中十年发展规划》。该计划提出了三阶段的建设思路:

第一阶段:1995年9月—1998年9月,为基础期,学校提出一年打基础,两年上台阶,三年见成果。

第二阶段:1998年9月—2002年9月,为质量期,重点搞好领导班子队伍的建设、教师队伍建设、学校软硬件建设。

第三个阶段:2002年9月—2005年9月,为实现目标的准备期,为办成教育与国际接轨的现代化、国际化的示范高中做好铺垫。

西安高新一中要求教师以爱心、责任心、事业心对学生悉心教导,致力于提高课堂教学质量,激发学生学习热情,改变授课模式,变被动学习为主动学习,要做具有创新性的教育教学工作。所以,当时有些老师为了给学生提供适合的学习资料,常常走遍西安所有的书店,有些教师自己动手编教材,以更好地适应学生的需要。

实践证明,这种思想及建设计划是成功的。1998年7月,高新一中在建校以来的第一次高考中取得优异成绩。这批当初连进入普通中学都困难的孩子,高考平均成绩在西安市数百所中学中名列第三,85%的学生考上大学本科。学校初中6个班的中考成绩在西安则排名第一。显然,学校在起步阶段取得了成功,为以后的发展开了好头。1998年,高新一中被陕西省教委批准为省级重点中学。

在1998—2002年的学校发展"质量期",学校加强了领导班子队伍建设、教师队伍建设和学校硬件建设等工作。期间,新建高中部,将初中和高中校区分离。三年间,毕业生升学成绩继续稳居西安市前列。2001年,高中毕业生100％上本科,90％以上考上一本,学校教育教学质量稳定地保持在很高的水平上。

2002年9月至2005年9月期间,学校建成了"国际部",而且新校舍建设和设施配备上都以高起点为起步,以创建示范性学校为目标。同时,学校将一批教师送到国外接受培训,为学校培养名师提供条件。此时,学校提出,办学不只是为了高考。正如校长所言,"如果中学就做了高考这一件事,就太可惜了"。为此,这段时间,学校在注重提升学科课程教学质量的同时,还注重开发实施"学科拓展型"、"学科提高型"、"体艺技能型"及"方法讲座型"等大量面向素质教育的选修课和研究性学习,并大力发展文体活动、社团活动、社会实践活动等,以全面实施素质教育为学校发展目标。

3. 创新

2005年,高新一中基本实现了十年发展规划中确定的目标:"民校突围",从诸多民办学校中凸显出来,成为教育教学成绩优质的高中学校。此时,高新一中确定了第二个十年发展规划,提出"名校入围"的发展目标,力争在2010年进入首批省级示范高中行列,在2015年进入国际名校行列。

具体而言,学校发展的第二个十年目标为:以省级示范高中评估标准作为学校内涵发展的参照依据,重点形成学校两大特色,一是新课程发展建设,二是国际型学校文化。在教学质量上,确保位于西安市第一方阵水准;在课程改革上,在西安树立样本校品牌;在向国际化迈进上有新的突破。

近年来,高新一中主要采用了这些改革与发展的举措:

第一,高度重视教科研和教师培训。

为了提升教学质量,学校将教科研和教师培训作为学校日常工作来抓。学校成立了由主管校长、学科专家和学科带头人组成的教科研中心,对学校的教科研工作进行组织、指导、评价和管理,组织教师参加各种教科研赛事,编写教研快讯和教研刊物《源泉》以及教师的论文集。特别是,学校通过承担国家及省市课题研究和组织校内课题研究,提升教师的教学与研究能力。近年来,学校有近百篇论文在省市级以上刊物发表,有近百部著作(包括主编、合编)正式出版。在教师培训方面,除了常规的培训外,学校自1997年开始,每年派出多批教师出国进修学习,并邀请来自美国、新加坡等地的教师来校培训,拓展了教师的眼界,提升了教师的专业水平。

第二,切实推进学校课程改革。

学校将新课程实施看做是学校持续发展的一次难得机遇和必须面对的严峻挑战,将课程改革看成是学校的"二次创业"。为此,学校派教师到外省市和国外考察、学习和交流,把国外培训机构请到学校来给老师做培训,并举办国际教育论坛,邀请来自英国、美国、澳大利亚、新加坡等地的教育专家共同研讨如何在新课程中提高学生综合素质等问题。在实践中,学校努力革新学科课程教学方法,开发校本综合实践活动(研究性学习、社会实践、社区服务等),开设基于学生需求评估的选修课和活动课。此外,学校在校舍建设上,根据未来发展的需要,新建了一幢5层的综合楼,专门建设了一批专用教室,包括网络实验室、国学馆、刺绣教室、陶艺教室等,供实施新课程之用。

第三,大力推进学校教育的国际合作。

在建设国际型学校文化上,学校着眼于我国国际化进程对于国际视野人才的需求和西安作为大都市对于教育的多元化需求,不再满足于和国外进行短期交流项目,而是努力将国外的课程引进来。

学校于2005年9月成为英国剑桥国际考试委员会在我国西北设立的第一家剑桥国际教育考试中心。之后,学校着手创办"国际高中课程班",并于2006年6月获批。该课程班由高新一中和美国华盛顿州英迪高级中学合作开发,具有"双学制"、"双毕业证书"的办学特色和优势。课程班按照国家课程标准,将国家课程校本化供学生修习,完成毕业学分,同时按照国际课程相关标准,开设系列课程,达到国际高中毕业及升学要求。学生在校期间有机会赴国外交流学习。

学校还引进了英国A-level课程、美国SAT课程、AP课程等,为学生的多元化发展提供了良好的学习条件。国际高中课程班的毕业生绝大多数被海外著名大学录取,这一教育国际化的举措也得到了来自社会、家长的广泛认同。

学校还通过国际教育论坛、教师的国际化培训、学生的国际交流、课程内容的国际化拓展、聘请国际著名学者来校讲学等,不断将国际型学校文化的建设推向前进,向"创建教育与国际化接轨的现代化、国际化示范学校"的办学目标不断迈进。

2009年3月,西安高新一中晋升为陕西省首批示范高中,成功实现"名校入围"的目标。从2006年至今,学校连续七年培养了9名陕西省高考第一名(状元),96%以上的学生进入国内重点大学,考取北大、清华的学生在全国名列前茅(平均每年50人),学校在学科竞赛、科技创新、体育艺术等方面,也取得了显著的成绩,其中不乏国际大奖,每年都有近百名学生考入国外名校(剑桥大学、牛津大学、普林斯顿大学、麻省理工大学等)。短短十几年的时间,高新一中从新建到发展为名校,成为我国民办学校发展的成功案例。学校不仅为国家培养了大量的优秀学生和教师,也为我国教育事业的改革和发展提供了有益的经验,全国各地的校长教师纷纷到学校考察学习,参与研讨,在一定程度上推动了我国基础教育的创新与发展。学校还通过国际会议和师生的国际交流,让国外教育界更多了解我国的教育发展状况。

(二) 成为名校的实践经验

陕西省西安市高新一中从民校到名校的发展实践,可以从不同方面加以分析和总结。这里从办学体制创新的角度出发,重点分析西安高新一中在学校办学自主权方面的创新及其对学校发展产生的支持性作用。特别是,作为一所民办学校,学校办学自主权是如何落实的? 这如何改变了学校的发展生态和实践方式,从而使得学校能按照办学者的理想不断进行实践创新并取得优异成绩?

1. 办学自主权的确立

对于西安高新一中而言,办学自主权问题主要涉及三个方面的权力和责任划分:第一是政府,第二是投资建校的公司,第三是学校。在建校和办学过程中,三方协同合作,有效分工,形成了一种行之有效的办学体制。

西安高新技术产业开发区管理委员会作为政府部门提出创办学校,而且定位于高质量的学校,目的是解决高新区居民的子女教育问题,为新建阶段的开发区集聚人气。也就是说,政府提出了办学的大方向和目标,并提供了建校所需的土地。

在初建阶段,西安高新一中是和公立的西工大附中联合办学,校长也是由西工大附中校长担任。西工大附中是当地名校,校长皎秋萍同样是著名校长,在当地享有很高的威望。由此可见,政府部门在遴选学校的校长方面给予了筹建中的西安高新一中极大的支持。对于一所新建的民办学校而言,这可能是政府在人力资源——学校最重要的办学资源上给予的最重要的支持了。为此,当时高新区帮助西北工业大学在高新区建立高科技园区,以获得西北工业大学的支持。

学校的校舍和设备是由投资企业建设和购置的。但是,投资的企业并不从办学中直接获利,而是试图从整个高新技术产业开发区的发展中获得间接的、长期的收益。高新控股公司成立了民办学校理事会管理学校,理事长每学期开学和结束时向理事会汇报工作,理事会负责校长选拔等学校重大事务。在校长选派上,民办学校理事会提出校长人选报高新区管委会,由管委会组织人事局、教育局、理事会共同考察,最后由管委会的党委决定,理事会聘任。这种多方协调、管委会党委和政府相关部门参与的学校管理机制,有助于确保学校不受单方面的利益或者某一机构控制。

2. 办学自主权的运用

学校发展的内部事务管理则实行校长负责制,实现完全自主的办学方式。学校内部事务的管理不是校长个人决定,而是通过校务委员会管理,但校长有责任选拔副校长、学校中层领导和教师,也有权利决定他们的任免。在建校之初,学校与投资方达成约定"你不麻烦我,我不麻烦你",理事会赋予学校充分的办学自主权,充分保障校长能够根据学校发展需要和自身对于教育工作的认识自主办学,尽可能最大限度地避免投资者或教育行政部门过多干预学校事务等常见的办学自主权无法落实的状况。学校人事、财务、课程教学、招生等教育事务完全由学校管理者负责。

在财务方面,政府部门按照相关规定对学校进行监管。从 2000 年开始,学校财务实行收支两条线制度,由开发区管委会的财政局进行管理。开发区管委会不用学校的钱,而且还对学校办学成绩优异给予一定的奖励,这种奖励主要通过项目拨款的方式进行。2011 年,高新区政府决定每年财政拿出 1 000 万奖励民办学校,体现政府对民办教育的大力支持。

教师工资和学校运行的经常性费用主要依靠学生学费。在初创之始,学校没有启动资金,通过一次性收取三年学费(每位学生 15 000 元),解决了学校正常运转所需的资金。后来,学校的办学质量得到社会的广泛认可和好评,学生人数迅速增长,进入学校发展的良性循环,每年的学生学费能够满足学校日常运行所需费用。

正是因为学校有人事和财务的自主权,学校能够根据自己的要求招聘和解聘教师,能够根据办学的需要为教师提供良好的待遇,并多方努力解除教师的后顾之忧,尤其是提供良好的专业发展机会,保证了高水平的师资力量。

在课程教学方面,学校根据不同阶段的发展特点,确定了课程教学的工作方向。在建校初期,学校重点抓课堂教学的质量,抓考试成绩,将其作为学校的生命线,由此赢取社会的认可,确立学校的社会地位。当达到了良好的教学质量后,学校在高中课程改革中主动应对,开设丰富的校本课程,通过多种途径培养学生的创新思维能力和社会实践能力,实现学校教育质量的提升。

办学自主权也为学校的特色发展提供了有力的保障。自办校之初,学校就将国际化作为学校发展的方向,在目标上提出面向世界、培养国际化的人才。其中,将教师的国际化培训作为教师专业发展的重要途径。即便在2003年的"非典"时期,学校仍"冒险"坚持派教师到国外培训。学校充分利用民办学校在机制上的灵活性,通过设立国际部、引进国际课程、派学生到国外访学和交流、举办国际研讨会等,促进学校的内涵建设。

西安高新一中实现自主办学的实践,其重要的启示在于:

第一,投资者充分投资于学校的基础设施和教学设备,为学校提供了良好的硬件基础。但投资者不求直接的"合理回报",没有营利的思维,也不干涉学校内部事务。投资方主要听取学校工作的例行汇报,把握学校的整体发展状况。

第二,在学校创办过程中,政府在土地提供、校长选派等大的方面给予支持。学校建成后,政府与投资者一样对学校只进行非常有限的管理参与,政府(管委会)主要帮助、支持进行校长考察和财务监管。这种管理策略,是促进高新一中实现自主办学的重要基础之一。

第三,学校实行校长负责制,校长有权任命副校长和聘任教师,并通过校务委员会全面管理学校事务。办学者的教育理想和理念能够转化为学校的实践,也能够体现出对学校教育的专业性尊重。

同公立学校相比,高新一中有着比较充裕的教育经费,也有着更加自由的办学策略;同其他民办学校相比,投资者对于办学者的干预很少,也没有从办学中追求直接经济回报,这在很大程度上保证了学校办学自主权的落实。

当然,办学者即学校校长的个人作用是实现办学自主权的重要因素之一。只有学校校长具有正确使用自主权的能力,才能真正实现办学自主!很显然,高新一中创办校长皎秋萍女士和继任的王淑芳女士具备真正实施办学自主的能力。在倡导教育家办学的今天,培养真正的教育家,并充分发挥教育家的才华,显然是促进学校自主发展的关键点之一。

3. 完善的学校规范制度

在有了校舍、设备,有了较为充裕的教育经费,有了生源,更重要的,有了办学自主权之后,学校如何发展?也就是说,这些资源和自主权如何转化为学校发展和学生发展的实践成效?这是办学者需要用行动回答的问题。

西安高新一中自创建之始,就确立了高起点、高水平、高目标的办学目标,校长的选任、教师的招聘、校舍的建设和办学设施的配备都以这一目标为出发点。在学校办学初见成效之后,学校又适时提出创重点校、示范校、名校、国际名校的目标,办学目标的不断提升带动并促进了学校的发展。

同时,学校紧紧抓住我国教育改革的契机,主动应对课程改革的挑战,切实实施素质教育。学校通过丰富的课程和各种活动将学校的发展目标转变为学生的全面发展、特色发展、创新发展。这种定位兼顾了应试教育的客观现实需求与全体学生全面发展的应然需要之间的平衡,体现了一种务实而又有理想的追求。

学校制定了全面、细致、可行的规章,使得学校管理有章可循,为学校目标的实现提供了制度上的保障。对任何一所学校而言,教学质量都是生存之本。高新一中在软制度建设上,要求每个教师每日三思:一思我的教学是否有效;二思谁的教学比我有效;三思怎样的教学才是最有效。在学校活动层面上,注重多种途径的教师培训,经常、定期举办课堂教学研讨会,提升教师的教学水平。在硬制度方面,学校制定了《教学质量考核办法》,在《教职工聘任制实施方案》、《绩效工资考核发放方法》、《教师晋升专业技术职务考核办法》、《教师专业技术职务"评聘分离"实施办法》中,对教师教学质量和成效考核做出了严格、细致、可操作的规定,从而使得对于教学质量的追求成为教师工作的动力。

学校在推行课程改革方面,出台了一系列的规章制度,包括《普通高中新课程改革实施方案》、《学生选课指导制度》、《学分认定方案》、《校本课程开发规划》、《综合实践活动课程实施方案》(包括研究性学习活动、社会实践课程、社区服务课程)、《研究性学习工作手册》、《学生学习指导导师制度》、《学生综合素质评价实施办法》、《校本教研实施办法》、《校本培训实施办法》等,这些规章制度引导着教师推进课程改革,也为教师的探索实践提供了具体有效的支持。2007 年 6 月,学校被授予省、市、区三级高中新课程改革实验样本校,这与这些制度建设及其推动的实践创新密不可分。

由办学理念和理想转化为发展目标,由发展目标转化为阶段发展规划,为发展规划配以制度支持,制度推动和引导着实践行动,这一基于办学自主权的"理念—目标—阶段发展规划—规章制度—实践行动"传导机制是自主性的、良性发展的,在办学理念与实践行动的互动中不断上升,实现学校发展不断达到新的台阶、新的高度。这就是高新一中成功的经验之一。

4. 汇集优秀教师,培养优秀教师

在高新一中的办学历程中,学校始终高度重视教师的选聘和培养,特别注重教师的人性化管理和内涵发展，为学校持续提升教育质量、不断革新教育实践提供了充沛的人力资源。

在教师招聘方面，学校自建校之始就采取公开招聘的方式，广纳英才。学校办学起点高，教师待遇好，吸引了很多优秀教师前来执教。更关键的是，学校在多个方面为教师安心工作、发挥才能、发展专业能力创造条件。

首先，学校为教师的工作、生活创造良好条件，使教师安心工作。在经济待遇上，学校按照国家统一标准确定工资水平，为全体教师缴纳四金，奖金则由学校自主决定，学校教师的待遇居于当地学校的较高水平。同时，学校和投资建校的公司设法帮助教师解决住房问题。开始建校时，高新区给职工的住房也给予学校大力支持。后来，学校以优惠价从公司团购400套房子分给教师按揭购置，学校帮助所有教师解决了住房问题，使得教师能够安居乐业，使他们不会有很多地方教师所面临的最大经济负担。

学校还尽力帮助教师解决其他方面的困难。如，学校协助解决教师(甚至其家属)的就医问题和教师子女的入学问题；学校安排从不同的校区接回教师的孩子并组织课业辅导，解决了教师的孩子看护和课业辅导问题。学校领导在教师或其家庭面临重大困难的时候常常及时伸手援助，雪中送炭。

良好的待遇和人性化的关怀，不但让教师能够安心工作，激发教师的积极心理状态，更能增加教师对于学校的认同感和奉献精神。这种人性化管理与教师的奉献精神是当下一些学校中所少见的。

其次，建立了合理的教师职称评聘机制。教师的专业职称评定往往是民办学校所遇到的问题之一。高新一中在办学之初，也面临着这样的问题。学校利用当时和西工大附中联合办学的机会，通过西工大附中申报，并通过各种途径给予教师支持。后来，学校在职称评定方面争取到了自主权，在指标、人数上不作限制，学校鼓励教师申报，让教师觉得"只要能力够了，就有机会"。但同时，为了激发教师不断提高教学质量，避免评上高级职称后懈怠，学校实行了评聘分离，评上职称的教师并不自然被聘任到相应的岗位上，还要定期考察教学质量情况。这种学校自主的专业职称评定和岗位聘任制度对于教师积极性的激发起到了良好的作用。

第三，更为重要的是，学校始终将教师专业能力的内涵发展置于重要的地位，将教师发展成才和培养学生成才明确为"双向成才"的学校发展战略。在教师专业发展方面，除了常规的教研活动、项目研究、教师培训、学术讲座、考察交流等形式外,学校还通过与大学的深入合作和国际化的教师培训活动提升教师的专业能力。

在与大学合作方面,学校在 2000 年和 2003 年分别和华东师范大学合作举办了研究生课程班,并将课程班"搬到"学校;2009 年,委托北京师范大学为学校 50 名干部和骨干教师开设"教育博士研究班"。这些研修班使较多的骨干教师得到全面的专业提升。学校还与华东师范大学等合作,举办"聚焦课堂"及"走进新课程"等大型的专题培训和研究交流活动。

在教师培训的国际化方面,学校始终坚持送出去培训的策略,即使在建校初期学校有困难、教师不理解的情况下,也坚持送教师出国培训。学校每年把不同的教师派往多个国家考察和学习,如新加坡、美国、加拿大、澳大利亚、日本、英国、俄罗斯等国。每个教师都有全面考察的任务,从学校管理到课程设置,从课堂教学到家庭作业,从社区服务到社团服务等。从 1998 年开始,学校每年分批选派 60 多名教师到国外考察学习或交流,20 多位英语教师在美国进行过为期半年到一年的学习,还有 4 位教师被国家留学基金委公派出国学习。

当然,学校也重视请进来培训的活动。学校经常邀请国外教师培训机构来校进行培训。2000 年至今,学校每年邀请美国麻省理工学院师生来校进行为期 6 周的科技培训;2007、2008、2009、2012 年,学校四次邀请美国大波士顿教育培训中心来校对骨干教师进行培训,对方通过做报告、上示范课、教学研讨等方式,和本校教师共同探讨如何借鉴国际先进教学方法变革课堂教学。

学校还经常邀请国外友好学校的教师到学校进行实地考察交流,在学校上课,课后与高新一中的教师共同探讨课堂教学的实际问题。学校还通过举办国际教育论坛(到目前为止已举办了三届国际教育论坛)的方式,构筑全校教师国际化发展的平台。有了这些国际化的培训和交流,西安高新一中就逐渐培养出一支具有国际视野、国际情怀的教师队伍,国际前沿的教育理念和方法也成为教师思考教育教学问题、革新自己教育教学方法的强力资源。

5. 探寻国际化办学

国际化是学校一直坚持的方向。除了前文所述的教师国际交流和培训外,学校还在学生的国际交流、国际课程等方面不断开拓。

在学生交流方面,学校自 1999 年起每年有学生到国外进行交流,目前已经成为固定的学生交流项目,每年有多批学生到国外进行学习和交流。学校和美国、澳大利亚、新加坡等国的多所学校建立了稳定的友好关系,每年也有来自这些学校的国际学生来西安高新一中交流学习。

自 1999 年 9 月到 2011 年 12 月,共有 11 批师生到美国布鲁克兰中学进行为期 3—6 个月的交流学习,美国布鲁克兰中学有 11 批师生来西安高新一中进行交流学习。学校同美国赛格斯高中、美国夏伦中学、新加坡海星中学等友好学校也有类似的定期交流和互访。

学校间的这种师生交流学习常常为期几个月,师生能够深入对方的文化中,因而是深度的、全方位的。此外,学校和国外学校师生进行的为期几天到一两周的短期交流、互访更是非常频繁、丰富。目前,学校是国家"汉语国际推广中小学基地",短短数年,先后有近千名来自多个国家的学生来校学习汉语和中国文化。

在国际课程方面,学校开设了 AP、A-level、IB 课程,有国际课程班,长期有 15 名左右的国外教师在校执教,这些国际课程资源也逐渐为更多的学生和教师共享。

正是因为有这样的教育行动,学校的课堂呈现出在国际教育上常有的形态:民主的课堂氛围、师生的平等对话、开放的教学方式和丰富的教学资源等。还有一些学生毕业后到国外名校深造,到目前已经有 300 多名学生直接考入世界名校,其中包括牛津大学、剑桥大学等顶尖学府。2012 年,学校有 106 名学生被世界排名前 100 名的大学录取。

(三) 困扰发展的若干问题

目前,西安高新技术开发区在争创国际一流园区,西安高新一中也在创建国际名校。学校未来发展的重点是实现国际化,培养具有国际竞争力的人才。同时,学校还在筹办国际科技教育园区,并在商讨和国内外高校深化合作,拓展教育领域。

作为一所民办学校,西安高新一中的发展与成就与外部环境是密切相关的,如国家和当地的政策环境、学校所处区域的发展环境和相应的教育需求、办学的经济条件和资源条件等。在高新一中未来的发展中,这些因素同样存在。

第一,投资者立场及其政策问题。

高新一中的发展显然得益于政府、投资者和学校之间的关系平衡。这种平衡的达成具有一定的时代和社会背景。目前,学校的投资方是不求经济回报的;但是,作为企业关注投资回报也是合理的诉求。目前,对于民办教育的合理回报问题有很大争议,政策上也没有明确限定。在现行制度下,政策不允许按照企业的方式获得回报。一旦这种政策产生变化,这对于包括高新一中在内的民办学校而言,或许会有直接的影响。高新一中在过去的发展中,根据高新区的政策,所有的民办学校都是事业单位,投资方不拿回报,企业可以通过学校带动房地产市场而间接获得回报。

如果没有明确的国家政策,这种地方性支持民办学校的行为是否会发生变化,确实存在很大的疑问。尤其是,当投资者改变立场,希望获得"合理"回报时,学校发展的建设性投资将成为制约发展的重要障碍。

第二,学校的性质问题。

作为民办学校,高新一中同样面临学校单位性质不清晰的问题。属于企业单位还是事业单位的问题,不仅影响到投资者获取回报与否,更深层的影响在于教师队伍建设方面。西安高新一中有较好的经济待遇,学校又在住房、孩子入学等多个方面给予优待,因此,吸引了优秀的教师,也留得住优秀的教师。但是,教师的退休工资按照企业退休的方式处理,退休工资比较低,这潜在地影响着教师队伍。同时,随着国家在中小学教师工资方面的改革,尤其是实施绩效工资制度之后,一定程度上也在不断地提高公立学校教师的工资,这使高新一中教师工资的吸引力在下降。

此外,教师在更高一级职称评审(如特级教师、高级教师)中指标难得,这也是教师关心的问题之一。对于学校而言,如何实施绩效工资制,更好地激励教师安心工作,也是教师队伍建设面临的挑战。

第三,招生的问题。

相对而言,民办学校有较大的办学自主权,但是,各地也会有一些政策上的限制,特别是在招生方面,教育行政主管部门往往为避免生源大战对于招生的范围有硬性规定,跨区域招生限制更多。所以,学校尽管有愿望开办更多的教育实验班,但时常面临招生方式和人数上的限制,难以招收到合适的学生人选。

西安高新一中在当地一枝独秀,如果没有招生上的限制,自然容易造成优秀生源过于集中的情况,不利于其他一些学校的发展。但是这种方法客观上剥夺了那些希望到此就学的学生享受优质教育的权利,也限制了这些优质民办学校选择学生的权利。这是摆在教育行政部门和民办学校面前的一个难题。

第四,办学经费来源多元化问题。

高新一中目前经费的来源主要是投资公司的投入和学费,前者主要为基建费用,后者用于学校日常运行的经常性费用。这也是诸多民办学校的共同点。目前在我国,政策上不许学校收取赞助费,民办学校接受捐赠有时也会被禁止,甚至有时将这些捐赠和赞助与乱收费联系在一起。事实上,在许多发达国家,社会捐赠是私立学校获取办学资源的重要途径之一,不少学校包括一些著名大学就是靠捐赠办起来的。限制社会对学校的捐赠,对于已经成为名校的高新一中而言,事实上就是制约学校筹集更多资源以促进学校更大发展的障碍之一。

第五,评价与考核的问题。

民办学校如何办出质量、办出特色?这是几乎所有民办学校都必然面对的问题。在目前的评价体制下,基本上还是按照同一个标准衡量,因此办学的整体取向还是比较单一。西安高新一中在教育国际化、拔尖创新人才培养、学生全面发展等方面进行了卓有成效的探索,取得了很大的成就。但是,这些方面还是在落实国家课程、应对高考压力的前提下进行的,这种前提在一定程度上制约了学校在教育创新上的发展空间。民办教育在拥有充分的办学自主权的情况下,事实上这种权利的使用效率与效益并不是令人满意的。在对民办学校考核与评价方面,需要政府部分给予更为宽松、稳定的支持性政策。

第六章
国际普通高中教育变革与创新

■ 本章要点

国际上高中教育的性质与功能正在发生变化。高中学校的功能不再只是简单地为升学做准备或者为就业做准备的区分,而且强调学生的全面发展与终身发展。

推进高中学校均衡发展备受关注。例如,美国采用了特许学校的形式改造薄弱高中,英国实施"教育行动区计划"等改造薄弱高中,法国提出"新高中"改革方案。

加大高中课程改革与教学创新力度。美国重视高中学校的学业标准和强调开展科学教育,英国实施国家资格证书课程体系,法国则强调课程中的基础性、综合性和公民性要求。

普通高中学校的多样化发展有不同的表现。其中,学制的类型、学校类型的定位、课程内容上的设置等方面的差异,在世界各国比较明显。高中学校多样化发展不只是简单的特色发展或者定位发展的问题。

高中教育的评价体系正在发生变化。日益重视评价标准上的国家性统一;日益重视包括真实性评价、文件夹评价等在内的多种评价方式;日益重视包括教师给予学生的平时评价在内的评价结果。

高中学生发展指导制度的建立日趋完善。在咨询教师(专业指导人员)培养、指导机构建立与指导工作实施等方面都有新进展。

伴随着高中教育从精英教育向大众普及教育阶段的持续推进,国际普通高中教育也正在不断地发生着变化,这首先导致了普通高中教育性质与功能定位方面的变化,并相应引发国际普通高中教育均衡发展、课程与教学、学生指导、教育质量保障体系以及高中学校类型多样化等多方面的变革与创新。这些变革与创新,对于推动我国当前普通高中教育的改革与发展具有积极的参考意义。

一、高中性质与功能变革

(一) 总体性特征

考察世界主要国家普通高中的发展历史,可以发现普通高中的传统性质在于其精英性和选拔性。自1802年高中教育诞生于法国以来,高中教育一直是作为一种精英教育而存在的,是面向贵族阶层及统治阶层子弟实施的,以为学生升入高等教育机构提供学术准备的选拔性教育,其教育功能主要是大学升学预备教育。

20世纪70年代后,许多国家和地区的高中教育发展步入大众化和普及化阶段,国民性、基础性和大众性成为高中教育的重要性质定位。单一的高中教育性质——精英性与功能定位——大学预备教育,越来越难以适应社会发展所提出的多样化人才需求,高中教育开始从单一的大学预科教育功能中解放出来,越来越多地承担起"双重功能":为高等学校培养、输送合格的新生;为社会培养具有一定素质和技能的合格劳动者。

进入新世纪以来,受终身教育思潮以及可持续发展理念的影响,高中教育"双重功能"定位的局限性逐渐显露。因为,如果只是从外部社会层面进行高中学校的功能定位,明显缺乏基于学生个体发展与个体价值层面的关注,导致教育中学生主体的丧失,这与日益重视个人价值与发展的社会发展潮流不一致。所以,强调高中教育要为学生个性的全面发展及终身的发展奠定基础。升学(为继续教育做准备)、就业(为未来社会生活做准备)和全人(造就人格健全的个人)成为国际普通高中教育的基本功能定位。

普通高中教育国民性、基础性与大众性教育性质日益明显,但其又不完全等同于强迫性、共同性的义务教育;作为基础教育的普通高中教育,属于比义务教育更高层次的基础教育,需要表现出分流与多样性的特点。

在全球范围内，高中教育的功能与定位正在逐步走向多样化，升学准备、就业准备与全人发展（服务于学生未来可持续发展）正在成为当代国际高中教育的功能特点。这在各主要发达国家普通高中教育的实践中有着日益明确而全面的体现。

（二）国别性实践

鉴于主要发达国家社会经济、历史文化背景以及教育发展的水平不同，一些主要欧美国家在高中教育发展方面还存在一些差异。

1. 美国：综合中学

美国普通高中的多样化教育功能定位是借助于不同类型的高中实现的。在美国，承担高中阶段教育的学校类型有综合中学、普通中学、职业技术中学和选择性中学。

综合中学是当今美国高中的主流模式，设有学术科、普通科和职业科三个方向，兼有普通教育和职业教育的双重职能。普通中学可视为大学的预备学校，主要开设大学预科课程，为学生接受高等教育做准备。职业技术中学的开办者包括工商行会组织、工会、公司（企业）和社会团体，专业门类涉及工、商、农、服务等多个方向，其职业培训要求十分明显。美国选择性中学的类型主要包括"校中校"、"磁石学校"、"全年学校"、"特许学校"等。该类学校开设的目的在于弥补公立中学办学质量的不足、为学生和家长提供更多选择的机会以及实践探索不同的教育理念。从培养目标来看，这类学校各有侧重，有的侧重提供学术教育，有的偏重职业准备，有的追求情操的陶冶，以培养高雅的时代文明人为宗旨。选择性中学一般都是作为公立学校的对立面或基于适应社会的需求而出现的，具有明确的办学目标和独特的办学理念。

从美国高中的学校类型设置和各类型学校职能及所处地位来看，以综合中学为代表的美国高中教育兼顾了升学、就业和育人的三项功能。1997 年美国联邦教育部在《1998—2002 教育发展战略》中指出，中学教育旨在让所有学生达到具有一定挑战性的学业标准，使他们为将来成为有责任感的公民、继续学习和富有产出性的就业做好准备。布什政府在《不让一个孩子掉队》法案中呼吁，每一个美国高中生在毕业时"都要为大学的学习、富有产出性的就业和今后有意义的生活做好准备"①。

---

① 刘宝存、罗媛：《面向 21 世纪的美国高中教育改革探析》，载《比较教育研究》，2010(6)。

　　然而,面对日益激烈的国际竞争与"追求卓越"的教育目标,美国高中教育在其"升学、就业、育人"三位一体的功能设置中,似乎越来越倾向于为升入大学做准备。

　　2005年,美国州长协会在"全美高中教育峰会"上发布了《改进美国高中行动计划》。该计划一方面要求重新设定美国高中的学业标准和毕业要求,并提出培养高质量的高中教师和校长,以帮助学生提高达标率;另一方面,计划建议选取教育领域和商业领域的代表共同组建有效的 P-16 理事会,要求中学后教育系统和 K-12 教育系统根据为大学和就业做准备的标准共同开发课程和评估机制,要求高中和大学共同接受问责。[1] 从 K-12 到 P-16 的变化,凸显出美国高中与大学的密切联系,同时反映出在政策制定者的心目中,接受高中后教育是每个高中毕业生的理想选择。

　　事实上,美国高中毕业生的流向也确实偏重于升学。以 2002—2003 学年伊利诺伊州威斯特蒙高级中学为例:该校 84% 的毕业生选择接受中学后教育,其中 44% 的学生进入四年制大学深造,40% 的学生进入两年制学院或技术学校学习。[2] 从全国范围内看,2009 年,美国高中毕业后直接升入大学的学生已达到了 70%。[3]

　　2. 英国:第六级教育

　　英国学生在 16 岁义务教育结束时,通过参加全国统一的普通中等教育证书(GCSE)考试决定就业或者升学。学生在义务教育结束之后至 18 岁进入高等教育之前的教育阶段,被称为"继续教育(Further education)"、"16 岁后教育(Post-16 education)或"高中教育(Upper secondary education)"

　　在英国,这一教育阶段通常又被称作"第六学级"(the Sixth Form),是中学与大学之间的过渡阶段,它主要向学生提供高水平的考试课程,以培养学生升入大学为主要目的,具有大学预科的性质。目前,在英国具有这一学级的教育机构主要是:独立的第六级学校、文法中学中的第六学级、综合中学中的第六学级和第三级学院中的第六学级,其中,综合中学中的第六学级占主体地位。

　　综合中学打破了英国教育传统的双轨制,在促进高中教育由精英化向大众化发展的过程中功不可没。然而自 20 世纪 80 年代起,综合中学在发展过程中出现了

---

[1]　An Action Agenda for Improving America's High Schools. http://www. nga. org/files/live/sites/NGA/files/pdf/0502ACTIONAGENDA. pdf. "P-16"指从学前教育(preschool)到四年制大学。

[2]　李其龙、张德伟主编:《普通高中教育发展国际比较研究》,教育科学出版社 2008 年版,第53页。

[3]　The Condition of Education 2012. http://nces. ed. gov/pubs2012/2012045. pdf。

一些新的问题。首先,综合中学在教育目标、课程设置、教学方法等方面和传统的公学和文法学校趋同,存在着追求精英化的倾向。"人人享有文法教育"曾一度成为综合中学发展的响亮口号,许多综合中学第六学级把优先发展学术教育和追求升学率作为学校发展的首要任务。其次,综合中学的教育质量受到质疑。综合中学的开放入学政策虽然满足了大部分学生的入学愿望,但学生千差万别的学业水平也给学校的教学活动带来严峻挑战。纪律涣散、道德不良、学习动机低下等问题层出不穷。这些严重影响着综合中学的教育质量,综合中学一度沦为"教育平庸"的代名词。进入21世纪,布莱尔政府宣布英国的综合中学发展进入了"后综合化时代"。消除平庸、提高教育质量和消除平均主义、实行"有差异的平等"成为新时期综合中学发展的主题。这标志着英国高中教育在追求教育质量与教育公平的道路上向前迈进了一步,开始在充分尊重学生个体差异的基础上,为每个学生充分发挥自身潜能提供自由空间。

随着英国高中教育从精英化走向大众化,第六学级的课程设置和培养目标也不断地被调整,除了引入职业教育课程之外,还针对学生知识面过窄的状况,增设了普通常识、课外活动、高级补充水平课程(Advanced Supplementary Level,简称AS Level课程)等内容。

2003年,英国教育与技能部颁布了《机会与卓越:14—19岁青少年教育》白皮书。白皮书在充分肯定中等教育阶段关键作用的同时,对该阶段的教育宗旨做了重新厘定,指出中等教育应"满足所有青少年的需要和愿望,为他们提供适合其能力和兴趣的多样选择,提升所有青少年的受教育年限,增加16岁后接受教育的人数,缩小各社会阶层及种族之间的差距;扩展所有青少年的技能训练,提升其就业范围,弥补技能的短缺;破除社会偏见,开辟更多的更广泛的职业教育成功之路"。[①]

目前,进入英国高中阶段的学生拥有多重选择,他们既可以留在原来学校的第六学级学习,也可以转至自己感兴趣的其他学校,还可以到开设多种专业课程的第六学级学院、职业技术学院就读。英国普通高中的性质和功能由此正在摆脱单一的大学预科职能而向着多元化的方向发展。

---

① 徐辉、任钢建主编:《六国普及高中教育政策与改革的国际比较》,教育科学出版社2010年版,第8页。

3. 法国：两类高中

早先法国在高中教育阶段原设有普通高中、技术高中和职业高中三类学校。然而，由于普通高中和技术高中同属三年制的长期教育机构，且在文凭的认可上具有同等价值，两者在发展过程中的界限越来越模糊，以至于被统称为"普通和技术高中"。1998年，法国国民教育部发布题为《为了21世纪的高中》的教育文件，文件确定了普通和技术高中、职业高中为法国高中教育的两大类别。

在普通和技术高中教育中，通常设有双规：普通教育和技术教育。前者开设文学、理科、经济和社会等专业；后者开设理科和第三产业技术专业、理科和工业技术专业、社会医疗专业、理科和实验室技术专业等。进入普通教育轨的学生在高一年级不分专业，只设共同课。从高中二年级开始，学生必须在文学、经济与社会科学、理科分科系列中定向分流。法国高中毕业生可参加类似于我国高考的高中毕业会考，法国高中毕业会考分普通高中毕业会考、技术高中毕业会考和职业高中毕业会考三类进行，成绩合格者可获得国家颁发的业士学位文凭——普通教育业士学位、工艺学业士学位和职业业士学位。在法国，业士学位文凭既是学生中学学业成功的标志，又是进入大学继续深造的主要凭证。

从法国高中教育体系的分类及普通技术高中的分轨来看，法国的普通高中教育兼具升学和就业双重功能。随着新世纪对人才素质提出全面要求，普通高中日益注重培养学生知识和能力的统一。早先法国《关于教育的法律》中关于中等教育的表述是：中等教育是学生掌握适应现时社会需要的教养、实施衔接初等教育的系统教育；主要以智力的、艺术的、手工的、身体运动的诸学科均衡为基础，使学生的这些能力及志向得到开发。《为了21世纪的高中》则明确提出："高中的任务就是让所有的学生，不论其社会出身，不论其获得成功的领域如何，在其教育专业中获得基本知识，并掌握进入国家和欧洲生活，更广义地说，进入人类历史所需要的批判能力和文化形式。"①

4. 德国：升学与育人

在德国，普通高中教育由完全中学的高级阶段承担，大体上包括第11至13年级。完全中学即德国传统的文科中学，它强调严格的学术教育，以高质量的教育教

---

① 李其龙、张德伟主编：《普通高中教育发展国际比较研究》，教育科学出版社2008年版，第151页。

学而著称。

1994 年，德国文化教育部长会议与联邦大学校长会议认为，德国普通高中教育的主要教育功能在于，一方面为学生获得普通高等院校的入学资格做准备，另一方面也为学生接受高水平的职业教育做准备。

具体来说，高中教育承担着向学生提供普通教育、学术性基础教育和相应社会能力训练的功能；高中教育着重训练的基本能力，具体包括语言表达、外语交往、学术模型建构等方面的能力；高中教育需要通过创设学习的真实情境，锻炼学生独立自主的学习能力，为学生构筑其持续的自我学习能力。

进入新世纪，为了保证高等学校新生的质量，完全中学在课程内容、培养目标等方面进行了一系列改革，要求高中教育在传授广泛而综合的基础性学术知识的同时，还要关注学生的个性和能力发展，培养学生终身学习的意愿和能力，使他们获得具有个性倾向的发展和交际、合作、创造、自主等关键素质。

德国巴伐利亚州所公布的该州完全中学的任务和培养目标是：帮助学生发展成熟和对社会负责的人格；传授基础知识和技能；发现和发展学生的天赋；培养学生认识自己天赋和发展倾向以及对自己未来发展做出正确选择的能力；培养学生独立做出判断和行动的能力；促进学生对世界的理解和批判的能力；发展学生参与社会民主建设的意识和对社会负责的态度。①

很明显，德国的普通高中教育在肩负升学职能的同时，也日益注重发挥中等教育的育人功能。

5. 日本：国民教育

日本早在 1987 年 12 月公布的《高中学习要领》中即强调，在日本高中已基本普及的情况下，高中的国民教育性质日益凸显，主张高中教育既要向学生提供作为国家和社会创业者必备素质的基础性教育，又要向学生提供适合其个性发展的多样化教育。

1991 年 4 月，日本中央教育审议会发布的《关于应对新时代的教育诸制度的改革》指出，今日的高级中学已经不是像从前那样只供一部分被选拔出来的人就学的中等教育机构，而是接纳几乎所有受过义务教育的人就学的国民性教育机构，是在

---

① 李其龙、张德伟主编：《普通高中教育发展国际比较研究》，教育科学出版社 2008 年版，第 122 页。

完成初级中学教育的基础上，广泛进行普通教育和专门教育的中等教育机构。

该报告明确指出，日本的高级中学已经成为95％的初级中学毕业生学习的地方，成为名副其实的国民性教育机构。为实现日本高中教育的国民性和大众性，中央教育审议会对"高中教育"的定位是：作为广泛实施普通教育和专业教育的中等教育机构。基于此，日本高中教育未来改革的基本方向是：从数量的扩充到质量的充实，从形式平等到实质平等，从侧重偏差值到尊重学生个性。

综上所述，这些国家在高中教育尤其是普通高中教育的性质与功能定位上，都正在发生一些变化，表现出朝综合多元方向发展的趋势，大多做到了升学、就业、育人等三种功能的兼顾与综合。当然，由于国情与教育传统的不同，其普通高中在功能定位上的偏重也同样不尽相同。

二、学校均衡化发展措施

教育发展的不均衡性在全世界都有体现，其中高中教育包括普通高中教育领域同样存在。在追求公平的过程中，为了使每个学生接受同样优质的教育，享受公平的教育，一些国家投入大量的财力和人力对相对落后的地区和学校的教育进行改造，以实施追求教育均衡发展的教育改革。

（一）特许学校运动

进入新世纪，在追求教育的均衡发展与教育公平的道路上，美国普及高中的教育政策发生了某些转变。即，美国在教育政策的制定上，日益强调国家干预与地方参与相结合的模式，美国联邦政府介入教育的力度不断增强，各届政府纷纷打出自己的教育牌，企图以自己的战略需要和政策工具影响、改革、创造令人满意的教育。

小布什总统上台伊始便喊出了"不让一个孩子掉队"的响亮口号。为了帮助处境不利的学生取得更大的学业进步，《不让一个孩子掉队》法案提出绩效责任制，规定州、学区和学校要对所有学生的学业成绩负责，并对所有在缩小成绩差距并提高所有学生成绩方面成绩卓著的州予以奖励，对未能达到业绩目标以及未能展示学业成绩成果的州施以减少经费支持的处罚。

在此背景下，普及高中教育政策的目标价值取向从追求单一的教育公平或教育质量转向追求教育公平与教育质量相统一。事实上,美国的政策制定者把提高教育质量视为促进教育机会均等的手段,企图通过对所有人实施的高质量教育来实现教育机会均等。

美国普及高中教育政策的具体措施,从对公立学校的局部“修补”与改革,转向致力于创建面向 21 世纪的新型学校与教育制度。自 20 世纪 90 年代中期开始,美国便开始了创建“新式美国学校”(New American Schools)运动,强调在联邦政府制定的全国性教育目标、课程标准、考试标准的指导下,地方一级引入市场竞争机制,调动社会各界力量,通力合作创办新型学校与新的教育体制。① “特许学校”即是其中以实现高中教育均衡发展为主要目的的新型学校。

“特许学校”(Charter school)经由州政府立法通过,特别允许教师、家长、教育专业团体或其他非营利机构等私人经营公家负担经费的学校,该类学校不受例行性教育行政规定的约束。特许学校与政府之间保持一种契约关系。

开展特许学校的目的是希望通过引入市场机制,提高公立学校的办学质量,实现学校的有效性,追求高效率。为了使纳税人和家长满意,学校管理者被赋予设计预算和人事及课程等方面的决策权,条件是必须承担达到协议成就标准的绩效责任。

特许学校表面看来是一种公共教育选择的形式,但实际上是一种公校私营,带有强烈的市场选择性质。它具有着眼于学术成就、对家长负责、为学生提供多样化教学等特点;承包者必须按期按质达到协议所规定的教育质量,主要是推动所在学校的学术发展。这种目标驱动型的办学模式,既给原本垄断的教育系统带来了竞争,又借机改造了一些薄弱学校。尽管目前要彻底概括和把握特许学校的改革依旧困难,但“它是一项被越来越多的地方采取的政策,是在政治家——尽管也有一些保守的忠告——和教育管理人员中间拥有广泛支持的一项政策。”②从 1992 年第一所特许学校——明尼苏达州圣保罗市城市中学招收 60 名学生开始,到 2009 年美国已有 4 300 多所特许学校,约 120 万名中小学生在此类学校就读。

2003 年路易斯安那州成立名为“复兴学区”的高中学校改善区,由州政府接管

---

① 徐辉、任钢建主编:《六国普及高中教育政策与改革的国际比较》,教育科学出版社 2010 年版,第 53 页。

② [英]杰夫·迪·萨莉·鲍尔等著,马忠虎译:《教育中的放权和择校:学校、政府和市场》,教育科学出版社 2003 年版,第 188 页。

那些连续四年在学校问责指数中被认定为"失败"的学校,通常将它们委托给特许管理者或组织直接管理学校。州政府也向学校提供新的管理人员,实施严格的课程管理及必要的经费资助。

依照 2005 年《促进议程:改进美国高中行动计划》关于"改善落后高中"的相关提议,一些州应该关闭部分表现最差的高中。2009—2010 年约有 5% 的美国公立学校应根据联邦法案关闭。《促进议程:改进美国高中行动计划》认为,改造落后高中应该考虑三个层面的因素:学校和学区应赋予学校领导在招募、解聘和预算方面更多的自主权和更大的灵活性;加强州、学区和外部参与者的合作再造高中;将具有相似需求的高中以网络的形式连接起来,实现共同提高。

总之,美国为改造薄弱高中学校,采取了绩效问责和市场化委托管理等方式,在增加学校办学自主权的过程中,力求使高中学校得到改进和提高。

(二) 薄弱学校改造计划

1. "教育行动区计划"

为提高学校教育质量,英国政府在 20 世纪 80 年代末 90 年代初提出了许多具有市场化倾向的改革措施。这些措施虽然取得了一定的成绩,但未能从根本上消除英国学校教育存在的一些教育质量低下现象。1997 年 5 月英国工党新政府上台之后,将教育列为新政府最优先的工作。新政府指出英国教育的问题在于两极分化现象比较突出,虽然英国一流的学校和学生完全可以与任何西方国家一流的学校和学生相媲美,但是一般学生的学业水平却不尽如人意,因此新政府宣布今后的教育政策将着眼于大多数学生而不是少数学生,并对学生学业水平低下现象采取"零容忍"政策。学生学业表现不良的教育薄弱地区和薄弱学校成为新政府教育改革的一个突破口。"教育行动区计划"正是在上述背景下提出的一项激进的教育改革方案。[①]

教育行动区一般设在学生学业成绩低下,且需要特别支持的城镇和乡村地区。在这些地区,原有以地方教育行政部门为主导的体制已无法扭转学校的不良状况。为提升这些教育薄弱地区的教育质量,政府允许私营工商企业、学校、家长、地方教育当局和当地其他机构组成联合体,向中央教育主管大臣申请成立教育行动区,接

---

① 汪利兵:《公立学校私营化:英国"教育行动区"案例研究》,载《比较教育研究》,2001(1)。

管学生学业表现不良的一群薄弱学校。每个教育行动区所属学校总数不得超过
20所。

教育行动区必须由联合体申请,作为地方教育行政部门的地方教育当局和公
立学校自身不能单独申请建立教育行动区。联合体在申请时,必须同时递交一个
为期三年或五年的行动计划,具体阐述他们在改进加盟学校的教育质量方面准备
采取的革新措施和策略,其中一项重要内容即是为整个教育行动区制订较一般地
方教育当局和公立学校更加广泛和更具有挑战性的阶段性目标,这也是衡量一个
教育行动区是否成功的基础。

教育行动区成立之后,由一个行动论坛领导。论坛成员可以包括相关学校、地
方教育当局、工商界、家长和当地其他机构的代表以及中央教育主管大臣任命的代
表。根据《1998年教育法》,行动论坛的主要任务是提高每所加盟学校的教育质量,
包括行动计划的制定和实施,以及为教育行动区的运行提供日常管理。

教育行动区在运作方面没有固定模式,日常运作由行动论坛聘请的一名项目
主任负责。项目主任与行动区内的学校校长们密切合作,实施行动论坛所制定的
行动计划。为了鼓励各教育行动区开展教育革新,以提高加盟学校的教育质量,政
府为各教育行动区提供了一系列非常灵活的政策。

在课程方面,教育行动区加盟学校可以根据实际需要,不受国家统一课程的束
缚,自行设计部分课程。在教学方面,可以采取灵活自由的教学形式,激发学生的
学习兴趣,提高他们的读写算能力,降低逃学率。在人事管理方面,教育行动区可
以不受现行国家教师聘任条例的约束,通过更加灵活和待遇优厚的合同吸引优秀
的学校管理人才和优秀教师,以增强加盟学校的管理和师资力量。在经费支持方
面,政府在正常的学校预算之外,每年向每个教育行动区提供25万英镑的追加拨
款。资源共享方面,鼓励各教育行动区采取灵活措施,并鼓励行动区从工商界筹集
配套资金。

为了提高学生的成绩,政府允许教育行动区聘请一些学科专家对加盟学校的
教学进行巡回指导,并鼓励行动区内加盟学校在校舍图书和设备等方面实现资源
共享。①

1998年1月,政府向2 000个表示有意参与的企业、学校和机构发出邀请,开始

---

① 汪利兵:《公立学校私营化:英国"教育行动区"案例研究》,载《比较教育研究》,2001(1)。

实施"教育行动区计划"。英国政府在 1998 年秋和 1999 年春分两批共批准了 73 个教育行动区,每个教育行动区包括学校总数一般为 15—25 所,其范围遍布英格兰全境,囊括了 1 000 多所学校。

2."城市学校优异计划"

在英国,处于工人、贫民以及少数民族等下层阶级聚居的城市中心区的公立学校,存在着学生学习兴趣低落、出勤率低、纪律涣散、学业差距大等诸多问题,这些学校往往被视为薄弱学校。"城市中心地区的学校面临着比其他任何地方更加严峻的挑战,我们有责任为那些面临挑战的老师提供适当的帮助。我们坚信城市中心地区的家长有权利使他们的孩子获得与其他地方孩子同等质量的教育。政府、学校和地方社区要有提高主要城区学校标准的热情。"①

为此,英国政府于 1999 年 3 月出台了"城市学校优异计划"(Excellence in Cities,简称 EIC 计划)。该计划包括四方面内容:① 对每个学生的高期望值。不管学生天性如何,他们所受的教育不应因所上的学校而受到限制,应满足所有年轻人的要求和热望。② 提供多样化教育。通过建立更多的专门学校、示范学校、教育行动区以及城市学习中心实现教育条件的多样化,为所有学生提供优质的全面教育,帮助学校实现其核心功能。③ 构建学校网络系统。通过学校间的网络联系、学校间协同工作,为学生、家长、社区提供更为便利的沟通条件。通过学校网络推广优秀实践,让每所学校能够共享有益的经验。④ 把成功的机会扩展到每个学校,将投资扩展到参与计划的每个区域,给所有学校提供获得成功的机会,促进平等的实现。②

"城市学校优异计划"的推行始于 1999 年 9 月,当时有 25 个地方当局和 438 所中学参加。到 2000 年 9 月,新增 23 个地方教育当局和大约 300 所中学加入计划。2001 年 9 月,另有 10 个新的地方教育当局和 150 多个中学加入。到 2006 年 4 月,共有 57 个地方教育当局(个别进行了撤并)的 1 300 多所中学和 3 600 多所小学加入了"城市学校优异计划"。③

在实际推行过程中,"城市学校优异计划"从六个方面展开:① 学习辅导员计

---

① Speech by the Prime Minster Tony Blair at the Excellence in Cities Launch, 23 November, 1999.

② 秦素粉:《英国薄弱学校改进政策研究》,华中师范大学硕士学位论文,2007 年,第 189 页。

③ Excellence in Cities [EB/OL]. http://www.standards.dfes.gov.uk/sic/eic/, 2006 - 10 - 19.

划；② 学习支持单元计划；③ 城市学习中心计划；④ 天才计划；⑤ 专门学校和示范学校计划；⑥ 城市优异行动区计划。

2004 年，英国教育标准局对实施"城市学校优异计划"的学校进行了评估，结果显示，自 1999 年计划实施以来，参加"城市学校优异计划"的薄弱学校进步非常快，与其他普通学校的差距在逐步缩小，学生成绩显著提高。另外，在"城市学校优异计划"实施过程中，学校之间、学校与地方教育当局以及其他组织间的合作伙伴关系得到改善，都很好地履行了各自的职责。

总之，英国薄弱学校的改进是一个循序渐进的过程，逐渐形成了一个完整的薄弱学校改进体系。尽管在不断摸索完善的过程中，难免会有一些不尽如人意的地方，但改革取得的成绩是引人注目的，薄弱学校改进的有益经验和理论有着重要的借鉴意义。

（三）新高中改革方案

20 世纪 70 年代，法国高中教育阶段适龄人口的入学率已经达到了 70% 以上。进入 21 世纪后，法国高中教育阶段适龄青少年的入学率仍基本维持在这一水平上。[①] 虽然法国在高中教育普及化的问题上已取得喜人成绩，但长期以来，高留级率、学业失败、各专业方向地位不平等问题一直存在，成为历次教育改革的难题。

20 世纪 70 年代末期，由于法国中等教育的迅速普及，特别是 1975 年统一初中的实施，学业失败问题日益严重。学习困难的学生与正常学习的学生之间的差距越来越大，而这些学习困难的学生具有明显的社会特征，多出身于贫困地区的多子女家庭、单亲家庭、平民家庭、移民家庭等。

为了克服学业失败和缩小教育不平等，1981 年，法国左派政府在学业失败率较高的城区或乡村划分一定的地理区域，实施特殊的教育政策，即"教育优先区"政策。

在"教育优先区"内，以"给予最匮乏者更多，特别是更好"[②]的思想为宗旨，采取强化早期教育、实施个别教学、扩大校外活动、保护儿童健康、加强教师进修等措施，并为区域内各级中小学追加专门经费，为其教师增加补贴，以保证教育质量有

---

① 李其龙、张德伟主编：《普通高中教育发展国际比较研究》，教育科学出版社 2008 年版，第146 页。

② Le rapport d'activité 2000—2001 du ministère de l'éducation nationale. P71.

所提高。所有在教育优先区任教的教师都可享受每年 6 900 法郎的"特殊工作补贴",初级中学校长和副校长从 1999 年起可享受向上浮动一级工资的待遇。

2007 年,法国总统萨科奇上台后,将教育的改革与发展作为国家发展的重要战略。在"致教师的一封信"中,萨科奇指出法国的教育已处在危险之中,"学业失败已经处于无法接受的水平,知识和文化的不平等问题更加突出。"①他明确提出法国教育发展的目标是追求优质和机会均等。为实现优质目标,教育的使命是使尽可能多的学生接受高质量的教育,如有可能,应接受长期的教育;为实现机会均等的目标,有必要采取两大结构性措施:一是确定教育最需要解决的问题,以公共知识和共同基础为目的;二是为机会均等服务,为学生提供个别辅导,制定个性化教学计划,以保证教育的成功。

在这一背景下,法国高中教育改革被提上议程。2009 年底,法国国民教育部正式公布了"面向 2010 年的新高中"的教育改革方案。为了追求教育质量和普通高中的均衡发展,改革方案中提出了"更好定向"、"更好辅导"、"学好外语"等目标。

在法国,学业与职业的指导被称为定向,高一年级为定向阶段。此次改革提出赋予学生一种"错选权",即允许学生在高中二年级可以重新选择学习方向,使一锤子定音的定向变为渐进的、可更改的过程。方案同时要求学校为重新定向的学生开设补习培训和过渡培训,避免学生为了适应不同方向的学习要求付出留级重修的代价。

"更好辅导"是为减少学生学业失败问题而提出的对每个高中生实施的个别辅导,目标是减少教育中存在的不平等,以保证每个学生都获得学业成功。"学好外语"是针对法国高中教育中的"软肋"而提出,它要求每个学生都应当至少掌握两门外语,强调建立有利于外语学习的高中。

总之,法国此次高中教育改革对教育资源不均衡问题予以关注,尤其是对弱势群体的关注,体现了其追求教育过程和教育结果平等的诉求。

综合上述三国的实践,可以认为,追求均衡发展与教育公平是国际普通高中在实现普及化之后向着更高层次发展的共同目标。在这一过程中,国际普通高中表现出一些共同趋势:

第一,追求教育质量与教育公平的统一。

---

① 张丹、范国睿:《更多定向 更多辅导 更多准备——法国新高中教育改革评述》,载《全球教育展望》,2011(11)。

通过向所有学生提供优质教育来实现更高层次的教育公平。如果说教育发展的初期阶段关注的是入学机会均等问题,那么在发展的高级阶段所关注的必然是质量问题。教育质量与教育公平互为表里,密不可分。

第二,更加关注弱势群体的教育公平,强调教育过程和结果的平等。

各国的改革都在某种程度上关注到了弱势地区、弱势学校及弱势学生的教育问题,力图消除由教育资源不均衡而造成的教育过程及结果的不平等。

第三,强调差异性的平等。

公平或者平等绝不意味着平均主义,而是在尊重差异基础上,强调每个人具有均等的发展机会。鉴于普通高中教育阶段的特殊性,各国在制定政策时大多考虑到了学生的个性和意愿,为他们提供更多的选择和发展空间,使每个学生都能充分发挥自己的潜能。

三、高中课程与教学创新

课程与教学是学校教育的核心所在,课程与教学的内容能够体现出学校教育的目标与功能。关注国际上高中课程与教学的发展与变化,对于重新认识我国高中教育改革与发展的方向非常有必要。

(一) 学业标准与科学教育

自 20 世纪 80 年代至今,美国教育改革在"振兴基础"、"追求卓越"等主题的引领之下如火如荼地展开。改革者试图将实现优质教育的目标落实在规范、统一的课程标准制定和灵活、多样的课程设置上。

1. 课程类型

美国普通高中课程大体上由必修课程、选修课程、活动课程三部分构成。必修课程主要是为学生掌握必需的基础知识和必备的技能而设置。美国教育历来以地方分权为原则,因此,各州的必修课程不尽相同。然而,各州对构成必修课程的核心课程的认定则趋于统一。各州的核心课程大致包括语言艺术、数学、科学、社会研究、体育与健康等。

早先克林顿政府的《2000 年目标:美国教育法》,在之前规定的英语、数学、自然科学、历史、地理五门核心课程的基础上,增加了外语、艺术、公民课程,从而使美国政府规定的核心课程数目增加至8门。布什政府在2002年《不让一个孩子掉队》法案中除了进一步强调英语、数学、科学作为核心科目的基础性地位外,还要求各州制订一个高中生在阅读和数学方面所必须达到的最低水平标准,各学区必须每年提交学生的进步报告。

选修课程主要为满足学生多方面的兴趣爱好及个性发展而设置。美国的普通高中大多实行选修制,学生在完成必修课程的学习之后,可以根据自己的学科领域和兴趣爱好自由修习选修课程。美国教育部门鼓励各州及地方学校针对学生的需求、学校环境和具体地域的特点自主探索和开发选修课程大纲。美国普通高中的选修课程涉及面广,并不断推陈出新,其中既包括为学生升学做准备的高级课程,也包括与社会、生活密切相关的各种时尚、趣味、实用课程。一些学校除了设置丰富多彩的选修课程之外,还为学生和家长提供选课指导手册,介绍学校的课程设置、课程资源、选课要求等,并设专门的咨询机构帮助学生根据自己的兴趣、能力、人生理想选择适合的课程。

活动课程多以活动或项目的形式出现,旨在关注和培养学生的情趣,促进和发展学生的个性化体验。活动课程往往与学科知识密切联系,并融合学生的探索发现、建构认知、研究性学习、综合活动实践、创造力和创新精神的培养等多种功能为一体,其跨学科、综合性、实践性的特点十分明显。

美国普通高中的活动课程可分为学术类、娱乐类、体育活动类、社区活动类等,包括数学、科学、电脑、辩论、话剧、舞蹈、摄影、体操等多种类别。每门活动课程有专门的辅导老师负责组织、指导和考核。

2. 提升课程标准

进入新世纪,在"追求卓越"的教育改革目标指导下,美国普通高中的学业标准不断被提高,国家对核心课程的控制程度不断加强,通过提升课程标准进而提升高中教育的学业标准成为美国高中课程与教学创新的主要表现之一。

2008年颁布了2005年全国高中教育峰会报告《改进美国高中行动计划》的更新版,进一步重申提高高中的学业标准和毕业要求:各州应该使他们的高中学业标准与大学和企业的现实期望值相统一。这意味着学业标准不仅应该强调团队精神和口头表达,也应该重视阅读信息能力和说服性的写作能力。报告还认为,为完成学业成绩设定标准、保证知识的掌握、加强高中毕业要求,市政府官员必须在政策层面提高对学生的期望值。完成富有挑战性的课程能够使更多的学生进入大学和按时获得大学学位。

为此，AP（Advanced Placement）课程计划受到更多的关注与重视。AP课程计划始于1955年，其课程目的在于为学有余力的高中生提供入门级别的大学课程，后发展为绝大部分高中生参与的富有挑战性的获取3分或更优成绩的课程类型。为适应美国高中教学标准提高的需要，越来越多的美国高中参与此项计划。据统计，2002—2003学年间，全美67％的公立高中推行AP课程计划，参与AP课程计划的学生数量达到180万人。2006年涵盖20个学科领域的38门AP课程得以开设。

除AP课程外，"双学分课程计划"也体现了美国高中教学提升学业标准的努力。该计划为大学、社区学院与高中合作开设的面向高中学生的部分大学学分课程的课程学习计划，学生修习此类课程所得学分在其升入大学或社区学院后可以抵充大学学分。其教学形式有三种：大学或社区学院教师面向高中生开设；高中教师承担授课任务，大学或社区学院教师负责课程设置及课程学习评价；大学或社区学院借助于卫星网络等手段向高中生提供远程教学。

3. 加强科学教育

加强科学教育也成为美国高中学校课程与教学改革创新的另一表现。20世纪90年代美国科学教育理念主要表现在1993年美国科学促进协会提出的"为所有美国人的科学和素养基准"、1996年国家研究理事会提出的"国家科学教育标准"。而一项由美国国家研究理事会核准出版的《K－12科学教育的框架：实践、跨领域概念和核心概念》，则赋予上述科学教育理念以具体的科学教育标准和发展框架。报告提出在科学教育中要把科学概念的理解和科学实践整合起来，要通过多年的学校学习培养学生的科学能力和科学欣赏能力，其总体目标是：确保在12年级末，所有学生都能发现科学的奥秘，欣赏科学的美；在科学和工程方面掌握足够的知识，能够参与相关问题的公众讨论；在日常生活中充分利用科学和工程的信息；能够在校外继续学习科学；具有在科学、工程和技术方面做出职业选择的能力。在具体课程内容方面，从"科学和工程实践"、"跨领域概念"和"学科的核心概念"三个方面做出了详细规定。其中"学科的核心概念"共涉及物理科学、生物科学、地球和空间科学、工程、技术和科学应用。

（二）国家资格证书课程体系

英国的高中教育课程设置是与国家颁布的资格证书体系直接挂钩。目前，英国第六学级的课程体系主要包括高级水平普通教育证书课程、高级拓展证书课程、国家通用职业资格证书课程、关键技能课程等。

高级水平普通教育证书课程,简称 A-Level 课程,是英国第六学级占主体地位的学术性升学考试课程。该课程在 2000 年课程改革后由两部分构成:高级补充水平课程(Advanced Supplementary Level,简称 AS Level 课程)和 A2 课程(第六学级第二年的高级水平课程)。前者对学生要求较低,但要求学生至少选修 4 门。学生在第一年修完 4 门后参加考试可获得单独的 AS Level 证书;第二年的 A2 课程对学生要求比较高,其考试后不发放单独的证书。两年的学习成绩综合考核合格后,学生可获得 A-Level 证书,即高级水平普通教育证书。2000 年,英国资格与课程局开列了 72 门可供第六学级学生选择的 A-Level 课程,其范围覆盖了语言、科学、艺术、文学、体育、社会等多个学科领域。

高级拓展证书(Advanced Extension Awards)课程,简称 AEA 课程,是针对第六学级中学习能力强、学有余力的尖子生设计的。一般情况下,只有每门课排名前10%的学生才有资格报考。AEA 课程在 A-Level 课程的基础上,更加侧重学生对所选学科理解的深度和对所学学科知识的综合理解度,注重培养学生的批判性思维能力和创新能力。AEA 课程包括批判性思维、生物学、化学、经济学、数学、物理、英语、德语、西班牙语、宗教等。学生在选择修习并考试合格后,可增加其申请大学成功的机会。

国家通用职业资格(GNVQ)证书课程主要是为沟通普通教育和职业教育的隔阂而设置的。它不同于学术课程,完全按社会工作或就业的分工领域来组织课程,主要开设信息技术、科学、建筑、工程、制造、土地与环境、商业、艺术与设计、表演艺术与娱乐、健康与护理、媒体等。课程分为初、中、高三级,学生读完高级成绩达到良好以上,可报读大学。

关键技能课程是为适应社会发展和就业市场需求而设置的,旨在培养学生在以后发展中必须掌握的基本技术和能力。2000 年课程改革计划提出了六种关键技能:① 交流(能够积极有效地进行商谈、阅读、写作);② 数字的运用(在真实的生活环境中运用数学知识);③ 信息技术;④ 与他人共同工作;⑤ 提高自己的学习能力及成绩;⑥ 问题解决。每种关键技能分为三个水平,学生可以通过校外考试和平时课程作业获得相应的国家证书。

(三) 基础性、综合性和公民性

法国的普通高中课程从设置类型上看,可分为共同教育课程、决定教育课程和自由选修教育课程。

共同教育课程为全部学生所必修,具有较强的基础性和通识性;决定教育课程主要是帮助学生进入高二年级后进行专业分化和定向;自由选修教育课程则是为满足学生的多样化需求而设置。三类课程在高中三个年级的分布比重不同。

表 6.1　2000—2001 学年法国普通高中
各年级课程板块结构比例表　　　　　(单位:%)

年　级	共同教育课程 (必修教育课程)	决定教育课程 (必修或专业必修教育课程)	自由选修教育课程
高一	76	15	9
高二	83	7	10
高三	80	8	12

从课程内容来看,法国普通高中课程首先表现出较强的基础性,法语、数学、计算机、体育和公民等基础课程为每个专业和每个年级所必修。其次,课程的综合性较强,比如"历史—地理"、"数学—计算机"、"物理—化学"、"生物学—生态学"、"生态学—农艺学—国土—公民"等课程,均是从多学科的角度把不同学科的知识综合起来,编排成具体的科目传授给学生。跨学科的综合有效地增强了学生学习的兴趣,使学生能深入地理解各学科的知识及相互间的联系。

最后,法国普通高中的课程还特别注重培养学生的公民意识。新开设的所有年级和专业必修的"公民、法律和社会教育"课程,融合了法学、社会学、教育学等多个学科的内容,引导学生了解社会规则,认识自身的权利和义务,培养他们做具有自主意识的现代公民。

2008 年 6 月,法国教育部长科萨维埃·达尔克斯启动新一轮法国高中改革。2009 年底,法国国民教育部公布高中教育改革方案——《面向 2010 年的新高中》。在课程与教学方面,高中课程加大共同科目的比重,围绕"通识课程"、"补充课程"和"辅导课程"三大模块让各年级学生自主选课。通识课程的教学任务在于引导学生顺利实现从初中向高中的过渡,为其日后深造奠定学业基础。高一年级的补充课程在于引领学生接触新的学科领域,高三年级的补充课程则成为学科专业性的学习。

辅导课程是此次改革的特色,此类课程着力体现适才教育理念,高一年级的辅导课一般通过课外兴趣小组、跨专业课题组、科技和艺术实践课的形式实施。

从总体来看，当前国际普通高中的课程与教学改革表现出的共同趋势和特点为：

第一，夯实基础，强调核心课程。新世纪各国教育改革的重心纷纷落在了提升教育质量上，为此，各国纷纷加强现代外语、数学、自然科学等基础科目的学习，并不断提升学术标准。

第二，增加弹性，扩充选修课程。各国的选修课程呈现出多元发展的格局，提高高中课程的可选度、促进学生的个性发展已成为国际普通高中课程改革的重要趋势。

第三，注重能力，发展综合活动课程。以实践和活动体验为主的综合活动课程，强调学生的学习经验与社会生活的联系，对培养学生创新、批判、协作等多方面能力及培育完善人格等起到了重要作用。

四、普通高中多样化发展

国外普通高中的学制与类型、课程设置、高校入学考试等方面都存在多样化的特色。

（一）学制类型

按照传统的"六三三"制来衡量，高中教育阶段应为三年。但是，二战以后，各国根据本国具体情况进行了多次的学制改革，高中阶段教育的学制实现了多样化。这种多样化不仅表现为不同国家之间高中阶段教育的学制存在差异性，而且有的国家（如美国、德国等）在其内部不同地区高中阶段教育的学制也存在差异性。

例如，美国的学制从二十世纪初的"六三三"制，逐渐发展成为多种多样的类型，即："六三三"制（高中三年）、"八四"制（中学不分初级、高级阶段，实行四年一贯制）、"六六"制（中学不分初级、高级阶段，实行六年一贯制）、"四四四"制（高中四年）、"五三四"制（高中四年）。美国的学制是统一性与多样性的并存，整个基础教育阶段称为K12。统一性是指从小学至高中共12年，这是统一的。但美国高中教育可以是指10—12年级，也可以指9—12年级，所以美国高中阶段教育的学制就有三年制和四年制两种类型。

又如,英国中等教育种类繁多,有文法学校(7年制,11—18岁)、技术中学(5—7年制,11—16岁或18岁)、综合中学(7年制,11—18岁;5年制,11—16岁)。同时,这类中学几乎都实行一贯制,所以很难从中区分出初中与高中。一般情况下,文法中学的课程学习分为"基础阶段"(11—16岁)和"分科阶段"(17—18岁),综合中学一般把前三年规定为基础课程学习阶段,把第四、五学年以后规定为选修课程学习阶段,可以把文法中学的"分科阶段"和综合中学的"选修课程学习阶段"视为高中阶段教育。另外,英国各类中学的16岁初中毕业生必须参加"普通中等教育证书考试",此后的继续学习阶段实际上就是高中阶段教育。附设在综合中学等机构的"第六学级"(the Sixth Form)和独立设置的"第六级学院"(the Sixth Form College)则是英国标准的高中教育机构,其学制为两年(16—18岁)。

一般而言,在实行中央集权的国家,能够在全国范围内实行统一的学制,如法国的普通高中和技术高中的学制都规定为三年;而在地方分权的国家,其学制因地而异,这在美国与德国等表现得十分突出。例如,德国的旧联邦州(即西德州)文科高中阶段的学制一般为三年,而新联邦州(即东德州)一般为两年(11—12年级,只有勃兰登堡州为三年)。

另外,有的实行中央集权和地方分权相结合的国家,有的规定得较为严格,如日本《学校教育法》规定全日制高中的修业年限为3年,定时制和函授制高中的修业年限为3年以上。而有的国家,如英国各类中学的学制又有很大的差异性。

(二) 学校类型

目前,国外普通高中学校类型多种多样,即使同一类型学校在具体培养目标和实践操作等方面也存在着很大的不同,但主要可以分为学术型与综合型两种。

1. 学术型

这类高中以培养社会精英为目标,如美国、法国等单独设置的普通高中,英国的文法中学(含公学),德国的完全中学、法国的普通高中等。就读于学术型高中的学生毕业后,基本上都能进入各种高等院校继续深造。

学术型高中的入学条件相对于其他类型的高中来说比较严格,而且学校之间在入学条件方面也存在着很大差别。如英国公学的招生对象基本上是预备学校的毕业生,在一般情况下,公学学生在16岁毕业后均可自然升入第六学级(即高中部)。另外,公学每年保留一定的名额招收那些学习成绩突出的外校学生,但是这些学生必须已经通过了若干门普通中等教育证书考试的相当成绩,如伊顿公学规定学生必须有至少 5 门以上普通中等教育证书科目考试达到 A⁺级、A 级或 B 级的成绩,并热衷于学术性学习,才能拥有入学资格。①

在美国,学术型高中的录取比例极低,如美国纽约州市的三所老牌名校——史蒂文森高中、布朗克斯学科高中和布鲁克林技术高中,每年 12 月联合举办选拔考试,考试采用标准化形式,满分为 800 分,史蒂文森高中录取线通常在 560 分以上,布朗克斯学科高中录取线在 530 分以上,而布鲁克林技术高中录取线在 500 分以上,三校每年的录取学生共 2 700 多人,不足参加考试人数的十分之一。②

2. 综合型

综合高中制度发端于 20 世纪初的美国,二战后广泛传播到英、法、德、瑞士等国家,成为这些国家的一项教育制度。综合高中的培养目标是多元的,既担负着为大学输送新生的神圣使命,同时又为社会培养各种中等技术人才作出了积极的贡献。

综合中学相对于普通中学或职业中学,是将普通教育与职业教育融为一体的单轨制中学。校内开设各种普通课程和职业课程,开展各种适应学生能力和适应性的教育。中学后期进行分科教育,但仍把中等基础教育放在重要地位。一般情况下,学校招收一个地区的所有学生。

从入学条件看,综合高中比学术型高中要求要低。不同学校的入学条件也存在着很大的差别。如英国通常规定,如果年满 16 足岁的学生在"普通中等教育证书"(GCSE)考试中,有 3 门或者 3 门以上科目获得 D 等或 D 等以下证书者,或者 2门以上的科目只得 E 等水平证书者,该生可以进入第六学级学习,但是只能学习一年制的"职前教育证书"课程或者花一年时间补习"普通中等教育证书"的课程,获得规定的成绩后,方可学习"高级水平普通教育证书"的课程。③ 换句话说,综合中学的第六学级的入学条件基本上要求学生在"普通中等教育证书"考试中获得 3 门以上 D 等水平的证书方可入学。

从课程设置来看,综合型高中培养目标的多样性决定了其课程设置兼具学术型和职业型的特征。如美国的综合中学实行三分科制,即学术科(为升学做准备)、

---

① 原青林:《教育活化石的考释:英国公学研究》,南京师范大学博士学位论文,2005 年,第 79 页。
② 王定华:《走进美国教育》,人民教育出版社 2006 年版,第 41—42 页。
③ 孔凡琴:《试论英国高中办学模式选择的特色与经验》,载《外国教育研究》,2010 (11),第 24 页。

其学生数约占学生总数的 20%—25%)、普通科(学习一定的普通文化知识,为没有特定目标的学生而设,其学生数约占学生总数的 40%—50%)。[1] 英国综合中学的课程是将原来的文法中学、技术中学和现代中学的课程融合在一起。

(三) 课程内容

课程是高中教育的基础,是连接教和学的中介,是培养未来人才的蓝图,直接决定着教育质量,关系教育目标的实现。事实上,前面介绍课程与教学创新的过程中,已经涉及到了课程多样化的情况。这里再补充一些案例予以说明。

例如,瑞典的普通高中课程是由国家课程(National Program)、特设课程(Specially Designed Program)和个体课程(Individual Program)三部分组成。国家课程是对所有高中学生提供的教育,不管他们将来选学什么专业。对那些不想申请、没有申请国家课程学习或中途停学的学生,可选择特设课程和个体课程接受教育。

国家课程共计 17 门,分别是儿童娱乐、艺术、商业管理、建筑、电力、能源、食品、手工、保健、旅店酒店、工业、媒体、自然资源利用、自然科学、社会科学、车辆工程和技术等。每个国家课程的学习期限为 3 年,学习合格后可以进入大学。瑞典高中教育中的国家课程详见下表。[2]

表 6.2 瑞典高中教育国家课程领域及其内容

课 程 领 域	课 程 内 容
娱 乐	娱乐活动、教育与社会活动
建 筑	建筑术、建造术、绘画艺术、平面设计
电 力	自动化、电子学、电气工程、计算机技术
能 源	运营和维护、海洋技术、供暖、通风、环境卫生与制冷
艺 术	艺术与设计、舞蹈、音乐、戏剧
车 辆	飞机、机械与卡车、汽车摩托车、运输
商 业	管理商业与服务业、旅游与旅行
手 工	各种手艺和工艺

[1]　徐英杰主编:《综合高中办学模式探索》,山东教育出版社 2001 年版,第 26 页。
[2]　樊红:《独具特色的瑞典高中教育》,载《基础教育参考》,2009(6),第 57 页。

（续表）

课 程 领 域	课 程 内 容
旅店与酒店	旅店、酒店与饮食服务
工 业	地方特设
食 品	地方特设
媒 体	媒体制作、印刷术
自然科学	自然科学、数学与计算机科学、环境
自然资源利用	地方特设
保 健	非国家设定
社会科学	经济学、文化、社会科学、语言学
技 术	地方特设

特设课程是各市政当局为了满足当地的实际需要，也是为了满足学生的特殊需要而设置的。对国家课程不感兴趣的学生可选择学习特设课程，该类课程在质量上与国家课程相当，学习期限为 3 年，要学习 8 门核心课程。特设课程既可由地方市政当局设计，也可由学生与学校合作制定，以满足不同学生的学习兴趣和需求。个体课程是为那些成绩不理想未能获得国家课程学习机会的学生，或瑞典语基础较差的学生，或国家课程无法满足其特别个人需求的学生提供的一种学习方案，旨在为他们提供帮助，以使他们过一段时间后能进入国家课程或特设课程的学习。

无论是国家课程，还是特设课程和个体课程，瑞典高中的课程设置不但适应了社会发展的实际需要，为劳动市场和高校提供了相应的技术人才和合格的毕业生，而且充分发展了学生的个性，学生的兴趣和爱好得到保护，培养了他们的自信心和对学习的积极性。

再回到美国的高中课程。美国高中的必修课由学区或州教育局规定，选修课则根据学校的特色与学生的兴趣而定，其内容是丰富多彩的。美国是个非常重视选修课的国家，高中选修课占总课时的 1/2。例如，加利福尼亚马连县特拉兰达高中为了使学生从小就形成适应社会需要的愿望，掌握一门技术，开设了多达 11 大类、125 种科目的课程。[①] 又如，芝加哥市的中学课程分必修课、选修课和学生辅导

---

① 商继宗著：《中小学比较教育学》，人民教育出版社 2002 年版，第 124 页。

课三大类。必修课的重点课程是：英语、数学、科学(含生物、地球及太空、化学、物理等)、社会科学(含政治、经济、历史、法律等)、职业教育(含健康教育、驾驶教育等)；选修课则多达几十种，并都是技能性很强的课程，有的甚至就以各种俱乐部的形式开展活动；学生辅导课又叫社区服务课，不算学分，但必须学习，这种课旨在培养学生的动手能力、实践能力和服务精神。

德国高中课程中的必修课分为三种：一是文科，包括外语、德语、造型艺术和音乐；二是理科，包括数学、物理、化学、生物和信息学；三是社会学，包括社会综合常识、历史、地理、哲学、宗教。选修课原则上是从所有科学领域中选择，如教育学、心理学、社会学、法律学、地质学、天文学、工艺学等。高中最后四个学期，每个学生每年必修 20 个周时(包括基础学程和能力学程)，选修课每学年 10 周时。

五、高中学业评价的变化

学业评价是以教育目标为依据，运用恰当、有效的评价方法，系统收集学生的学业信息，科学进行分析处理，并对学生的学业变化进行价值判断的过程。

(一) 评价标准

传统的考试是学业评价的一种重要形式，但由于试题大都由教师自己命题，其信度、效度、难度都不容易把握，也缺乏横向可比性。因此，一些国家为了保证教育质量，建立了国家教育标准，定期对学生进行统一考试评价，检查教育质量。

英国在课程管理及学业评价上，过去一直是实行放任主义原则，即中央和地方经验行政机构从不干预课程设置及评价方法。但《1988 年教育改革法》彻底改变了这种松散的课程管理及评价模式，其主要的改革措施就是推行国家统一课程。该法规定，学生必须学习国家统一课程，其中包括三门核心科目和七门基础科目。核心科目是英语、数学和科学，基础科目是技术(含设计)、历史、地理、音乐、艺术、体育以及现代外语。同时，推行统一的学业评价体系。

以前，美国各州在教育上具有较大的自主权，没有统一的课程标准及统一的学业评价标准。

但是，2010 年 6 月，美国颁布了首部《州共同核心课程标准》，要求全美学生在进入大学之前,在每个年级的学习中均接受相同的教育标准及评价。

根据该课程标准,高中英文学业评价包含了读、写、听说、语言使用、媒体与技术应用等。高中英语学业评价强调学生的理解运用能力,具体说来,让学生达到如下要求:① 表现出独立能力;② 构建扎实的知识;③ 根据不同的听众、任务、目标、学科的要求做出反应;④ 既能够理解,也能够批判;⑤ 重视证据;⑥ 能够有策略地使用信息技术和电子媒体;⑦ 能够理解他人的观点和文化。①

高中数学学业评价则强调对概念的理解和运用能力。高中数学的学习目标是"为上大学和就业做好准备","美国的竞争力取决于一个能够充分为年轻人做好上大学和就业准备的教育制度"。为此,高中学业评价强调数学建模,使用数学与统计对实验情景进行分析、优化理解、改进决策,同时要求把课堂中的数学和统计跟现实生活、工作及决策联系起来。

为此,美国高中数学尤其重视培养将数学运用在真实情境中、解决实际的问题的能力。这些问题可以来自各种领域,例如经济、公共政策、社会或日常生活等,因为帮助学生发展应用数学于新情景的理解力和能力,是大学生与雇员通常要做的。

2009 年 7 月 24 日,美国启动"竞争卓越"(Race to the Top)计划,提供超过 43 亿美元的资金供各州政府申请。② 计划资助款项重点资助四个领域的教育改革,其中一项就是"采用国际的基本标准和评估,以便让学生成功读大学和就业"。③ 这将对美国的高中教育未来的走向产生深远影响。

瑞典的高中学校被称为综合高中,有着统一的课程与学业评价标准。每个学科的课程标准主要包括:学科目的及其在教育中的作用、学科课程的目标、学科的结构和性质、学科的阶段性学习成果。瑞典的高中毕业生可凭借高中毕业证书和学业评价结果申请进入高等学校继续深造,因此,高中学业评价对学生和教师来说都是非常重要的。

总之,在高中学业评价方面,较多的国家日益重视采用全国性的、统一性的评

---

① Common Core State Standards for English Language Arts & Literacy in History/Social Studies, Science, and Technical Subjects, http://www.corestandards.org/the-standards, p7, 2010 - 10 - 06.

② The Race to the Top Begins—Remarks by Secretary Arne Duncan, http://www.ed.gov/news/speeches/2009/07/07242009.html, 2009 - 09 - 28.

③ U.S. Department of Education: *Race to the Top Overview*, http://www.ed.gov/programs/racetothetop/slidenotes.pdf, p2, 2009 - 09 - 25.

价,尤其是结合课程标准而实施评价。这统一的评价,有助于对全国范围内的高中教育质量予以监控和管理。

(二) 评价方式

国外高中学业评估方法多种多样,真实性评估(Authentic assessment)、表现性评估(Performance assessment)、档案袋评估(Portfolio assessment),也叫文件夹评估等新的评估方式方法不断涌现,在教学实践过程中得到广泛运用,并取得了较大的成果。

1. 真实性评估

真实性评估是检验学生学习成效的一种评估方法,它要求学生运用所学知识和技能去完成真实世界或模拟真实世界中一件很有意义的任务,在任务开展过程中对学生的学习成效进行评估。它是美国评估培训学会(ATI)专家格兰特·威金斯(Grant Wiggins)于 1989 年所提出的,现已成为欧美普通高中普遍使用的一种评估方式。[①]

真实性评估由真实性任务和评估量规两部分组成。真实性任务是指现实生活中或模拟现实生活中的一项任务,要求学生用他们所学的知识和技能去解决。通常真实性任务有下列两种情形:一种是要求学生自己探究问题而不是给他们提供现成的答案选择;另一种是任务必须与真实生活密切相关。评估量规是一种评分工具,主要用来评价学生在完成一项真实性任务的过程中,是否达到所提出的要求。评估量规可以帮助教师进一步明确他们对学生的期望目标,也有助于学生评估自己和其他同学完成任务的情况。

与传统的评价过分强调学生学业成绩不同的是,真实性评估强调从真实的学习活动中收集真实表现资料,强调学生的亲身参与,真正实现了对学习过程的关注、反馈与改善,并据此实现对学生发展的综合评价。因此,真实性评估重点在于检测学生对知识和技能的掌握程度,改变了学生、教师、家长的角色,扩展了人们对于"评估"的认识。

2. 表现性评估

表现性评估是 20 世纪 90 年代早期在美国兴起的一种评价方式。美国教育测

---

① 张继玺:《真实性评价:理论与实践》,载《教育发展研究》,2007(1)B,第 23 页。

量专家斯蒂更斯(Stiggins)指出,表现性评估是测量学习者运用先前所获得的知识解决新异问题或完成特定任务能力的一种系统评估。表现性评估的主要形式有以下几种①:

(1)演示。学生借此展示他能够使用知识与技能来完成一个定义好的复杂任务。如在学校中,学生可以演示他们使用仪器设备的技能;演示在图书馆或因特网上查找信息;在体育课上演示怎样爬绳等。

(2)实验与调查。学生从中计划、实施及解释经验研究的结果。它可以评估学生是否运用了适当的探究技能与方法,还可以评估学生是否形成了适当的观念框架及对所调查现象是否形成一种理论性的、基于学科知识的解释。

(3)科研项目。这是指让学生或学生群体完成一项科研项目,从而对其综合运用知识的能力做出评估,主要有个体项目与群体项目两种形式。个体项目要求学生应用和整合广泛的知识与能力。例如,当学生写一篇图书馆研究论文时,学生必须运用查找并使用参考文献的技能;列纲要、组织与构思报告;用书面语言、文字处理器等呈现方式进行交流。群体项目主要目的是评价学生能否以合作及适当的方式一起工作,来创造出一个高质量的产品。

(4)口头描述与戏剧表演。口头描述可允许学生说出他们的知识,并以会谈、演讲的方式使用其口语技能。评估集中于论证与辩驳的逻辑与说服的质量上。

(5)作品选集。作品选集是学生作品的有限集合,用于展示学生的最佳作品,或者展示学生在给定时间段内的教育成长过程。

综上所述,表现性评估成功实现了教、学、评的整合与互动,使评估成为教学过程中的一个重要部分,对学生的学习起到有效的促进作用。

3.档案袋评估

档案袋评估又称"文件夹评估"或"学生成长记录袋评估",是以档案袋为依据,对学生所进行的客观的、综合的评价。美国学者玛丽格瑞特·格莱德勒(Marygaret E. Gredller)以档案袋不同的功能为标准,将其分为理想型、展示型、文件型、评价型以及课堂型等不同的类型,详见下表。②

---

① Stiggins, R. J. "Designed Development of Performance Assessment". *Educational Measurement: Issues and Practice*. 1987,6(6):199—201.

② 祁宏玲:《档案袋评价法简介》,《西安教育学院学报》,2003(4),第46页。

表 6.3　学生评价中档案袋的不同类型

类型	构　　成	目　　的
理想	作品产生和入选说明,系列作品以及代表学生分析和评定作品的能力。	通过一段时间的成长,帮助学生成为自己学习历史的思想者和非正式的评价者。
展示	主要由学生选择出自己最好和最喜欢的作品,自我反思与自我选择比标准化更重要。	给家长和其他人参加的展览会提供学生作品的范本。
文件	根据一些学生的反映,教师的评价、观察、轶事等得出的学生逐渐进步的系统性、持续性记录。	以学生的作品、量化和质性评价的方法,提供一种系统的记录。
评价	主要由教师、管理者、学区所建立的学生作品集,构成评价标准是预定的。	向家长和管理者提供学生在作品方面所取得成绩的标准化报告。
课堂	依据课程目标描述所有学生取得成绩的总结; 教师的详细说明和对每个学生的观察; 教师的本质课程和教学计划及修订说明。	在一定情境中与家长、管理者及他人交流教师对学生成绩的判断。

20 世纪 80 年代以后随着西方"教育评价改革运动"的逐渐深入,教育中的档案袋被用来泛指学生的"代表作品集"。它是内含学生最好作品或对作品优劣进行评价的"文件夹",是用来描述学生学习与成长经历的作品集,是捕捉学生成长和进步轨迹的记录,因而档案袋成了描述和评估学生成长的重要工具。

学生成长记录袋记录学生在校学习的点点滴滴,真实记录学生学习的过程、成长的经历,这可以使学业评价更具直观性,也可以引导学生自主、和谐发展。与传统评价方法相比,档案袋评估的优势在于,它是一种有效的形成性评估形式,有助于学生反思能力、自我评判能力、自我监控能力的发展。

4. 课程作业

英国高中学业评价除了校外统考外,还采用校内课程作业 (Course Work)评定的方法,其分数占总分的比例不少于 20%。[1] 课程作业主要分为实践作业、书面作

―――――――――――

① 北京师联教育科学研究所编:《课堂教学改革的理论与方法:各国学业评价制度与方法》,学苑音像出版社 2004 年版,第 87 页。

业、口头表达、听力作业和表演四种类型。课程作业最大的长处是弥补了校外统考的不足,可以测试出校外统考无法测试的技能和能力:交际技能与共事能力;观察能力和研究能力;承受能力和驱动技能。

许多课程作业都要学生写论文,如历史论文成绩占 40%,其他知识占 60%。[1]论文一般开卷考试,教师提前告诉学生题目,字数在 2 500 左右。再如,英国高中语文科目考试也是把终结性考试和平时大量的练习结合起来进行的。下面是语文科目课程作业的要求:

语言:占 60%,包括:① 至少三篇实事报道(旅行、采访、听演讲、看电影等);② 至少三篇对争议性问题的表态文章;③ 至少三篇创作;④ 一篇小型的调查报告,以显示研究、校核和表达能力;⑤ 一篇 100 字左右的较长报告(选择范围、编故事抄、自传、诗歌,对某一文学主题、体裁或作家的研究,电视连续剧或系列剧的评论,广告语言研究等);⑥ 两次综合考试。

文学:占 20%,至少有 10 篇对读过的戏剧、诗歌、小说的鉴赏文章。

口头表达:占 20%,包括平时阅读、讨论活动中的表现,自选题目向全班演讲及与教师交谈。[2]

所谓课程作业,是指任课教师根据学生的学习水准以及学生的个别差异设计的作业。与统考相比,课程作业能减少紧张气氛,给学生增加表达机会,使他们充分发挥自己的能力和水平。另外,书面形式的统考对不善于书面表达的学生具有很大的限制作用,而课程作业却为他们开拓了其他的表达形式,大大增加了学生的表达机会。

(三) 评价结果

目前,大多数国家都采取了终结性考试与学生平时作业、日常表现相结合的学业评价模式,这种评价不是以一次终结性考试的成绩作为考核学生的唯一标准,这样就避免了偶然性,消除或减少了类似于"一卷定终身"的弊端,突出了平时学习的重要性,有利于调动学生的积极性,有利于促进学生综合运用能力的发展,有利于对学生进行全面的评价。

---

① 杨光富:《当今英法美日四国高考制度》,载《外国中小学教育》,2002(2),第 42 页。
② 钟启泉、张华主编:《世界课程改革趋势研究》(下卷),北京师范大学出版社 2001 年版,第 728—729 页。

英国 16 岁的初中毕业生必须参加"普通中等教育证书"考试。通过了这种证书考试的学生如果想进大学深造,还必须在高中学习两年,读完高二后,学生必须参加"高级水平普通教育(A-Level)"考试,考试的课程有英语、数学、生物、化学、地理等,学生选修的课程也要参加统一考试。考试的评分标准分 8 档,从 A、B、C 一直到 G,零分则用 U 表示。

在这些全国统一考试外,高中教师在教学过程中也要对学生的学习进行评定,并贯穿整个教学过程的各个学段之中,包括测验、平时作业等,以建立个人学业档案和成绩记录为基本形式。教师给予学生的成绩评定同样是学生申请进入大学的成绩之一。

所以,英国高中学业评价既注重校外统考,同时又实施有教师负责的课程作业,考察学生的平时表现。这一方法有助于引导学校培养学生实践及独立思考问题的能力,培养出来的学生会更好地适应以后的大学学习和生活。

美国高中学生升大学也不是单凭高考的"高分",还需要高中四年各科期评成绩平均分在"B"(良好)以上,才能被本科大学或社区学院录取。因此,在美国,凡是想申请上大学的学生,从进入高中学习第一门课开始,就必须为考大学做准备。

首先,想上大学的学生必须获得高中毕业证书。美国没有统一的教材,教学大纲由各州教育厅制定,教材由各校自选。学生在高中四年内,必须修满规定的学分才能毕业。

其次,高中生每学期的期末成绩很重要。期末成绩总评是美国高中生升大学的基础,它包括三个方面:① 平时作业。指课堂作业和家庭作业,其评分占期末成绩总评的 50%。② 项目评分。是指每个科任教老师给学生自己动手做的项目打分。项目是某一门课布置的专题任务,不同课程有不同的专题项目,可由高中生按兴趣自选。如科学课可做一项实物设计,文科可做一项展示的模型设计等。项目评分占期末成绩总评的 25%。③ 考试成绩。是综合平时测验、期中考试和期末考试的分数来评定的,考试分开卷和闭卷两种形式。开卷考试并不是简单地抄书,而是要有自己的创新和发现。考试成绩占期末成绩总评的 25%。①

美国高中生的期末成绩总评分为 A(优秀)、B(良好)、C(中等)、D(中下)、F(不及格)五个等级。要获得高中毕业证书和考上大学,美国高中生四年的各科期评的

---

①　杨光富:《美国高考制度的三大特色》,载《中小学管理》,2003(5),第 55 页。

平均成绩必须在 B 以上。一旦某门课的期评是 C,就得用一个 A 平衡;如果得了一个 D,就要用两个 A 才能拉平。

澳大利亚高中为 11—12 年级,修完规定的课程学生就能参加高中证书(Higher School Certificate, HSC)考试。它是对完成高中学业的学生进行的一次毕业考试。通过了高中毕业证书考试,也就获得了大学的入学资格。澳大利亚高中证书考试具有多元化的特点。

首先表现在评价主体的多元化上。评价主体不仅有州教育委员会,还有学校本身。州教育委员会主要职责是组织每年 10—11 月的统一考试。而学校主要进行内部评价,学校根据教育委员会制定的课程大纲以及本校的内部评价政策对学习任务进行评分、记录和报告。另外,学校需要记录学生 12 年级课程的内部评价分数,并根据学习任务比重得出学生的内部评价最后成绩。

其次,考试的多元化体现在考试科目的繁多上。评价科目完全根据州课程纲要规定,确保了全州学校在考试科目中的内容一致。考试科目为 12 年级开设的所有课程,选择范围多达上百门,如 2005 年 HSC 就提供了 116 门学科考试供学生选择参加。[1]

最后,考试多元化也体现在考试的方式上,除了纸笔测试以外,还有实践活动、作品、研究项目和语言类听说技能等表现性评价,全面充分地展示学生的知识与能力。主体、性质、方式的多元化,使学业成就测试的有效性大大提高,增加了评价的效度。

特别值得一提的是,学生所选课程的最终成绩认定方式是平时成绩和高中毕业证书考试成绩各占 50%。这同样弱化了一次性考试的重要性。[2] 近年来,澳大利亚有些大学把学生考试成绩作为录取依据的同时,也开始注重参考学生平时成绩以及教师对学生学习能力的评价,这就使得学生平时需要更加努力学习,认真对待每一次考试、作业、实验和实践活动。

综上所述,可以看出,国外高中学业评价有这样几个特点与趋势:① 日益强调评价标准的规范与统一。② 通过评价方法的多样化来注重测量学生真实的学习过程与综合的学习成果。③ 突出了学校和教师对学生成绩评定的参与和影响力,更

---

① 何珊云:《澳大利亚普通高中学业评价:框架、程序与报告制度》,载《当代教育科学》,2010 (20),第 30 页。

② 皮拥军:《澳大利亚高中课程避免为考试而教》,《基础教育论坛》2012 年第 2 期,第 61 页。

多考察学生的学习能力变化。

六、学生指导制度的完善

现代社会经济发展,促进了教育发展的普及。在现代高中教育的扩展过程中,传统面向少数人的精英教育逐步转为面向大众的普及化教育。在这个背景下,传统的以升学为导向的学术性高中教育即普通高中教育在性质与功能上发生了变化,这在前文已经论述。为了适应功能的变化,高中教育内部自身也发生了变革,其突出的表现就是,学生指导或者学生辅导的产生与发展,并逐步成为一种与教学和管理并重的学校职能。这种学生指导制度,主要在于引导和促进高中学生的全面发展,帮助他们对自身发展的学业、生涯和生活等各个方面有正确的认识和合理的选择。学生指导与学生辅导最初产生于教育普及发展最早的欧美国家,至今已有 100 多年的历史,目前已经日趋成熟。

(一) 咨询教师

在国外,高中学校一般都不设班主任,学科教师的工作就是教学。但学校中往往设有咨询教师(Counselor),主要任务是为学生提供思想与心理辅导、学习与升学辅导等。一般情况下,咨询教师担当一种顾问的角色,负责帮助学生安排学业规划、学期选课、课外活动、升学指导等一系列与个人成长相关的事情。通常要求这些教师能够对学生的学业、家庭情况都理解,承担起连接学校与家长沟通桥梁的责任。

目前一些发达国家都建立起了一支专业化的学生指导人员队伍,并有培养这些指导人员的专门体系,为促进学生全面发展提供了切实有效的帮助与支持。

欧美很多国家高校的教育学院、教育和人类发展学院或心理学院都开设咨询员(辅导员)教育系(Department of Counselor Education),从事专门的学生指导人员的培训与培养工作,如美国现有 400 多所高校设有学生指导专业,主要培养中小学的指导顾问。[1]

---

[1]　T. Husen. *The International Encyclopedia of Education* Vol. 7, Oxford: Pergamon Press, 1985. P1075.

1960 年,美国有 38 个州规定,学校的职业指导人员必须由研究生院负责培养,担任此项工作的人员要有州政府有关部门颁发的资格证书。20 世纪 70 年代初,要求学校指导人员至少要获得"指导与咨询"的硕士学位。目前,学校指导办公室主任和业务顾问要求必须具有博士学位。这种专业化制度保证了指导工作的质量,有利于学生指导工作的自我完善。

根据 2007—2008 年美国各州专业的咨询教师与学生数据统计,全美咨询教师与学生之比平均为 1:460。美国学校咨询者协会(The American School Counselor Association,ASCA)建议,这种师生比的理想比例应为 1:250。① 由于政府资助加强,专业协会不断努力,美国学生指导队伍的专业化水平不断加强,人数也不断增加。

在法国,高中学校中有专门负责方向指导的教师,他们被称为指导顾问,一般通过公开考试招聘,被录取的顾问还需到高校接受两年的系统培训。除了理论学习外,还要派他们到各地的信息与方向指导中心实习,把所学理论和法国的实际紧密结合起来。除了一年的专业培训,第二年学员还要撰写出理论联系实际的论文,并进行正规的结业考试,考试合格后获得方向指导顾问证书,由国家分配工作。

加拿大学校学生指导和咨询部门的教师被称为咨询教师或咨询人员。由于学校规模、条件等情况不同,不同学校的咨询人员配备情况也不尽相同。一般来说,咨询人员和学生按 1:300 的比例配备,如果一所学校配两名咨询人员,则必须是一男一女。②

加拿大要求中学的学生指导教师应具有相应的硕士学位,且心理学成绩优秀,临床、发展、咨询和教育心理学成绩及格,并且接受过个别测试和评价方的实践培训,具有教师资格,能够熟练地运用英语。除此之外,还需要有较高的人际交流技能。

(二) 指导机构

国外学生指导之所以能成功实施,一个主要原因是有着较为健全的组织管理机构,这些机构在实施学生指导方面发挥了重要作用。

---

① Student-to-Counselor Ratios, http://www. schoolcounselor. org/content. asp? contentid=460, 2010 - 04 - 26.

② 杨光富:《国外中学学生指导的实践与特色》,载《全球教育展望》,2011(2),第 71 页。

法国的国家教育与职业信息局是法国公立机构,直属教育部,成立于 20 世纪 70 年代初,其职责主要有:① 通过深入了解教育手段和职业活动,为公众建立一个信息资料库,使他们得到更多的信息和指导;② 进行相关方法和方式上的研究,以扩充该资料库,方便利用信息和指导服务;③ 进行调查、促进研究,提高大众对职业活动及其发展的理解;④ 协助制定针对教学和职业信息指导人员的培训政策并参与对他们的培训。①

1938 年,法国的《职业方向指导和职业义务教育法》规定,在每一个省或人口最集中的城市设立一个职业方向指导中心②,1971 年改名为信息与方向指导中心,其主要职责是传递相关信息,并选派指导顾问到学校进行指导工作。每个区原则上建立一个信息与方向指导中心,学生人数多的区可建立若干个。它们面向学校和非学校的群体,为他们提供资料与信息,接受咨询,并与青年安置部门合作。各中心主任由部长任命,受各省、学区督学领导。

信息与方向指导中心的资料主要来自于国家教育与职业信息局,资料中包括有关升学的各种信息,对毕业班的学生均是免费。当然,信息与方向指导中心也会购买其他书籍和测评工具等。信息与方向指导中心的工作很多,如每年的 2、3 月份会给学生介绍职业教育的各种项目,并把资料提供给学生;对学生进行注册方面的培训(法国是计算机注册的),如注册什么专业,该专业需要什么资格等等。比起学校教师,信息与方向指导中心的指导顾问对注册体系了解更全面;信息与方向中心也为学生提供心理方面的咨询服务,这主要通过顾问去学校与学生一对一面谈。

日本中小学校大多设有学生指导部或生活指导部,设有专职的生活指导员和教育咨询员。但在学校指导实践中,也重视全体教职员的参与,甚至还动用生活委员等学生干部力量。通常,学校中既有负责学校指导的校内学生指导股,又有与其他机构、社区联系的辅导股;既有需要专业人员负责的养护教师、保健主任咨询股与咨询室咨询员(股)及心理检查、调查股,又有全体教师参与的班主任谈心指导推进股、科任教师学业咨询研究股,体现了社区和学校合作、专职人员与全体教师合作对学生进行全面的生活指导的思想。

在加拿大中学中,学生指导和咨询服务工作被看成是整个教育过程中不可分

---

① 杨光富:《法国中学方向指导制度考察及思考》,载《外国中小学教育》,2010(12),第 27 页。
② 法国中学方向指导的管理机构分为中央、学区、省和区四级。

割的一部分。一般设有专门的学生服务中心,中心各部门都在校长的直接领导下开展工作,并受学生工作委员会及上级督导人员的监督和帮助。另外,它还与所在省、市、社区的教育指导和咨询服务委员会以及家长协会、学校董事会、政府有关部门、地方工商业部门等有密切的联系。学生服务中心的咨询老师在开展指导时,主要帮助学生理解自我和世界,确定适当的生活目标,掌握适应社会的生活技能。

(三) 指导工作

国外普通高中学生指导工作融于整个教育教学中,其方法多种多样,各自发挥不可替代的作用。

1. 指导方法

法国高中在开展指导工作时,首先主任教师和方向指导顾问都向学生提供丰富的升学、就业资料和信息,使他们了解各行各业,同时发现学生各方面的能力、兴趣和爱好,以此为依据,加上对学生平时学习成绩的了解,在家长的配合下,帮助学生制定一份未来的个人计划,并帮助学生学习实现计划的方法。

加拿大的学生服务中心的咨询老师在开展指导工作时,为确保实现指导和咨询服务的工作目标,指导教师在指导时确立了以下原则:① 面向全体学生,而不局限于那些明显需要指导和咨询的少部分人。② 面向个体原则。由于个体差异的存在,指导和咨询服务工作首先需要的是开展个体研究活动,通过精选的标准化测试和其他评估手段,引导他们的行动。③ 正面指导原则。进行积极正面指导服务,使人认识到自己的长处,认识到自己的力量和成功,发挥激励作用,努力抓住社会变化和发展的时机。

日本高中对各个年级的具体指导工作,一般是由班主任完成的。班主任的职责是:接受学生指导部主任的领导与帮助,经常与学生指导部各科(组)负责人保持联系;制订切实可行的班级学生指导计划,并在实践中不断调整、充实和完善;积极收集、整理和利用必需的资料;进行家访取得家长对学生指导工作的支持等。

组织学生到企业去参观实习,往往也是实施学生指导的方法之一。通过参观让学生将亲眼看到的现实与自己的想象进行对比,制定或者修改个人计划。参观实习也往往与平时的教学相结合。

此外,心理学科的发展也为学生指导提供了技术与方法,并极大地促进了学生指导工作。如,法国高中的学生指导工作就非常重视测验的方法,测验的内容有以下几种类型:① 推理测验:即智力测验,包括文字语言能力(词汇、理解)、数学能力、空间判断能力。② 知识测验:检查学生是否掌握在某一阶段所学的知识。③ 兴趣测验:采用问卷形式,内容包括文学、艺术、体育等各个方面。个人兴趣与职业选择有密切联系,这是方向指导顾问特别感兴趣的一项测验。④ 个性测验:以问答的形式让学生在所列性格特征表上找出符合自己性格特点的项目,往往一份表上列出几十种性格特征。通过这些测量,更加全面地了解学生,并提供更具针对性的帮助和指导。

2. 指导内容

学生指导最初主要涉及职业指导,之后增加了心理辅导,现在扩展到学生个性、学业、生涯等多方面领域的指导,内容丰富多样,各国之间有些差别。

由于受到杜威实用主义教育思想的影响,美国教育有重服务学生的传统,因此其学生指导更多针对学生个人生活与发展的要求。具体来讲,高中阶段的指导内容可分为五大类:

学习指导。包括协助学生拟订课业表,帮助学生进入学习状态,建议、帮助学生调整学习环境等。

就业指导及跟踪性服务。让学生了解有关职业的知识、性质、特点、发展前途、意义及工作环境(社交、地理及劳动环境)、就业难易程度等。同时,对学生进行职业兴趣测定与跟踪调查、个性心理品质与职业适应程度判定等。

信息服务。指通过各种媒介和途径传递有关个人发展、学业、职业等各方面的信息,并及时将有关信息提供给学生,帮助学生进行自我分析、做出职业选择或教育选择。

治疗与矫正,即帮助学生治疗心理疾病、矫正不良的行为习惯。

磋商性服务。主要是指导人员与社会、家庭和学校联系与合作。①

方向指导是法国学校特别是中学的一项主要教育任务,主要涉及学业、就业、生活、心理等方面辅导的工作,其指导的重点主要是学生的升留级以及未来职业的选择。通常每个指导顾问负责几所学校,每个学校也会有几个指导顾问来负责。

---

① Gibson, Michell. *Introduction to Counseling and Guidance*. Columbus: Prentice-Hall, Inc. 1995.

指导顾问主要通过去学校开讲座或和学生一对一面谈的形式来指导学生。每个指导顾问每年要给 150 个学生做面对面的咨询,对弱智和残障的学生会提供专门的指导。

在方向指导中,主任教师和方向指导顾问向学生提供丰富的升学、就业资料和信息,使他们了解各行各业,同时发现学生各方面的能力、兴趣和爱好,以此为依据,加上对学生平时学习成绩的了解,在家长的配合下,帮助学生制定一份未来的个人计划,并帮助学生学习实现计划的方法。

目前,日本的学生指导主要涉及六个方面的内容:教育指导、生涯指导、个性指导、社会性指导、闲暇指导、健康安全指导。

(1) 教育指导(Education guidance)

指导学生有效完成学校教学计划中的课业或学业,其内容主要有:新生入学教育;指导学生选择学习内容、学分、课程以及俱乐部等;针对学习困难学生进行诊断和指导,唤起学生学习动机,促进学生的学习兴趣,进而形成和改进学习方法并最终形成稳固的学习态度等。

(2) 生涯指导(Career guidance)

培养学生能够自觉选择适应自己个性的未来发展道路,促进每个学生的适应性能力发展,指导学生学习与生涯有关的知识,培养和生涯有关的正确态度,指导学生如何选择职业生涯,对学生进行求职指导以及对毕业生进行跟踪指导。

(3) 个性指导(Personality guidance)

帮助学生解决和性格有关的要求及烦恼,帮助学生早期发现和解决性格偏差及问题,同时通过培养学生的自我指导能力来解决这些问题。

(4) 社会性指导(Social guidance)

主要让青少年学生明确学生在学校生活及社会生活中应有哪些表现,包括指导学生择友、同他人合作以及协调各方面关系、培养学生的领导能力、形成正确的社会习惯及礼仪行为、培养自治行为及规范的服务行为等。

(5) 闲暇指导(Leisure-time guidance)

指导青少年学生自觉认识闲暇活动的重要性,选择适合自己的闲暇活动并且善用闲暇时间,指导学生如何善用课后及回家后的空闲时间、星期日、节日以及长假(如寒假、暑假、春假等)。此外,俱乐部的活动以及课外活动等也是闲暇指导的重要内容之一。

(6) 健康安全指导(Health-safety guidance)

指导学生如何获得必要的知识和技能,并将其运用到实际生活中,确保学生过上健康且安全的生活。对学生进行定期的健康检查,指导其形成基本的生活习惯(就餐、睡眠、着装、姿态、运动等),使学生获得安全方面的知识和技能、关于急救处理的有关知识及技能以及纯洁的性教育等。[①]

总之,国外普通中学的学生指导源于19世纪末20世纪初的欧美各国,最初主要涉及职业指导和心理辅导等,现已扩展到学生生活、学业等多方面,各国学生指导工作也呈现出不同的特点。目前,各国均建立起了一支专业化的学生指导队伍,指导人员素质普遍较高。另外,各国学校也建立了相应的机构,积极开展学生指导工作。建立健全学生指导制度也是我国当前普通中学教育改革的一项重要内容,也是我国高中在向大众化转型和发展的过程中亟须解决的一个重要问题,我们应认真研究、学习上述各国成功做法,吸收、借鉴其精华,为建立一个完善的学生指导制度而努力。

在应对与适应因国际社会全球化、信息化与城市化水平不断提升而对劳动者知识与技能要求不断提高的过程中,西方发达国家的教育理念发生了持续更新,教育实践不断推进,并取得明显成效。表现在普通高中教育领域,便是让所有接受高中教育的个人达到富有一定挑战性的学业标准,为其将来成为有责任感的公民、继续学习和富有产出性的就业做好准备。为实现这一普通高中教育的新目标,美国、英国、法国、德国、日本等国家对普通高中教育的性质进行了新的阐释,强调高中教育要为学生个性的全面发展、为其终身的发展奠定基础。升学、就业和全人教育成为国际普通高中教育的基本功能定位,并由此引发了以实现高中均衡、高效发展为宗旨的教育改革运动,主要涉及普通高中均衡化发展,如美国创设的"特许学校"和"磁石学校",英国开展的"教育行动区计划"和"城市学校优异计划",法国推进的"新高中改革运动";高中课程与教学创新,提高高中教育的学业标准,加强科学教育,推行国家资格证书课程体系,全面提升高中课程与教学的基础性、公民性与综合性水平;高中类型多样化改革,具体表现为学制类型、学校类型和课程内容的多样化;高中学业评价改革,涉及评价标准的国家化和评价方式的多样化改革;加强

---

① 教师养成研究会:《教育原理:教育の目的・方法・制度》,学芸国书株式会社,平成15年第3—89页。

学生指导制度建设,全面开展职业指导、心理辅导、学生生活指导和学业指导,加强专业化的学生指导队伍建设,完善相关机构与组织建设,建立健全学生指导制度。

国际普通高中教育改革的主题在于提高教育质量,而从对教育质量的追求延伸至对教育质量与教育公平的双重关注,从对学生学业成绩的关注发展到对学生学业成绩与个人健康发展的双重关注,已经是国际普通高中教育的发展趋势。在发达国家开展普通高中教育改革与发展的过程中,国家与政府通过颁布教育法规,推行国家教育标准和学业评价标准,积极投入到教育实践之中,在很大程度上保障了普通高中教育改革的顺利开展。同时,积极发挥地方政府与社会力量参与高中教育改革的积极性和主动性,并取得了积极成效。认真分析国际普通高中教育改革的具体措施,总结其经验与教训,如课程内容体系中知识、技能与情感发展所占比例、职业类课程与文化知识内容的交叉与融合、学生个性发展与统一学业标准的关系,以及如何对高中学生进行学业、理想以及心理方面的综合指导等等,将在一定程度上为我国高中教育当下以及未来的改革提供必要的启示。

■ 后 记

在国庆假期中完成《中国高中阶段教育发展报告(2012)》的编撰工作,的确是一件值得高兴的事情。在此,首先感谢参与本年度报告撰写的各位作者,感谢他们的努力和贡献:(未标注单位的作者均隶属于华东师范大学)

报告摘要:朱益明;前言:霍益萍。第一章:上海市教育科学研究院智力开发研究所骈茂林执笔,该所田健、董秀华、刘菊香、王红、付炜、杜晓利参与。第二章:一、二、四,刘世清执笔,苏苗苗、胡美娜参与;三,娄元元执笔。第三章:丁学玲、许环环、程亮执笔。第四章:一,黄向阳;二,上海嘉定中光中学谢晓敏;三,陕西西安长安一中周世昌、赵思俊、王亚玲;四,福建福州一中李迅、肖毅、郭惠榕、彭晓君,辽宁实验中学孙德峰、吴飞,广东省华南师大附中廖耀良,北京理工大学附中陆旻、李娜、陈敬川;五,上海延安中学王瑾和宁夏育才中学陈国梅、谢晓鹏、李慧洁;全章由朱益明合成。第五章:一,刘竑波;二,霍益萍;三,金忠明;四,郑太年。第六章:一、二、三,王保星;四、五、六,杨光富。全书由朱益明统稿,霍益萍审阅。

处在一个大变革、大发展的伟大时代,我们有幸承担教育部社科司委托的《中国高中阶段教育发展报告》的撰写任务,能够有机会更加全面、更加深入、更加连贯地观察、研究、总结和传播中国高中阶段教育转型发展的实践及其成就,对于研究者而言,是一项任务,也是一项荣誉;是一种挑战,更是一种责任。我们没有理由辜负时代给予的机遇,也没有理由放弃国家的期望,更没有理由降低对自己的要求。希望这种压力能够成为继续前行的动力,在未来我们能够把"中国高中阶段教育发展报告"写得越来越好!

当然,作为第一份"中国高中阶段教育发展报告"的撰写者,我们真诚地希望各位读者提出宝贵意见。